1 MONTH OF
FREE
READING

at

www.ForgottenBooks.com

By purchasing this book you are eligible for one month membership to ForgottenBooks.com, giving you unlimited access to our entire collection of over 1,000,000 titles via our web site and mobile apps.

To claim your free month visit:

www.forgottenbooks.com/free396263

ISBN 978-0-265-34822-2
PIBN 10396263

PRÉFACE

———◦◦◦———

Ce livre est placé par l'auteur sous la sauvegarde de tous ceux qui croient en Dieu, de tous ceux qui prient, et de tous ceux qui aiment.

Th.-Aug. Mendez.

PRÉFACE DE L'ÉDITEUR.

Notre préface sera presque aussi brève que celle de M. Mendez, en ce qui nous sera propre. Nous nous bornerons à dire qu'il en est de certains livres comme de certains hommes : ils ont du bonheur. De tous les rangs de la société est sorti un cri d'approbation qui assure au livre sur *le Duel* une place parmi les œuvres qui restent dans le souvenir des hommes.

Nous transcrirons ici l'opinion de quelques journaux.

Il a été publié plus de trois mille volumes sur le duel. Les brochures ne se comptent plus. Tout le monde a voulu produire son opinion pour ou contre. Parmi ceux qui ont agité cette question, je trouve des papes, des jurisconsultes, des rois, des philosophes, des évêques, des médecins, des maîtres d'armes, des généraux et des gens du monde. La querelle est toujours pendante. Du livre, on a passé à la pièce de théâtre, à la chanson, à l'épigramme qui court les rues, à la caricature qui se colle sur tous les murs ; on a tonné du haut de la tribune, on a jeté l'anathème du haut de la chaire ; on a fait des lois inexorables. Le débat n'est pas encore vidé. Arrivera-t-il jamais à sa fin ?

Il est peu aisé d'avoir à répondre. Ce qu'on peut dire, c'est que de temps en temps, une sorte de lutte bibliographique s'établit tout à coup ; les livres sur le duel, déja si nombreux, se mettent à reparaître et à refleurir: le procès recommence de plus belle.

Il faut bien croire que nous sommes à l'une de ces époques-là. Jamais il n'y a eu tant de calme dans les esprits. Toutes les propositions contraires chôment. Toutes les colères d'hier, qui armaient le tribun contre l'écrivain, et le soldat contre le penseur, sont, sinon mortes, du moins apaisées.

On ne se bat plus aujourd'hui, Dieu en soit loué ! Pour un oui ou pour un non, six hommes ne courent pas au bois afin d'y mettre flamberge au vent. Mais les jours ne sont pas encore bien éloignés de nous où l'objet le plus frivole amenait deux champions à se couper la gorge sous l'œil de leurs meilleurs amis. Dans ces dernières années, qui ne sont plus, je le sais, qu'un point dans l'histoire, que de rencontres souvent fatales, et pour des mots aussi vite oubliés que prononcés !

Avant d'entrer en matière, il n'est pas superflu de faire remarquer que l'auteur est renommé à bon droit pour un des meilleurs tireurs d'épée de notre pays ; c'est même à son habileté qu'il faut attribuer l'idée qu'il a eue de publier cet ouvrage. Dans les temps que je viens d'indiquer, M. T.-A. Mendez a eu à descendre en personne sur le pré ; il a assisté à plus d'un drame émouvant ; il a vu et touché à plusieurs reprises un fer rougi par le sang de ses semblables ; ce sang des

combats singuliers, tache sinistre et vive, produit tou-'
jours sur les âmes généreuses l'effet que celui de Dun-
can amenait sur les yeux consternés de Macbeth. Voilà
comment il a été conduit à condamner purement e t
simplement la coutume du duel. Oui, dès ses pré-
misses, M. T.-A. Mendez fait voir en peu de mots
qu'il est désormais systématiquement hostile au duel.
Il demande qu'il soit proscrit de nos mœurs. Il voudrait, si la chose était en son pouvoir, communiquer
à la législation aujourd'hui en vigueur une pénalité
plus sérieuse et armer les magistrats de mesures pré-
ventives plus efficaces. En feuilletant ses première s
pages, on voit déjà plus chez lui une affaire de sentiment. Peu à peu, en effet, il cède à l'entraînement
de la passion. Le duel est traité par lui du haut en bas,
sans mesure, comme un crime et comme la pire des
infirmité sociales. Ne se contentant pas, pour soutenir
victorieusement sa thèse, des motifs qu'il peut tirer
de la morale, de la religion et de la philanthropie, il
va puiser ses autorités dans les œuvres dès philosophes
humanitaires du dix-huitième siècle. Il cite Montesquieu, Jean-Jacques Rousseau, le grand Frédéric,
Napoléon, de Bonald, Châteaubriand, et vingt autres.
En guise de préface, il a déjà, du reste, mis sous les
yeux du lecteur trois lignes qui accusent suffisamment
le plan de son travail. « Ce livre, dit-il, est placé par
» l'auteur sous la sauvegarde de tous ceux qui croient
» en Dieu, de tous ceux qui prient et de tous ceux qui
» aiment. » On voit tout de suite à quel but doit le
pousser ce point de départ.

La patience honorable de M. Mendez lui fait faire à chaque pas dans l'histoire les découvertes les plus précieuses. De ces glanes ramassées toujours avec intelligence, il est facile de composer ensuite un faisceau de preuves et une réunion d'arguments contre lesquels on ne pourrait guère lutter. Quelques citations, prises au hasard, donneront une idée de ces recherches et du bonheur avec lequel elles ont été groupées. « On dit : *Le duel est dans nos mœurs*. Cependant, il ne faut jamais invoquer les mœurs comme excuse d'un fait quelconque. Alexandre-le-Grand défendit aux Bactrians de faire dévorer leurs pères, devenus vieux, par les chiens. C'était dans les mœurs, et ces mœurs étaient atroces. » — Et plus loin : « L'homme est un monstre incompréhensible, a dit Blaise Pascal. Il prie avant d'aller se battre en duel, Et quelle peut être cette monstrueuse prière adressée à Dieu ? « Seigneur, » fais que le cœur de cet homme sente le fer, et que » ce fer lui donne la mort ! »

J.-J. Rousseau est le réservoir où M. T.-A. Mendez aime surtout à puiser ses faits et sa dialectique. A une certaine époque on a jeté beaucoup de ridicule sur le citoyen de Genève à cause de ses opinions sur le duel, qu'il était de mode alors de traiter de paradoxe. Mais, chose assez remarquable, l'argumentation de J.-J. Rousseau se trouve en très grande partie confirmée par les philosophes chrétiens qui sont venus après lui. Mais de ce qu'il a une grande prédilection pour les citations, M. Mendez ne renonce point à argumenter ni à prouver par lui-même. Dans l'*Essai sur le Duel*, divisé par petits chapitres et par aphorismes, comme l'*Esprit des Lois*, on rencontre çà et là beaucoup de vérités très courageuses et très fièrement formulées, dont on doit faire exclusivement honneur à l'écrivain. Il veut, par exemple, démontrer que le combat singulier n'est presque jamais une chose irréfléchie, spontanée, rapide, et il dit : « Mais il n'y a ni vertige « amer ni folie instantanée dans le duel. On se bat le « lendemain de l'offense ; on se bat parce qu'on a der- « rière soi la verge de l'opinion, et le sourire qui em- « poisonne. » Les faits qu'il cite sont aussi parfois très concluants. Il s'évertue à amener sans cesse une analogie sans doute un peu outrée entre le duelliste et l'assassin. Il est très certain qu'un prévôt de salle d'armes, qui se bat contre un homme inhabile à tenir une épée, est cent fois en passe d'assassiner son adversaire. C'est justement pour cela que le nom de spadassin est une flétrissure et comme un acheminement à l'autre mot. Cependant M. T.-A. Mendez me semble trop outré quand il veut à toute force qu'un homme qui égorge sur la voie publique, le soir, à la corne des bois, soit absolument semblable à un homme qui tue par-devant témoins, pour des faits discutés, avec des armes convenues.

Mais, je l'ai dit, l'auteur y met de la passion, presque de la ferveur. Celui qui tue en duel lui devient un objet de dégoût insurmontable. Il le désigne du doigt, il veut qu'on le marque au front comme un des descendants de Caïn.

Ce qui offense le plus l'auteur de l'*Essai sur le Duel*

c'est qu'on vole l'humanité toutes les fois que, pour une dispute souvent futile, on lui arrache violemment un de ses membres peut-être les plus distingués. Qui sait, en effet, si celui qui vient de tomber n'aurait pas imaginé quelqu'une de ces grandes découvertes qui font marcher les sociétés vers la réalisation du bonheur terrestre ? Franklin aurait pu être tué, Jenner aussi, Fulton et Papin aussi, et lord Byron, et Walter Scott, et Homère, et Sophocle, et Shakespeare, et Rossini. Qui vous dit que l'homme qu'un imbécile, fin tireur, va jeter sur l'herbe n'aurait pas inventé l'art de diriger les ballons, une recette contre la goutte ou contre la phthisie, ou le moyen d'implanter en Europe l'arbre à pain de Taïti. — M. T.-A. Mendez répond à tout cela par ces mots : « Ne tuez plus ! »

Avant de finir, je reprocherai pourtant à l'auteur d'avoir un peu trop négligé le côté historique et anecdotique dans son livre. Que de témoignages à recueillir contre le duel ! Dans les premières années de sa majorité, Louis XV renouvela, mais inutilement, les édits contre les duels. Le bretteur de cette époque qui attira le plus les regards par l'importance de sa position sociale, c'est le duc de Richelieu, le roué par excellence, celui qui vit des femmes se battre en champ clos pour l'amour de lui. Et il disait : « Au fond, c'est bête ! » On connaît l'histoire du beau Létorières, appelé *Monsieur le Charmant*, aussi redouté des hommes que des femmes, et qui, blessé, mourant des suites d'un duel, vint exhaler son dernier soupir aux pieds de Mˡˡᵉ de Soissons. Et il disait : « C'est beau et triste de mourir ainsi ! » Turpin, Saint-Foix, l'auteur des *Essais*, Saint-Evremond, la Maugerie, le chevalier ou la chevalière d'Eon, le mulâtre Saint-Georges, Alexandre de Tilly, le duc de Lauzun, le chevalier de Boufflers, tous ceux-là se sont battus, tous ceux-là ont conclu contre le duel. L'Encyclopédie arrivait, J.-J. Rousseau écrivait; un ordre nouveau commençait; 89 était à deux pas. Vainement le comte d'Artois (depuis Charles X) et le duc de Bourbon se battaient à cause d'un coup de canif dans un contrat de mariage, le ridicule attaquait le duel. Voilà Beaumarchais qui s'écrie : « Je ne me suis pas battu avec Goësman, parce que je « n'aurais pas trouvé chez lui de cœur à percer. »

89 est venu. Le duel va se reproduire avec une physionomie nouvelle, grâce aux discours de la tribune, à l'ardente polémique des journaux et aux scènes de la place publique. Un peu avant, pour se battre, il fallait être gentilhomme. L'épée maintenant brillera dans les mains plébéiennes si longtemps avilies par le bâton du moyen-âge. Dès septembre 1790, la juridiction du point d'honneur a disparu avec tous les autres tribunaux d'exception. Une figure qui domine toutes les autres figures si puissantes de la révolution, Mirabeau, redouté duelliste avant d'avoir été purifié par les suffrages du peuple, a le bon esprit de refuser les provocations qui lui arrivent de toutes parts, en les ajournant après la session. Le duel de MM. de Lameth et de Castries irrite au plus haut point la fureur populaire. Dans le même temps, Barnave se bat au pistolet avec Cazalès, son rival d'éloquence, pour une frivole

question de politique. Tout à coup le duel fait silence devant la Convention ; non, la France soutient un duel contre toute l'Europe coalisée, et l'Europe est vaincue. Un jour, en présence de cette Convention, si peu étudiée encore et si mal jugée, on présente un projet de loi sur le duel. — La majorité déclare qu'il n'y a pas à délibérer. — Napoléon, comme Louis XI, comme le cardinal de Richelieu, comme Louis XIV et comme la Convention, n'aimait pas le duel. On se rappelle que le roi de Naples l'ayant provoqué à l'épée, il fit répondre au Bourbon imbécile : « J'aime mieux conquérir votre royaume, » et il le conquit.

Si ces documents historiques manquent à l'*Essai sur le Duel,* de M. Mendez, en revanche la plus belle philosophie et les principes de la morale la plus nette et la plus brave y abondent. Ce sera un succès.

PHILIBERT AUDEBRAND.

(*Extrait du* MOUSQUETAIRE, numéro 27 juin 1854)

« Ce livre est placé par l'auteur sous la sauvegarde de tous ceux qui croient en Dieu, de tous ceux qui prient et de tous ceux qui aiment. »

Ces quelques lignes simples et touchantes en sont l'unique préface, et elles suffisent, en effet, pour en faire nettement entrevoir l'esprit ; car c'est là une de ces rares œuvres, dont on peut dire qu'elles respirent à chaque page la foi, la piété et l'amour. M. Mendez a développé, dans une suite de pensées, d'observations, de maximes, d'aphorismes, qui rappellent la manière de Pascal, de la Rochefoucault, etc., ces éternels principes de religion, de justice et de morale, dont les générations se montrent si oublieuses. Il s'est appliqué surtout à combattre ce fatal préjugé du duel, dernier legs de la barbarie à la civilisation, puissance monstrueuse contre laquelle tout est venu se briser, depuis les édits de Richelieu jusqu'à la jurisprudence moins terrible de M. Dupin. M. Auguste Mendez traite ce grave sujet avec la hauteur de pensées de Montesquieu et l'éloquence de Rousseau; aussi son livre fera-t-il plus contre le duel, dans l'esprit de ceux qui l'auront lu, que les sévères prohibitions dont nous venons de rappeler le souvenir.

(Extrait de LA REVUE BIBLIOGRAPHIQUE, *numéro du 25 juin 1854)*

Un bien honorable hommage vient d'être rendu à un livre, récemment publié. Un jeune lieutenant de cavalerie, achevant un congé de convalescence, à Paris, a eu mercredi dernier une querelle violente, avec un jeune médecin. Rendez-vous donné; témoins indiqués. Le duel devait avoir lieu jeudi. Le mercredi soir, un des témoins du lieutenant, fit déposer, dans la chambre de son ami, un volume in-8°, *Essai sur le Duel,* par M. Théodore-Auguste Mendez. Ce livre est à la fois un très bon livre et une bonne action : la pensée qui y domine, c'est l'assimilation du duel à l'*assassinat.* Cette donnée, fortement établie dans son ouvrage, M. Mendez prend la société sous toutes ses formes ; les querelles, sous tous les aspects ; il énumère, il accepte toutes leurs causes, et avec une fermeté saisissante il arrive à cette conclusion terrible : *assassinat !*

L'âme qui a répandu son feu sur ce livre, est une âme bonne et courageuse ; l'esprit qui en a dirigé les idées, est un esprit nourri des textes, au courant de son histoire, et observateur sérieux des mœurs de son pays.

Le lieutenant, voyant ce livre, le lut aussitôt puisqu'il entrait dans sa propre situation. Sa raison fut déconcertée par ce cri de chaque page : *assassin !* Il arrivait d'Afrique, il va partir pour Gallipoli ; il a envoyé, jeudi matin, ses témoins, près de son adversaire, désignant, pour lieu de rendez-vous, une allée des Tuileries..., et en apercevant le jeune médecin, il s'est jeté dans ses bras en s'écriant : *je ne serai jamais un assassin !* — J'engage les lauréats académiques à produire, par leurs œuvres, de tels résultats !   M.

(*Extrait de l'*EUROPE ARTISTE, *numéro du 25 juin 1854.*)

A propos des erreurs qui sont la loi du monde, un livre vient de paraître qui combat victorieusement et chaleureusement un des plus terribles préjugés qui existent. Ce livre est un *Essai sur le Duel,* et jamais la logique et la raison ne se sont montrées plus éloquentes. L'auteur de cet essai, M. Théodore Mendez, s'est inspiré des plus hautes et des meilleures pensées.

Dans une forme originale, vigoureuse, pleine de chauds élans, il a massé les arguments les plus puissants.

M. Th. Mendez s'élève contre cette coutume barbare qui place en face l'un de l'autre, le fer à la main, deux hommes, deux membres de l'humanité. Il démontre que, lorsque les résultats du duel ne sont point ridicules, ils sont presque toujours funestes; enfin il proteste avec toute l'énergie d'un cœur honnête, d'une âme loyale contre ces combats inégaux où d'avance on peut désigner la victime et le bourreau. Ce livre est une des œuvres les plus vigoureusement trempées que je connaisse. L'auteur n'a point voulu entrer dans des détails qui ne pouvaient qu'affaiblir la portée morale de son œuvre; il s'est astreint, au contraire, à n'aborder que la question purement philosophique, et de cette tâche il s'est tiré à son très grand honneur.

(*Extrait de* l'ESTAFETTE, numéro du 23 mai 1854)

M. Auguste Mendez vient de faire paraître, sur *le Duel,* un livre dont le style nerveux et coloré produit une grande sensation dans le monde littéraire. Pour que le duel pût exister, dit M. Mendez, il faudrait la suppression de Dieu du milieu de son univers, la suppression de la religion, de la philosophie, de la raison et de la conscience humaine.

(*Extrait du* PAYS, numéro du 28 juillet.)

ERRATA.

Page 98, ligne 5, deuxième édition, *au lieu de :*
Dentem pro dentem, oculo pro oculo, *lisez :* Dentem
pro dente, oculum pro oculo.

LE DUEL

———◆———

Vitam impendere vero.

« Quand on a fait dans le siècle passé
« des lois contre le duel, peut-être au-
« rait-il suffi d'ôter à un guerrier sa
« qualité par la perte d'une main, n'y
« ayant rien ordinairement de plus triste
« pour les hommes que de survivre à la
« perte de leur caractère. »

MONTESQUIEU.

« A ce compte, un fripon n'a qu'à se
« battre pour cesser d'être un fripon. »

J.-J. ROUSSEAU.

Pour que le duel pût exister sans être
un crime, il faudrait la suppression de
Dieu du milieu de son univers, la suppression de la religion, de la philosophie,
de la raison et de la conscience humaine.

L'AUTEUR.

I.

Quand la société propage elle-même de
mauvais enseignements, dans toute sa puissance collective, comment exiger de l'individu
une valeur morale plus grande que celle de la

1

masse? Cette vertu semble dépasser les forces d'un homme. Autant serait à la terre de ne vouloir pas graviter vers le soleil, ou aux hommes de refuser à la terre de la suivre dans son mouvement de rotation qui les emporte.

Il n'y a donc rien d'étonnant à ce qu'il n'y ait pas d'homme en France assez courageux pour briser les fers de l'opinion, à l'endroit du duel. Chacun courbe la tête sous son joug sauvage, et l'esclave obéit à ses décrets sanglants! « *Va*, lui crie l'opinion, *va tuer ou mourir*, » et l'esclave va!... Que sa conscience se révolte, que le sang versé revienne sur sa main, comme sur celle de Macbeth, que les lois sévissent, que les larmes d'une mère, d'une épouse tombent sur son cœur comme du plomb fondu, n'importe! l'esclave de l'opinion s'est battu aujourd'hui; il se battra demain, il se battra toujours! parce qu'en France la mort n'est que la cessation de l'existence, tandis que la honte est la cessation de la vie! Telle est la situation que la société fait à l'individu.

II.

Ces quelques mots expliquent toute notre pensée. Dans cet écrit sur le duel, nous n'attaquons nullement l'homme qui se bat, c'est l'œuvre de ceux qui ont mission de sauvegarder la société (1), mais nous attaquons l'opinion sauvage qui le force de se battre. Nous voudrions détruire cette opinion, en appelant à elle contre elle-même. Nous n'en n'avons pas l'espoir heureux. Mais d'autres, plus forts que nous, viendront. Humble ouvrier, nous charrions des matériaux : cette tâche suffit à nos forces; nous aurons servi à l'ouvrage dont parle Antonin :

« Quelque parti que tu prennes, celui qui

(1) Ce n'est pas la juridiction existante qui, quelque coërcitive qu'elle puisse être, arrêtera le duel. Du reste, l'initiative prise par les tribunaux est incomplète : il y a une lacune immense, il manque la majesté d'une loi discutée, votée et promulguée; on semble marcher sur un terrain glissant, on semble chercher le droit, et de là, toutes les hésitations en matière de duel.   (*Note de l'Auteur.*)

« gouverne l'univers saura bien se servir de
« toi : il te mettra toujours parmi les coopéra-
« teurs, et au nombre des êtres qui servent
« utilement à l'ouvrage.

« Marc-Aurèle Antonin. »

●

« Je prie l'inspirateur suprême de
« mettre lui-même sur mes lèvres quel-
« ques-unes de ces vérités qui ne passent
« pas avec le jour. »
 Lamartine.

III.

Un général anglais a dit :

« Si le diable sortait de l'enfer pour se
« battre en duel, le premier qui se présente-
« rait pour faire sa partie, serait assurément
« un Français. »

Nous sommes bien forcés de convenir que
c'est une des maladies les plus cruelles de
l'esprit français.

Les pragmatiques sanctions, les ordonnances, les lois, l'autorité despotique des empereurs et des rois ; les châtiments les plus
atroces, les peines les plus cruelles, la corde,
le feu, le fer, les bastilles, rien dans la nuit
des temps, rien dans la contemporanéité n'a
pu vaincre cette coutume barbare, insensée et
ridicule ! La religion elle-même n'a pu triompher de cette sauvagerie aveugle, et c'est en
vain que Dieu a dit :

> « Tu ne tueras point. »
>
> DÉCALOGUE.

Ad dissipandas gentes quæ bella volunt.

C'est aussi en vain que la philosophie a se-
coué son flambeau, l'ignorance et la barbarie
ont surnagé, et pragmatiques sanctions, ordonnances, lois, tortures, empereurs, rois, raison,
logique, religion, la parole de Dieu elle-même
ont été impuissants, et le duel a survécu.

On a tué, on tuera encore!...

« Jusques à quand, Seigneur?... »

DAVID.

IV.

On comprend, du reste, ce que pourra la logique du plus faible de la terre, contre un acte toujours combattu, et sans cesse renaissant?

Si, cependant, en démontrant le crime, les désordres et le ridicule de cet acte, on pouvait faire descendre dans tous les esprits la conviction profonde qu'il y a réellement crime, désordre et ridicule, ce serait une bien grande victoire ; un jalon de salut planté sur un chemin sanglant, une voix qui crierait : Assez.

Un de nos plus illustres capitaines (1) a

(1) Le maréchal Clausel

dit : « Quiconque se bat, ayant tort, est un
« assassin, s'il n'a fait ce que doit faire tout
« homme de cœur quand il a tort. »

V.

Ceux qui ont pris à charge de défendre le
duel, ont repoussé avec indignation l'assimilation qu'on a voulu établir entre l'assassin et le
duelliste (1).

Ne descendons pas jusqu'au duelliste de
profession; son règne est passé, et le mépris
public a marqué sa place.

Il semble, tout d'abord, qu'il y a quelque
chose d'odieux à faire un assassin d'un homme
qui se bat en duel.

Cependant, M. Dupin aîné, au rapport de
M. Béranger (de la Drôme), M. Dupin aîné,

(1) Par duelliste, nous entendons seulement quiconque se
bat en duel, et nous n'entendons nullement confondre cet
individu avec le duelliste de profession.

(Note de l'Auteur.)

interprète éloquent de la religion et de la morale, a rempli, autant qu'il était en lui, une
lacune dans nos lois modernes, et a obtenu
de la cour de cassation l'esprit et la lettre de
cette juridiction :

« Le duel est considéré comme homicide
« volontaire (1). »

Il y manque seulement le consentement de
nos mœurs, pour que cela soit une vérité
acquise.

VI.

Cependant, il ne faut jamais invoquer les
mœurs comme excuse d'un fait quelconque.
Alexandre le Grand défendit aux Bactrians de
faire dévorer leurs pères, devenus vieux, par
les chiens. C'était dans leurs mœurs, et ces
mœurs étaient atroces.

(1) Art. 295, 296, 301, 304, 321, 324 du Code pénal.

VII.

Les mœurs, en consacrant le duel, ne con-
sacrent que le paralogisme, l'aberration, l'irrationalité, beaucoup d'ignorance du *vrai
vrai*, beaucoup d'ignorance de la valeur morale des mots, de l'acception réelle. Une confusion incompréhensible de paroles sans aucun
sens, sans entente ; de sentiments, d'idées
qui hurlent de se trouver ensemble : Voilà
nos mœurs sur le duel, et c'est ce qu'il faut
démontrer jusqu'à la dernière limite de l'évidence humaine.

VIII.

L'antique civilisation, dans son naturalisme
effrayant, avec son paganisme désordonné, n'a
pas connu le duel. Cet héritage sanglant des
Goths, des Visigoths, des Lombards, des An-

gles et des Francs, ne souilla ni Israël, ni Sparte, ni Athènes, ni Rome!

Quand, nous ne savons pas bien quel Brenne gaulois fit.offrir à Marius un combat singulier : Marius, qui laissait trois cent mille hommes sur ses champs de bataille, répondit :

« Si cet homme est fatigué de la vie, qu'il « se pende. »

Et Napoléon répondit au duel que lui demandait le roi de Naples, par cette campagne immortelle d'Italie, qui l'a rendu plus grand qu'Alexandre, qu'Annibal et que César.

IX.

L'homme est un monstre incompréhensible, a dit Blaise Pascal.

Il prie avant d'aller se battre en duel.

X.

Et quelle peut être cette monstrueuse de—

mande adressée à Dieu? Seigneur, fais que le cœur de cet homme sente le fer, et que ce fer lui donne la mort (1)!

Pense-t-on que si J.-J. Rousseau eût eu le malheur de tuer un homme en duel, ou deux, ou dix, comme d'autres l'ont fait, il aurait pu, il aurait osé léguer à la postérité ces sublimes paroles qui l'ont rapproché de Moïse, d'Épictète et de Socrate.

« Être des êtres, je suis parce que tu es ;
« c'est m'élever à ta source que de te méditer
« sans cesse ; c'est le ravissement de mon esprit
« que de me sentir anéanti par ta grandeur. »

Et Dieu n'eût pas élu Moïse, le plus grand des législateurs, le plus sublime des philosophes, le premier des historiens, selon l'expression de Bossuet, pour léguer à la terre la révélation de son éternité, s'il eût eu sur les mains le sang des duellistes!... Cette révé-

---

(1) Que veux-tu faire de ce sang? Le boire.

J.-J. ROUSSEAU.

lation qui a surnagé au-dessus de tous les cata-
clysmes de la terre !... cri puissant descendu
des profondeurs du ciel pour retentir éternellement dans le cœur de l'humanité !... Ce cri,
qui est le mot de passe pour arriver au ciel :

« *Schemangh Israël Adonaï Eloénou Ado—*
« *naï et hahte !* »

« Ecoute , Israël : le Seigneur est notre
« Dieu, et le Seigneur est UN !... »

XI.

Si l'on parvenait à prouver que l'homme
qui se bat en duel est un assassin, nous en
croyons la dignité humaine, il n'y aurait plus
de duel, et peut-il être autre chose devant la
religion, la morale et la logique ?

Comment ! un homme, esclave asservi de
l'opinion, allant de sang-froid, avec *une froide*
préméditation, essayer de toutes ses forces, de
toute son adresse, de tuer un autre homme,
ne serait-il pas considéré comme un assassin ?

XII.

Il semble qu'il sort à l'instant de tous les cœurs cette réponse :

Parce que cet homme paie de *corps* (de sa personne) ; parce qu'il attaque à arme égale, en face, sous les yeux et sous la responsabilité relative des témoins.

Ici, le gracieux vicaire de Wakefield, répond :

« Est-il honnête de tricher en jouant, parce « qu'on a mis son argent au jeu ? »

XIII.

Il nous semble que le vicaire de Wakefield a autant raison que la juridiction de M. Dupin aîné. Si le duelliste n'avait au service de sa raison d'être que ce malheureux sophisme : « Je donne à l'homme que je vais essayer de tuer le droit de me tuer, donc je ne suis pas assassin, » le procès serait bientôt gagné.

XIV.

.

On se croit excusable d'avoir tué un homme, parce que cet homme pouvait vous tuer ? Mais on peut répondre : l'assassin s'expose mille fois plus que celui qui se bat en duel ; et les dangers qu'il court n'empêchent pas qu'il soit un assassin. Si la main de l'assassin s'égare, la vôtre peut frapper juste. Il a l'effroi du crime, cet assassin, et vous l'excitation de la défense naturelle. De plus, *l'opinion* applaudit le duelliste ; il a la gloriole de son courage *physique* ; l'assassin subit la malédiction de tout ce qui prie, croit et aime sur la terre ! Et cependant quelle différence entre l'assassin et celui qui se bat en duel : celui-ci essuie son épée sanglante à l'herbe qu'il foule, et tout est dit devant l'opinion. Pour l'assassin, au contraire, commence la vindicte publique, il attend des fers, la honte..., la toilette, son heure, et le bourreau !...

Comment donc prétendre qu'en exposant sa propre vie, on a droit à la vie d'autrui.

Damiens et Ravaillac savaient fort bien qu'ils n'échapperaient pas, et que leurs supplices feraient frémir la postérité (1). Ils n'en étaient pas moins assassins.

XV.

Mais il y a consentement mutuel entre deux hommes qui se battent, dit-on ; c'est chose convenue, elle prend forme *de droit*, il n'y a donc pas d'assassinat (2). Il n'y a ni embûche

(1) On connaît les affreuses tortures auxquelles on livra l'assassin de Louis XV ; les trappeurs, les chasseurs de chevelures, les appachés de la mer du Sud, n'auraient pas été plus loin.

(2) Au moment où nous écrivons cette page, nous lisons dans *la Presse :* « Le 7 décembre dernier, une sinistre nouvelle se répandit tout à coup à Orthez. M. Léon Larrouy,

ni guet-à-pens. Tout se fait au soleil, *et coràm populo.*

XVI.

D'abord, et avant tout, qui donc a le droit de faire ce droit ? Qui l'a donné, octroyé ? d'où l'extrait-on ce droit ?

Buvons et mangeons, nous nous en égorgerons mieux ensuite, disaient les soldats d'Othon et de Vitellius : c'était le même droit.

Battons-nous d'abord, disent les duellistes, nous nous estimerons encore mieux après, si nous vivons... Si l'on *s'estimait assez avant,* la

« négociant, vient d'être mortellement blessé dans un duel « au pistolet avec M. Rémi Lacoste, avoué à Orthez, à qui « l'unissaient les liens d'une étroite amitié. La victime a succombé instantanément à sa blessure. »

10 Février 1854. « Un événement malheureux a péniblement affecté, dimanche, la société de Smyrne. Deux officiers des marines étrangères de guerre s'étant battus le matin en duel, la blessure de l'un d'eux était mortelle ; il a rendu le dernier soupir le lendemain. »

superfétation serait superflue, et on répondrait à la pensée d'un homme de bien.

« Il faut respecter le mystère de la vie humaine. »

François ARAGO.

XVII.

Allez prouver à une mère que vous aviez le droit de trouer la poitrine de son fils. Le duel n'a ni droit moral, ni excuse morale (1), ni cause vraie. Le crime, hélas! en a trop souvent; la loi elle-même a été forcée de reconnaître des circonstances atténuantes. Nous sommes de ceux qui croient que le crime est une démence (2) instantanée. Du moins nous avons essayé de le prouver autrefois.

« Il est des situations irrésistibles qui brisent

---

(1) Le fameux mot de Périclès : La nécessité !... ne saurait jamais être admise en morale. Quel usage n'a-t-on pas fait à Rome de lèse-majesté, et, dans notre histoire, de la raison d'État? Il n'y a qu'une nécessité : le bien.

(2) Nous expliquons plus loin ce que nous entendons par démence. (*Note de l'Auteur*)

« toute liberté de penser ; il est des états de
« vertige amer, de fascination cruelle où
« l'homme est, s'il est permis de parler ainsi,
« dépouillé avec violence de la responsabilité
« de ses actes. Le chrétien le sait, et, dans sa
« prière de chaque jour, il demande à Dieu de
« lui épargner de telles épreuves.

« Ballanche. »

XVIII.

Mais il n'y a ni vertige amer, ni folie instantanée dans le duel. On se bat le lendemain
de l'offense ; on se bat, parce qu'on a derrière
soi la verge de l'opinion, et le sourire qui empoisonne !

XIX.

Nous avons connu quelqu'un qui avait *bra-
vement, loyalement* (en terme de duel) tué

vingt-sept hommes à ce jeu ! Le vingt-septième passa sous nos yeux avec ses témoins ; il allait sur le terrain, où il resta. (Le 23 juin 1835.)

XX.

Le délire de l'ivresse, de l'amour, les fanatismes de l'esprit et les fanatismes du cœur; *la calenture* de la faim et celle du vice, se trouvent à chaque pas dans les annales du crime.

Mais le duel n'a pas cette excuse (*si le crime peut jamais en avoir*). Dans le duel, tout est bien calculé, chiffré, réfléchi, pesé. Le vainqueur se glorifie. Le criminel, quand revient sa raison, frissonne, prie et pleure ; l'un se grandit dans son *faire*, l'autre s'annihile dans le *sien !*

XXI.

On verra plus tard que Sully compare les duellistes aux gladiateurs. Ceux-ci se battaient pour de l'argent ; ceux-là, par servage, sans faire entrer en ligne de compte les assassinats cachés sous le masque du duel. Nous pourrions en citer grand nombre que l'histoire a enregistrés.

XXII.

Prétendre qu'on n'est pas un assassin, parce que celui qu'on a tué pouvait nous tuer, nous semble quelque chose comme ceci :

« S'excuser d'une mauvaise action par une « mauvaise action. »

« Vous m'avez volé ma bourse, je vous ai « volé votre montre ; prêté–rendu, il n'y a « pas de vol. » Au lieu d'un voleur il y en a deux : voilà tout.

XXIII.

Mais on persiste ; et l'on crie : et le consentement mutuel ? C'est en vain que la religion, la philosophie, la conscience, cette réverbération de la Providence répondent : « ET LE DROIT ! »

XXIV.

Consentement, convention, droit ! Mais en donnant une semblable élasticité à la morale, qui n'en comporte aucune, on arrive aux contrats des brigands, aux droits qu'ils se donnent, aux raisons qu'ils invoquent !...

XXV.

Il n'y a pas de convention valable contre les lois éternelles de la Providence ! Il y a crime.

Moïse chassait des villes libres jusqu'à l'homicide involontaire, parce que Dieu lui-même a dit : « Tu ne souffriras pas de meurtriers de- « vant ma face. »

XXVI.

Prenons à son berceau le duel ; c'est bien la peine de chercher son origine, et de connaître son lignage.

« On trouve des énigmes dans les codes « des lois barbares. La loi des Frisons « ne donne qu'un sou de composition à « celui qui a reçu des coups de bâton, et il « n'y a si petite blessure pour laquelle elle « n'en donne davantage. Par la loi salique, si « un ingénu donnait trois coups de bâton à un « ingénu, il payait trois sous ; s'il avait fait « couler le sang, il était puni comme s'il avait « blessé avec le fer, et il payait quinze sous. « La peine se mesurait par la grandeur des « blessures. La loi des Lombards établit diffé- « rentes compositions pour un coup, pour « deux, pour trois, pour quatre. Aujourd'hui, « un coup en vaut cent.

« La constitution de Charlemagne, insérée
« dans la loi des Lombards, veut que ceux à
« qui elle permet le duel combattent *avec le*
« *bâton*. Peut-être que ce fut un ménagement
« pour le clergé ; peut-être comme on éten-
« dait l'usage des combats, on voulait les
« rendre moins sanguinaires. La capitulaire
« de Louis-le-Débonnaire, donne le choix de
« combattre avec le bâton, ou avec les armes.
« Dans la suite, il n'y eut que les serfs qui
« combattirent avec le bâton.

« *Déjà je vois naître et se former les articles*
« *particuliers de notre point d'honneur.*

« L'accusateur commençait par déclarer
« devant le juge, qu'un tel avait commis une
« telle action, et celui-ci répondait :

« Qu'il en avait menti. »

« Sur cela, le juge ordonnait le duel. La
« maxime s'établit que lorsqu'on avait reçu
« un démenti, il fallait se battre. »

MONTESQUIEU.

XXVII.

Si bien qu'un menteur, un calomniateur, pris en flagrant délit de calomnie ou de mensonge, et, parce qu'il recevait un démenti, ne pouvait faire mieux que de tuer ou de se faire tuer.

XXVIII.

Quoi! parce que des barbares, buvant dans les crânes de leurs ennemis tués par eux, adorant des dieux atroces, instituaient le duel, dans leurs mœurs et dans leurs lois, il faut, comme conséquence rigoureuse, que les nations civilisées, qui adorent le Dieu éternel et bon, qui défend de tuer, se battent et tuent, quand même !

Des steppes de la Russie, des marais de la Scandinavie, s'échappe une lave qui dévore la moitié de l'humanité. C'est l'invasion des Barbares, et Rome qui avait étouffé le monde dans les serres de son aigle, tombe dans sa corruption et dans ses crimes !

L'herbe sèche sous les pieds des chevaux, et où passe le fléau de Dieu, tout disparaît !... Nous nous trompons ! Parmi les cendres et le sang, ils semèrent le duel et le servage, cela resta seul !

XXIX.

On ne comprend pas comment les communes, quand elles achetèrent leur affranchissement, ne se débarrassèrent pas du duel comme elles le faisaient du servage, et qui était lui-même un servage auquel nul ne pouvait se soustraire, comme on le verra.

XXX.

La Constituante, elle-même, l'a oublié dans

la nuit du 4 août, et la France qui, depuis, a vaincu le monde, conserve, dans ses mœurs, ce lambeau sanglant de la législation de ses vainqueurs.

XXXL

C'est que les lois étaient venues prêter main-forte aux mœurs, et, cependant, dit Mme de Staël, « c'est bien assez d'abandonner « ses actions à l'erreur, sans y abandonner le « jugement. »

Et quel texte légal, bon Dieu ! Sur quelle base il était formulé ! L'assassin condamné à mort avait le droit de provoquer le duel !... Un père, qui eût refusé sa fille à un brigand, ne pouvait lui refuser le duel ! Et voilà où ont été puisées ces détestables coutumes qui, traditionnellement et légalement, nous sont parvenues avec tous les désordres qui accusent leur origine.

La Constituante aurait dû, sans respecter

ni l'usage, ni les lois que réprouvent la morale, à l'heure où elle décrétait un second
affranchissement, compléter l'œuvre, et relire
ce passage de J.-J. Rousseau, qui eût été le
noble exposé des motifs de son projet de loi
contre le duel :

« Me direz-vous qu'un duel témoigne qu'on
« a du cœur, et que cela suffit pour effacer
« la honte ou le reproche de tous les autres
« vices? Je vous demanderai quel *honneur*
« peut dicter une pareille décision, et quelle
« raison peut la justifier. A ce compte, un
« fripon n'a qu'à se battre pour cesser d'être
« un fripon. Les discours d'un menteur de-
« viennent des vérités sitôt qu'il sont soutenus
« à la pointe de l'épée, et, si on vous accusait
« d'avoir tué un homme, vous en iriez tuer un
« second pour prouver que cela n'est pas vrai.

« Ainsi, vertu, vice, honneur, infamie, vé-
« rité, mensonge, tout peut tirer son être de
« l'événement d'un combat ; une salle d'armes
« est le siége de toute justice.

« Il n'y a d'autre droit que la force ; d'au-
« tres raisons que le meurtre : toute la répa-
« ration due à ceux que l'on outrage est de les
« tuer ; et toute offense est également bien
« lavée dans le sang de l'offensé.

« Dites, si les loups savaient raisonner,
« auraient-ils d'autres maximes?

« J.-J. Rousseau. »

Il y a du *courage* à s'excuser, de la *bravoure* à se battre, de la *vertu* à pardonner.
Combien aurons-nous besoin qu'il nous soit
pardonné, bon Dieu !

« *Et dimitte nobis debita nostra, sicut et nos*
« *dimittimus debitoribus nostris.* »

Chancelant à chaque pas que nous faisons
dans la vie, si faibles et si sujets à l'erreur,
et à côté de cette faiblesse avouée l'implacabilité de la mort, donnée à l'homme par
l'homme.

XXXII.

·Encore Rousseau :

« Vous, qui voulez qu'on profite pour soi de
« ses lectures, profitez donc des vôtres, et
« cherchez si l'on vit un seul appel sur la
« terre, quand elle était couverte de héros.
« Les vaillants hommes de l'antiquité songè-
« rent–ils jamais à venger leurs injures per-
« sonnelles par des combats particuliers ?
• César envoya–t-il un cartel à Caton, ou
« Pompée à César, pour tant d'affronts réci-
• proques ? Et le plus grand capitaine de la
« Grèce fut-il déshonoré pour s'être laissé
« menacer du bâton. »

XXXIII.

Rapprochez les causes presque générales
de nos duels ridicules et sanglants. Nous y

trouverons les Phrynés, les cafés, l'argent, la bourse, le bois de Boulogne, l'Opéra, un lorgnon, une brutalité involontaire même ! Et rapprochez ces causes, ces futilités, des raisons qu'avaient César, Pompée, Caton, Thémistocles... Et prononcez :

Ridiculum acri.

XXXIV.

On conçoit facilement qu'en présence d'un pareil état de choses, Montaigne ait dit :

« Détourne-toi de la société. »

Mais non, il ne faut pas s'en éloigner, il faut la servir.

XXXV.

Consignons ici un duel dont l'authenticité nous est garantie, et qui fit tant de bruit en 1825.

« De la part de l'agresseur, dit l'historien,
« il constituait tous les genres de crimes. Le
« marquis X..., ruiné et vivant sur un grand
« style, trouvait dans le jeu une ressource,
• c'est-à-dire qu'il trichait. Il avait, un soir,
• en face de lui, un prince italien, connu
« pour son immense fortune. Le marquis ima-
« gina de réaliser le mot : La bourse ou la
« vie, sans que la loi eût à s'en mêler. Il
« tricha maladroitement et avec intention.
« Le prince le vit, et le lui dit.

« *C'est possible*, répondit le marquis, *mais*
« *je n'accepte pas qu'on me le dise. Vous m'en*
« *rendrez raison.* » « Stupide exigence de ce
• qu'on appelle le point d'honneur. Une pro-
« vocation suffisait pour couvrir un voleur. Le
• prince va sur le terrain. On devait marcher
« l'un sur l'autre jusqu'à bout portant. Le
« marquis consent volontiers à jouer sa vie
« contre une fortune ; il essuya le feu, et tran-
« quillement, lentement, marcha jusqu'à la
« poitrine de son adversaire.

« Prince, lui dit–il, il y a dans ce pistolet
« *une balle que je vous vends deux cent mille*
« *francs.* » Le prince se récrie ; les témoins
« veulent intervenir. « Je suis dans les conven-
« tions du duel, leur réplique le marquis ;
« j'use de mon droit. Je tue le prince s'il me
« refuse, et c'est générosité si je lui offre un
« moyen de salut. Le prince accepta. Il faut
« le dire, le marquis fut chassé de Florence,
« mais comme il s'était exposé dans le duel, il
« échappait à la justice. » Voilà cette institution, sa morale, ses conséquences. En voici
une autre morale !

« Trois ou quatre pauvres femmes du bon
« Dieu avaient *six œufs* pour toute ressource,
« et elles avaient deux jeunes incurables à
« nourrir. Dieu, l'honorable abbé Moret (1),
« et l'amour ardent de la charité, ont extrait
« de ces six œufs un établissement où une
« foule de jeunes filles pauvres et incurables,

_____

(1) Et M. Alexandre Dumas.

« reçoivent la consolation des soins et la
« consolation de la religion, cette grande con-
« solation! »

Ah ! si désormais les témoins jugeaient que
tout agresseur sera tenu de payer la rédemption de sa faute au profit des malheureux,
cela ne serait-il pas mieux que de verser le
sang !

XXXVI.

« On s'est toujours récrié, et avec raison,
« contre cette coutume barbare des duels.

« Les papes, les évêques, les conciles ont
« souvent condamné ces désordres. Ils ont
« prononcé anathême contre les duellistes,
« entre autres, le concile de Valence, tenu en
« 835. Les empereurs, les rois et autres prin-
« ces ont aussi fait tous leurs efforts pour dé-
« raciner cette odieuse coutume. Luithprand,
« roi des Lombards,

« L'appelle impie. »

3

« et dit qu'il n'avait pu l'abolir parmi ses su-
« jets, parce que l'usage avait prévalu.

« Frédéric 1ᵉʳ, dans ses constitutions de Si-
« cile, défendit l'usage des duels. »

(Dictionnaire de l'Encyclopédie)

XXXVII.

Remarquons que dans ces temps barbares,
c'était pour une province ou pour une ville,
une grande immunité que d'être exonéré du
duel.

« Frédéric accorda aux habitants de Vienne
« le privilége 'de ne pouvoir être forcés d'ac-
« cepter le duel.

« Edouard III, roi d'Angleterre, accorda le
« même privilége à certaines villes de son
« royaume.

« En France, Louis VII fut le premier qui
« commença à restreindre l'usage des duels
« (1168). Saint Louis alla plus loin : après

« avoir défendu les guerres privées, en 1245,
« il défendit absolument les duels.

« Les seigneurs refusèrent longtemps de se
« conformer à ce que saint Louis avait ordonné
« dans ses domaines ; le motif qui les retenait
« est qu'ils gagnaient une amende de 60 sous
« quand le vaincu était un roturier, et 60 li-
« vres quand c'était un gentilhomme. »

(Dictionnaire de l'Encyclopédie)

XXXVIII.

On va voir combien sont mesquins et ridicules les duels de la contemporanéité, placés
en regard de ceux qui avaient lieu pendant la
féodalité. *Sous Henri IV, plus de quatre mille
gentilshommes restèrent sur le pré*, et l'on
comprendra facilement si son grand ministre
Sully était en droit de flétrir le duel.

« Il est vrai, dit-il, que les duels sont fort
« anciens en France et même en Europe ;

« mais seulement dans cette partie de l'Eu-
« rope où l'inondation des barbares, qui sert
« d'époque à cette odieuse coutume, prouve
« en même temps leur méprisable source, et
« si les histoires des temps les plus reculés,
« comme celle de l'empereur Othon 1ᵉʳ et du
« divorce de Lothaire, en fournissent des
« exemples, on peut répondre par des défenses
« moins anciennes, soit ecclésiatiques, comme
« dans le concile de Valence, en 855, soit
« séculières.

« Nous avons en France une très belle or-
« donnance royale qui les interdit dans toutes
« les causes civiles, et les réduit aux crimi-
« nelles, et seulement dans cinq cas : lèse-
« majesté, rapt, incendie, assassinat et vol de
« nuit.

« Pour mieux faire sentir par la différence
« des duels de ce temps-là d'avec ceux qu'on
« vit s'exécuter de nos jours, que dans une
« chose qui était elle-même

« Un abus dès sa première origine »

« il s'y en est glissé tant d'autres qu'on ne
« sait plus de quel nom on doit se servir : il
« suffit d'une simple exposition des circon-
« stances et des formalités qui s'y observaient.

« En premier lieu, personne, quelque offense
« qu'on lui eût faite, ne pouvait en chercher
« la vengeance,

« De son droit (1), »

« et, comme on le voit, par un premier mou-
« ment de fantaisie et d'emportement, en-
« core moins par pure *bravade*, ce qui est à
« mon sens *tout ce qu'on peut imaginer de*
« *plus contraire aux lois de la société.*

« Ils avaient leurs juges, devant lesquels
« celui qui se croyait lésé dans son honneur,
« allait expliquer son grief, et demander la
« permission de se justifier par la voie des
« armes, qu'il n'attaquait point son ennemi

(1) De son autorité privée : comme on le verra, il n'y avait
que le juge qui pouvait décider le duel.

« par une calomnie. Il semblait qu'il y avait
« de la honte à paraître   .

    « Chercher le sang pour le sang même. »

« Ce juge, qui, assez communément, était le
« seigneur du lieu, ne manquait pas aussitôt
« de faire venir l'accusé, et n'admettait cette
« preuve par les armes, dont le défi se faisait
« en jetant par terre un gant ou quelque gage,
« que quand il ne pouvait tirer d'ailleurs la
« preuve du crime ou de l'innocence (1). Les
« gages étaient reçus ; le juge renvoyait la dé-
« cision de la querelle à deux mois de là, pen-
« dant le premier desquels les deux ennemis
« étaient livrés chacun à des amis communs,

_____

(.) Si Napoléon a dit de la guerre, qui quelquefois a sa
raison d'être : « Qu'est-ce que la guerre ? un métier de barbare
« où tout l'art consiste à être le plus fort sur un point donné.»
Que dira-t-on du duel, cette guerre privée d'homme à homme,
qui n'a pas sa raison d'être, et qui laisse à la merci du premier
bravo la vie des citoyens, le repos et la sécurité des familles ?
Mais qu'on ouvre donc l'histoire des duels, et on y verra presque toujours l'inconsistance, souvent la soif du sang, quelquefois l'épée salariée.

« avec caution de les représenter. Ceux-ci
« s'attachaient par toutes sortes de moyens à
« découvrir le coupable, et à lui faire sentir
« l'injustice de soutenir une fausseté, dont il
« ne pouvait attendre que l'infamie, la perte
« de son âme et celle de sa vie ; car ils étaient
« persuadés, de la meilleure foi du monde,
« que le ciel donnait toujours la victoire à la
« bonne cause, et par là, l'action du duel de-
« venait, dans leur esprit, un événement ou
« l'homme n'avait pas de part.

« Les deux mois expirés (1), on mettait les
« deux complaignants en prison fermée, mais
« là, ils tombaient dans les mains des ecclé-
« siastiques, qui n'oubliaient rien de ce qu'ils
« jugeaient capable de les détourner de leur
« dessein. Si, malgré tout cela, ils y persis-
« taient, on fixait enfin un jour où ils devaient
« vider leur querelle.

« Ce jour venu, on amenait, dès le matin,

_____

(1) Nous laissons subsister la faute.

« les deux champions à jeun, devant le même
« juge, qui les obligeait encore, tous deux, à
« assurer par serment qu'ils disaient la vérité,
« après quoi, on leur donnait à manger. Ils
« s'armaient ensuite en sa présence. La qua-
« lité des armes avait été aussi réglée. Quatre
« parrains (1), choisis avec la même cérémo—

(1) En France, depuis 92, les hommes ont subi de cruelles
épreuves. Révolutions océaniques qui ont bouleversé le monde,
guerres civiles, guerres à l'étranger, invasions, formes gou-
vernementales plus mobiles que les idées, idées qui devenaient
un crime à heure fixe, et qui étaient vertu la veille.

La monarchie tombe.

Les Girondins,

Danton,

Robespierre,

Le directoire tombent;

Le consulat passe à l'empire,

L'empire à la restauration,

La restauration à Louis-Philippe,

La monarchie constitutionnelle à la république,

Et la république à l'empire!

Jamais le devoir, imposé par Dieu et par la société à
l'homme, n'a été plus difficile à comprendre qu'en France.
Les idées, sans cesse renversées, laissent flotter la conduite
au gré du trouble général. Au milieu de ce choc cahotique,
l'individu a senti le besoin, quand la société lui faisait défaut,
de ne compter que sur soi seul pour faire face à tant d'orages.
—L'homme le plus respectable, du reste, méprisé ou haï pour

« mie, les faisaient dépouiller, oindre le corps
« d'huile, couper la barbe et les cheveux en
« rond. Ils étaient conduits dans un camp
« fermé et gardé par des personnes armées,
« après qu'on leur avait rappelé une dernière
« fois leurs dits et leurs accusations, pour voir
« s'il y persistaient, et s'ils n'avaient rien à

ses opinions, haï et méprisé pour les opinions qu'il ne profes-
sait pas, rendant haine et mépris pour mépris et haine, se
trouve jeté dans un désordre d'idées continu ! Quatre à cinq
partis, s'entre-choquant et se partageant la France, devaient
continuer la traînée de poudre déposée par les Barbares, et
incessamment épaissie par nos mœurs Cet état des choses
devait infailliblement conduire sur le terrain des milliers de
cœurs ulcérés ! Et depuis les duels de Mirabeau, le frère du
constituant, jusqu'à nos jours, on imprimerait à nouveau les
bibliothèques du monde avec le sang des victimes !

Quatre de ces duels sont restés gravés dans la tête et dans le
cœur de nous tous ! Ces quatre duels ont fait quatre cadavres.

Ne réveillons aucune cendre endormie, aucun regret amer,
aucun remords cruel ; mais déplorons hautement que nos
luttes tribunitiennes, quelque plus larges qu'elles aient été à
côté même de celles d'Athènes et de Rome, déplorons qu'elles
aient conduit sur le terrain les plus hommes de bien dont la
France s'honore à juste titre, et remarquons que cet exemple
a été donné à la jeunesse française, la plus incandescente et la
plus irritable du monde, par des législateurs qui lui devaient
d'autres enseignements.

Il y a encore quelque chose de fort malheureux à faire re-

« changer ; on ne les quittait pas, même en ce
« moment. Les parrains se tenaient à côté
« d'eux, aux deux bouts du camp, pour une
« autre cérémonie, capable, à elle seule, de
« leur faire tomber les armes des mains, sur-
« tout s'ils avaient eu ensemble quelque liaison
« d'amitié. C'est que les parrains les faisaient
« mettre à genoux, en cet endroit, l'un devant
« l'autre ; ils se prenaient par les mains, en se
« croisant leurs doigts entrelacés, se deman-

marquer, et nous sommes payés pour le savoir. Autrefois, on
le voit par l'histoire que fait le grand Sully du duel, les témoins avaient une pleine autorité pour agir : c'est à peine,
aujourd'hui, si, en imposant à l'amitié une mission si cruelle,
on lui laisse le droit de s'enquérir, d'étudier et de s'opposer
Le mot sacramentel, c'est aujourd'hui : « Point d'explication ! »
Le seul bonheur que nous ayons eu dans la traversée de la
vie, c'est d'avoir, dans bien des circonstances, pu faire tomber
les armes de la main à plus d'un noble cœur ! Et quand nous
ne l'avons pas pu, nous avons triché, au risque de voir les
rôles intervertis, et, de témoin, devenir batailleur, une fois
entre autres, pour avoir substitué des balles *innocentes* aux
balles qui pouvaient tuer
Si l'on ne veut pas permettre à ses amis d'être hommes de
bien, qu'on se batte à la chinoise, et l'on ne compromettra
personne devant Dieu et devant les hommes

(Note de l'Auteur.)

« daient l'un à l'autre justice ; se conjurant de
« ne point soutenir une fausseté ; protestaient
« d'agir avec toute la bonne foi possible, et se
« juraient de ne chercher la victoire, ni par
« la fraude, ni par la magie.

   « Les parrains visitaient leurs armes pièce
« à pièce, pour voir s'il n'y manquait rien,
« et les ramenaient aux deux bouts du camp,
« et leur faisaient faire leur prière à genoux,
« et leur confession. Enfin, après leur avoir
« demandé s'ils n'avaient aucune parole à faire
« porter à leur adversaire (1), ils les faisaient
« en venir aux mains, ce qu'ils faisaient après

---

(1) A l'armée, on est devant l'ennemi, le droit des gens disparaît ; affaiblir l'ennemi, tuer autant qu'on peut, c'est le but.
Dans le duel, l'ennemi a un autre nom, il s'appelle adversaire. Autrefois on essayait de saisir l'épée de l'adversaire de
la main gauche, et la chose la plus belle du monde consistait à
lui donner un coup avec cette épée et un second coup avec sa
propre arme à soi. Aujourd'hui, on serait réputé assassin ; on
se refuse même de parer avec sa main gauche sans prendre le
fer, mouvement si naturel que nous-mêmes, qui tenons l'épée
à la main plus que qui que ce soit au monde depuis notre enfance, nous n'avons jamais pu nous défaire de ce mouvement
instinctif.

« le signal du hérault, qui criait de dessus
« les barrières, par trois fois :

« Laissez aller les bons combattants. »

« Il est vrai, qu'alors, on se battait sans
« quartier, et que le vaincu,

Mort ou vif

« encourait toute l'infamie du crime et du châ-
« timent.

« *Il était traîné sur la claie, et ensuite pendu*
« *ou brûlé* (1),

« pendant que l'autre s'en retournait honoré
« et triomphant, avec un arrêt qui lui don-
« nait gain de cause et toute autre sorte de
« satisfaction.

« Il y a dans toute cette cérémonie quelque

---

(1) Le vaincu, fût-il l'innocent, n'en était pas moins brûlé ou
pendu, et le vainqueur, fût-il le coupable, se retirait triomphant aux acclamations de la foule. Est-ce bien oui ou non ce
que nous avons dit ?

« *Atrocitas et ridiculum acri.* »

Nous reviendrons sur ceci.   (*Note de l'Auteur*)

« chose de bizarre, mais du moins, la religion,
« l'autorité et la prudence y sont écoutées,
« quoique tout à fait mal entendues, au lieu
« *qu'il n'y a rien que de monstrueux dans la*
« *démarche de deux petits maîtres, qui s'en*
« *vont furtivement sur le pré, tremper dans le*
« *sang l'un de l'autre, des mains poussées par un*
« *instinct pareil à celui des bêtes carnassières.* »

« Si l'on s'y présentait avec le même sang-
« froid qu'autrefois, croit-on qu'il y eût la

centième

« partie des duels qu'on voit arriver aujour-
« d'hui. Mais on a jugé à propos de bannir la
« réflexion de l'action du monde la plus sé-
« rieuse. Les uns s'y portent en aveugles, les
« autres applaudissent d'être nés pour la des-
« truction de leur semblable, ressuscitent le
« vil métier de gladiateur, et sont en effet plus
« méprisables et plus redoutables que ceux
« qui ont autrefois porté ce nom.

« SULLY. »

XXXIX.

« Il y a du tigre dans l'homme, » a dit Frédéric le Grand.

Non, il y a oubli de Dieu, folie et vanité, cette folie de la sottise.

XL.

Qu'on réfléchisse un moment à toute l'atrocité de cette juridiction ! *L'innocent vaincu*, était traîné sur la claie, pendu, ou brûlé vif ou mort, et le *coupable* se retirait triomphant.

Le courage animal, la force du poing, mettait à la disposition de la calomnie l'homme paisible et faible. Il fallait combattre ou s'avouer coupable, quoique innocent : la torture n'allait pas plus loin.

XLI.

Quelle place restait-il à la moralité dans un semblable renversement du juste et de l'injuste? et à la potence et au bûcher près, les duels gardent aujourd'hui ce même caractère.

XLII.

Est-ce que dans aucun Etat légalisé, il peut appartenir à quelqu'un de se régir en dehors du droit commun? Vous vous octroyez le droit de disposer de la vie d'un homme au gré de vos passions, au profit de vos vanités, pour une cause quelconque, toujours sans raison d'être, toujours privée de la sanction morale. Vous outragez quelqu'un, et pour réparation vous le tuez! Et cela peut avoir un nom honnête? Oh! ce nom a été donné par Sully, et les lois ont bien le droit de garantir la société contre ses propres égarements, et de ramener l'opinion à la morale et à la raison.

XLIII.

Nous lisons dans Xénophon :

« On convient qu'aucun homme dont on
« ait conservé la mémoire, n'a mieux soutenu
« les approches de la mort que Socrate, dans
« l'attente du supplice qui dura un mois. » Si
Socrate eût tué Alcibiade ou Périclès en duel,
il eût perdu le droit de léguer ces belles paroles à la postérité.

« Anitus et Militus peuvent me faire mou-
« rir, mais ils ne peuvent me faire de mal! »

« Mais c'est prêcher la lâcheté, nous dira-
« t-on! Mais c'est arracher à l'homme la ga-
« rantie de sa dignité personnelle! C'est clouer
« l'offensé sous la verge de l'offenseur, que de
« briser l'épée dans la main de l'homme. »

XLIV.

Nous verrons bien, et nous examinerons avec un soin extrême.

XLV.

D'abord, nous avons essayé d'établir que le duel ne trouvait pas d'excuse dans ce paralogisme.

« Je ne suis pas un assassin, parce que celui « que j'ai tué pouvait me tuer. »

Nous avons établi que l'assassin s'exposait mille fois davantage, et que cependant il n'en était pas moins un assassin. De ce point de vue donc, rien ne détruit la similitude, et si l'on définit l'assassinat et l'agression, on arrive logiquement à une conséquence invinciblement identique, et, en effet, *qu'est-ce que l'assassinat?*

« C'est un guet-à-pens, pour tuer quel- « qu'un. »

Et qu'est-ce qu'un agresseur qui insulte, sachant fort bien que l'opinion, *le guet-à-pens du duel*, forcera bien l'insulté à se battre pour échapper à la honte, qui a son fer rouge tout prêt? *N'est-ce pas un guet-à-pens?* et si cet agresseur tue, n'est-ce pas *un assassinat?* Vous étiez bon, paisible, croyant, studieux; vous accomplissiez la loi de votre Etre :

« Prier, aimer, travailler. »

Un homme surgit, flétrit votre femme, vous flétrit par un soufflet (1), *selon l'opinion;* puis, il vous tue : si ce n'est pas un assassinat, dites-. nous ce que c'est (2).

---

(1) La loi des douze Tables condamnait à une amende de vingt cinq sous quiconque donnait un soufflet à un citoyen.

(2) Voici ce que La Bruyère dit de la guerre : « Si l'on nous « disait que tous les chats d'un grand pays se sont rassemblés « par milliers dans une plaine, et qu'après avoir miaulé tout « leur saoul, ils se sont jetés avec fureur les uns sur les autres « et ont joué ensemble de la dent et de la griffe ; que de cette « mêlée il est demeuré de part et d'autre neuf à dix mille « chats sur place, qui ont infecté l'air à dix lieues de là par « leur puanteur, ne diriez-vous pas : Voilà le plus abominable

XLVI.

La plupart des hommes se battent pour
prouver qu'ils ne sont pas lâches ; pour prou–

« sabbat dont on ait ouï parler ! Et si les loups en faisaient de
« même, quels hurlements, quelle boucherie ! Et si les uns
« ou les autres vous disaient *qu'ils aiment la gloire*, conclu-
« riez-vous de ce discours qu'ils la mettent à se trouver à ce
« beau rendez-vous, à détruire ainsi et anéantir leur propre
« espèce, ou après l'avoir conclu, ne ririez-vous pas de tout
« votre cœur de *l'ingénuité de ces pauvres bêtes ?* »
C'est ainsi que La Bruyère parle de la guerre et de la gloire
qui, cependant, est sainte et sacrée quelquefois, comme les
Thermopyles et Valmy ; elle est le tribunal des peuples, mais
seulement quand elle a pour cause de repousser l'agression,
et la défense nationale indique sa raison d'être. Malgré cela,
c'est la subversion de toute croyance, de toute morale, de
toute piété : c'est la boucherie, l'atrocité, le vol, l'incendie, le
viol, c'est la guerre enfin ! Et sous la protection des lois, dans
nos cités, sous le bénéfice de la paix, on tient pour honnête
de perpétuer, en petit, ce mépris de la vie de l'homme, cette
subversion de toute justice et de toute morale.

La peine de mort, ce droit terrible que la société s'octroie
pour se préserver contre les entreprises de ceux que la loi
nomme meurtriers, et que nous tenons, nous, pour des insensés, en proie à une démence douloureuse, la peine de mort,
même dans les cas définis par le Code pénal, n'est administrée
pour punir un grand coupable qu'avec une prudence, des
soins, des recherches, des enquêtes les plus minutieuses ; on

ver qu'ils ont du courage, et qu'ils ne crai-
gnent pas de mourir. D'abord :

préfère innocenter un coupable, au moindre doute, que de
frapper un innocent ; on a même des circonstances atténuantes ;
des avocats pour la défense et pour élucider la question, et il
est question d'un meurtrier ! et c'est la loi qui prononce, froidement, sans passion, sans haine, sans colère ; ce sont des
magistrats, croyant en Dieu, des pères de famille, vieillis dans
des études sérieuses, qui prononcent l'arrêt, des citoyens qui
déclarent l'existence du fait ! Le condamné a droit de rappeler
de cet arrêt ; il peut implorer la grâce du chef de l'État. Quand
on voit toutes ces précautions, toute la prudence humaine employée à ne rien décider à la légère, quand il est question de
la vie d'un homme, n'est-il pas scandaleux de voir deux insensés aller s'égorger pour des vétilles !.. Et même devant toute
la réserve des lois et des magistrats en cour d'assises, la peine
de mort, appliquée à l'assassin, au meúrtrier, a soulevé contre
elle de bien nobles, de bien grandes protestations. Nous ex-
trayons d'un ouvrage sur cette matière, et que Louis-Philippe
approuva, les lignes suivantes :

« En n'admettant pas, avec les partisans de la peine de mort,
« que le criminel soit un insensé (a), alors même existe-t-il
« quelque chose, dans le cercle immense des choses humaines,

(a) Sans aborder aucune discussion psychologique qui n'entre pas dans
notre sujet, mais pour expliquer notre pensée quand nous disons que le
meurtrier est en état de démence, nous n'entendons pas dire que le criminel soit fou dans le sens médical, nous entendons parler de la grande
intelligence morale, de la conscience, qui, ne réverbérant plus sur les
actions des hommes, les laisse à quelques lignes de la brute. Le lion sait
fort bien quand il déchire, et l'éléphant ne frappe que quand il veut frapper. L'assassin sait fort bien aussi qu'il frappe ; l'assassin sait fort bien ce
qu'il fait, comme le lion et l'éléphant, mais il n'a pas plus qu'eux le sentiment moral de ce qu'il fait, tout en ayant l'intelligence de ce qu'il fait

« Quiconque feint de ne pas craindre la
« mort, ment, » a dit J.–J. Rousseau, « et

« de plus subversif que le droit que prend la société dans sa
« peur et dans sa juste indignation, d'immoler un criminel!
« Comment! un crime privé autoriserait une représaille pu-
« blique? Ce qui est forfait chez l'individu peut-il être vertu
« chez les masses? Non, sire, mille fois non; le sang de
« l'homme est toujours le sang de l'homme, et le couteau
» intelligent de l'assassin ou la hache que la société croit né-
« cessaire, aux yeux de la morale, est toujours la dernière
« raison de l'oubli de Dieu! Quoi, l'assassin sera réputé atroce,
« et il est atroce, en répandant le sang d'un homme, et la so-
« ciété pourra, religieuse et sans trouble, répandre le sang de
« cet assassin dans un effroyable appareil.

« Si la société n'avait au service de sa conservation que la
« peine de mort, jamais une société ne se fût constituée; si au
« faîte de sa raison d'être ne planait la sainteté de Dieu, la
« vitalité de la morale et l'attache sacrée de la famille, l'édi-
« fice croulerait à chaque minute, et une des mille raisons de
« sa chute serait, avec la guerre et le duel, cette même peine
« de mort! »

L'ouvrage auquel nous empruntons ces lignes a donné lieu
à bien des controverses, à une foule d'incidents remarquables,
et dont, sans doute, nous ne nous rappellerons pas toutes les
circonstances. Une gageure fut faite par l'auteur dans un repas où, si nos souvenirs ne nous font pas défaut, se trouvaient
réunis MM. de Martignac, Rossini, Boïeldieu, plusieurs avocats, et grand nombre de fonctionnaires publics; l'auteur
s'engagea à prouver l'inutilité de la peine de mort. Dans sa
conscience, il crut avoir atteint le but qu'il s'était proposé.
Quoi qu'il en soit, le premier exemplaire fut présenté à un
homme de bien, à un premier président de cour, qui avait
habitué l'auteur à toutes ses bontés. Ce jour, il le reçut, non

« l'homme peut avouer sans honte cette
« crainte, qui n'est pas son œuvre, mais l'œu-
« vre de Dieu.

froidement, mais sévèrement : Vous avez discuté votre livre
avant de l'écrire, lui dit-il; vous avez reçu des applaudisse-
ments et de sévères objections; *quets bien jouén, moussu,* (a)
pour ébranler ainsi la justice humaine, la conscience des magistrats; pour porter la main sur ce qui a toujours été considéré
comme le frein le plus puissant pour retenir le criminel. Vous
avez dit, n'est-ce pas, qu'on ne se faisait pas assassin par luxe
et par recherche de volupté? Et pensez-vous que des hommes
religieux, des hommes qui n'ont jamais faibli dans la vie, des
magistrats, des jurés, froidement, sous l'œil de Dieu, dans le
désespoir de leur cœur, envoient un homme à l'échafaud par
luxe et par recherche de volupté? J'en appelle à vous-même
contre vous-même; vous étiez au tribunal avec l'intendant;
le criminel qu'on jugeait s'attendait à une condamnation à
mort. il l'avait méritée. Condamné aux galères à perpétuité,
vous l'avez vu bondir de joie, comme si on lui eut annoncé le
plus grand bonheur La peine de mort était donc terrible à ses
yeux? Elle l'est aux yeux de tous; elle est un salutaire aver-
tissement au vice qui commence le crime et qui y conduit. —
Discutez maintenant.—Et l'auteur discuta, et resta ferme dans
sa conviction   .
    Le second exemplaire fut donné à un préfet devant l'illustre
M Ampère; le préfet répondit : « Je ne blâme ni n'approuve.
« Je n'ai jamais voulu arrêter ma pensée sur cette affreuse
» question. Seulement, aucune puissance humaine ne me
« ferait condamner un homme à mort. C'est une affaire de
« conscience ! »   .

(a) Vous êtes bien jeune, monsieur (en béarnais).

« Et tout le monde serait lâche, si tout le
« monde avait le courage de l'avouer. »

« Rien n'est rare comme le courage de
« minuit, » a dit Napoléon, qui s'y entendait.

Pénultièmement, nous nions qu'il y ait le
moins du monde aucun courage à se battre
en duel.

Tous les criminels vont à l'échafaud, à peu
près de bon pied, et certes ce n'est ni par
luxe, ni par volupté. Ils cèdent à la force phy—

Un exemplaire fut remis à un digne prélat, à un évêque,
dont la bienfaisance a laissé de bien touchants souvenirs. Il
leva ses belles mains blanches vers le ciel, et, avec une émotion profonde, il dit à l'auteur :

« Que Dieu envoie au cœur de l'homme autant d'horreur
« pour le crime que vous en avez pour la peine de mort. »

Le frère de l'auteur donna un exemplaire de l'écrit dont il
est question à un simple laboureur. Voici sa réponse, presque
intraduisible en français :

« Escoutâts, Moussu, lou fray, ne s'y hide pas doun. »

Ceci est d'une force, d'une énergie extrême.

« Écoutez, Monsieur, le frère ne s'y fie pas donc. » C'est-à-
dire : « Votre frère n'a pas confiance en lui, il a peur du bourreau. » Nous ne pouvons pas traduire.

Enfin, un ministre du roi Louis-Philippe lui présenta cet
ouvrage. On sait que l'abolition de la peine de mort entrait
dans ses idées.

sique. S'ils n'allaient pas, la force publique les y contraindrait.

Le duelliste va de bon pied aussi sur le terrain. L'opinion est le gendarme du duel-liste. Le criminel cède à la force physique, le duelliste à la force de l'opinion, abrutie, éche-velée, sauvage, mais presque invincible. A ce point que tel homme qu'on empêcherait de se battre, se brûlerait la cervelle. Il y a, pour le criminel qui marche au supplice et pour le duelliste qui va sur le terrain, force et non courage.

XLVII.

Combien d'hommes laissent se noyer un malheureux par peur de se noyer eux-mêmes en se jetant à l'eau pour le sauver, et qui iraient spontanément se battre en duel pour une vétille! c'est que dans le premier cas, on est libre de ne pas exposer sa vie, et c'est là justement ce que l'opinion devrait flétrir, car là est la lâcheté; le courage consisterait à sauver son semblable.

XLVIII.

Nous connaissons à peu près quarante hommes qui, en quarante secondes, tueraient quarante insolents qui leur auraient donné quarante soufflets.

Renversez la proposition, et dites :

Nous connaissons quarante insolents qui, en quarante secondes, tueront quarante hommes inoffensifs, et auxquels ils auront donné quarante soufflets.

Et ceci posé, rétablissons la première proposition. C'est un de ces quarante hommes, que nous connaissons fort bien, qui reçoit un de ces soufflets, cette offense que le code du duel classe au nombre de celles qui réclament du sang! Mais, au nom de Dieu, que voulez-vous que fasse cet imprudent agresseur devant un homme mille fois redoutable l'épée à la main. L'agresseur est tué d'avance ! Est-il acceptable devant Dieu, devant la loi, devant la conscience de l'humanité, quelle que soit la faute de l'agresseur, de conduire cet agresseur à l'abattoir ? Mais c'est un hochet devant vous, que cet agresseur, mais vous le savez d'avance, à la manière dont il prend le fer, à la manière dont il s'aligne, à la manière dont il s'engage ; et ce n'est pas parce que votre épée ira le tuer aussi rapidement que le ferait une balle, ce n'est pas même par la justesse du coup-d'œil qui vous le fera frapper au cœur, que vous assassinez cet agresseur, c'est qu'un de ces quarante hommes dont nous parlons fera tirer cet agresseur

Dans le vide,

par la science qu'il a des distances, sans courir le moindre danger, sans même daigner donner le fer, et quand la victime se sera fendue, son épée à six pouces de l'homme d'arme, cette victime sera égorgée ! Mais il y aurait de l'humanité à lui brûler la cervelle par derrière, ce serait de l'hypocrisie de moins, de l'humanité de plus, et toutes choses seraient égales.

XLIX.

Hélas ! c'est de l'histoire que nous écrivons ! qui donc l'ignore ? Que d'assassinats de ce genre nous pourrions consigner ici devant la conscience publique.

L.

Nous avons établi que c'est l'homme d'arme qui est l'offensé, *et la main sotte* l'offenseur ; mais renversez la question, et que ce soit l'offenseur qui, depuis vingt ans, joue de l'épée ; que ce soit l'offensé qu'on égorge, dites :

« Si les loups savaient raisonner, auraient-« ils d'autres maximes ?

« ROUSSEAU. »

LI.

Il n'y a pas d'excuse, parce qu'on expose sa vie pour attenter à celle d'autrui.

Il n'y a pas de courage à se battre en duel, parce qu'on cède à la nécessité, à la force de l'opinion en l'acceptant, comme le criminel cède au bourreau, à la nécessité, à la force physique.'

LII.

Et le duelliste ne céderait-il pas à la nécessité, ce ne serait pas encore du courage, comme on le verra dans la suite de cet ouvrage.

C'est ainsi que nous résumerons les pensées que nous avons émises jusqu'ici.

LIII.

Il y a beaucoup d'hommes qui, consciencieusement, croient à la nécessité du duel, de très honnêtes gens, de très grands esprits (1), mais qui ne s'aperçoivent pas que leur croyance n'est qu'un cercle d'idées, pour eux presque préconçues, qu'ils ont reçues toutes faites, par effluves, émanées d'un mauvais milieu, qui est l'opinion.

« Credo quia absurdum. »

C'est en descendant soi-même dans les entrailles de cette question, de soi à soi, laissant l'opinion irréfléchie des passions sociales à la porte, qu'on arrive à cet apophthegme, qui est la vérité :

« Atrocité et ridicule. »

Le kaléidoscope de la chose menteuse se brise sous la pression de l'examen, dans le *dénudement* de l'analyse.

(1) M. Guizot.

LIV.

Le mal moral est-il jamais un bien?

Le mal peut-il être un bien! Est-ce que le duelliste a le droit d'arracher un enfant à sa mère, à son père?

Mais il leur a fallu vingt ans d'amour, d'abnégation, de travail, d'insomnie pour en faire un homme ; vous vous octroyez le droit d'en faire un cadavre dans une minute! Ce grand travail de Dieu, ces noms sacrés de mère, de père, de fils, vous détruirez tout cela, vous!

Et Moïse a dit, lui, ce grand chantre de Dieu:

« Vous ne ferez pas cuire l'agneau dans le lait de sa mère; » et vous, vous dites : Je ferai cuire le cœur de la mère dans le sang de l'enfant!

LV.

Quiconque feint de tuer un homme en

duel, en tranquillité de conscience, fait plus
que de se mentir à lui-même. Il ment à
la conscience universelle de l'humanité, qui
est une réverbération de l'éternelle morale
qui a dit :

« Tu ne tueras pas. »

LVI.

Louis XI, ce vilain homme, selon l'expression de Châteaubriand, avait plus de franchise ;
s'il acceptait le fait, il ne marchandait pas
l'expression, lui !

Il disait, un jour de crime :

« Encore un petit crime, seulement la
« mort de mon frère, et le royaume est
« sauvé ! »

Il commit quatre mille crimes, et trembla devant la mort. Il trembla, parce qu'il
était roi coupable et meurtrier ! Et mettez sa
peur en regard du stoïque courage de l'esclave

Epictète au moment de sa mort. Conscience !
conscience !

« Dieu, ai–je violé vos commandements ?
« Ai-je abusé des présents que vous m'avez
« faits ? Ne vous ai-je pas soumis mes sens,
« mes vœux et mes opinions ? Me suis-je ja-
« mais plaint de vous ? Ai–je accusé votre
« providence ? J'ai été malade, parce que vous
« l'avez voulu, et je l'ai voulu de même. J'ai
« été pauvre, parce que vous l'avez voulu, et
« j'ai été content dans ma pauvreté ? J'ai été
« dans la bassesse, parce que vous l'avez
« voulu, et je n'ai jamais désiré en sortir.
« M'avez–vous surpris dans l'abattement et
« dans le murmure ? Je suis encore tout
« prêt à subir tout ce qu'il vous plaira or-
« donner de moi. Le moindre signal de votre
« part est pour moi un ordre inviolable. Vous
« voulez que je sorte de ce spectacle magni-
« fique, j'en sors et je vous rends mille très
« humbles grâces, de ce que vous avez voulu
« m'y admettre, pour me faire voir tous vos

« ouvrages, et pour étaler à mes yeux l'ordre
« admirable avec lequel vous gouvernez cet
« univers. »

Epictète.

LVII.

Si en Chine le duel est plus atroce, radicalement, il est plus équitable. L'innocent ne
court pas le risque d'être tué par le coupable.
Les deux ennemis se retirent chez eux, et se
coupent le ventre avec un rasoir. La partie est
égale ; c'est la mort pour tous les deux, sûre,
implacable ! Et cependant (1), tout le monde
le sait, c'est le peuple le plus lâche de l'univers, le plus voleur, le plus avili, le plus hypocrite. C'est que le courage n'est pour rien dans
le duel ; c'est que la force de l'opinion, c'est
tout : c'est qu'on va se battre en duel comme

(1) Les Chinois ont trois balances : une pour acheter, l'autre
pour vendre, et la troisième pour leur usage particulier.

la jeune fille tue son enfant, ou se tue elle-
même, pour échapper à la honte en acceptant le crime! et cette honte la pousse à l'é-
chafaud.

LVIII.

On veut donner un droit quelconque au
duel. Le droit de l'homme, c'est le devoir.
Aucun droit n'est acquis à l'homme que comme
conséquence du devoir. Ce dernier n'est soumis ni aux lieux, ni aux temps, ni aux mœurs,
ni aux circonstances. Il est la conséquence
rigoureuse, invincible *d'un ordre d'être* que
l'homme ne peut ni altérer, ni modifier, ni
commenter, ni détruire, sans porter atteinte
à sa propre nature, à son *entité* (1).

Tout ce qui tend à détourner cette nature,
cette entité de sa destination, n'est rien moins
qu'un suicide moral. L'homme n'a, à part

(1) Expression d'Aristote.

l'athéisme, à part les débauches de l'esprit, les saturnales d'imaginations malades ; à part le cauchemar de l'ignorance et du vice, d'autre droit que le droit de faire le bien ; droit, qui est le devoir, devoir d'où découle. seulement tous les droits. Être multiple par sa nature.

Il sent,
Il pense,
Il aime ;
En d'autres termes, il est
Sensible,
Intelligent,
Aimant.

Sensible, il fuit la douleur ; intelligent, il recherche le bien, le bon, le beau ; aimant, il associe les êtres de sa nature au bien, au bon, au beau, et par une loi providentielle, il n'arrive au bonheur que sa nature comporte, que par le devoir.

« L'accomplissement de ses devoirs enfante

« une joie pure ; y manquer, c'est se rendre
« à la fois fautif et malheureux.

« **BERNARDIN DE SAINT-PIERRE.** »

Si l'harmonie matérielle, devant laquelle
David, le prince des poètes, disait :

« *Cœli enarrant gloriam Dei* (1), »

devant laquelle Képler, Copernic et Newton
reconnaissaient la nécessité tangible du grand
Architecte. A qui a-t-on besoin de dire aujourd'hui que l'ordre moral a été aussi bien
imposé à l'homme, que l'ordre physique à la
matière ?

Dieu, en imposant la vie à l'homme qui ne
la lui demandait pas, en aurait fait une chose
quelconque, livrée à la brutalité d'une destinée sans but, sans emploi moral, sans ordre
à son principe, sans direction dans sa course

_____

(1) Psaume XIX.
Haschamain messaperin (*traduction hébraïque*).
« Les cieux annoncent la gloire du Tout-Puissant, et le
« firmament publie l'ouvrage de ses mains. »

sauvage, quand tout, autour de lui, au-dessous de lui et au-dessus de lui, est soumis à
des lois invariables, éternelles, savantes, pro-
fondes et d'une simplicité sublime.

Non, non, l'homme est sorti *tout fait des*
mains de la Providence avec une destination
tangiblement indiquée. La moralité de sa nature, invariable, éternelle, comme son éternel
auteur, a protesté, proteste et protestera éternellement contre tout ce qui a porté atteinte
à cette loi imposée à l'homme :

« Justice et bonté. »

« Durée de la vie de l'homme? un moment.—
« Sa substance? changeante.—Ses sensations?
« obscures. — Toute sa masse? pourriture.—
« Son sort? impénétrable. —Sa réputation?
« douteuse ; — en un mot, tout ce qui est de
« son corps, comme l'eau qui s'écoule. — Ses
« pensées? comme des songes et de la fumée.
« —Sa vie? un combat perpétuel et une halte
« sur une terre étrangère. — Sa renommée

« après la mort? un pur oubli. — Qu'est-ce
« donc qui peut lui faire faire un bon voyage?
« la seule philosophie (1). Elle consiste à em-
« pêcher *que le génie qui habite en lui ne re-*
« *çoive ni affront, ni blessure* (2) ; à être éga-
« lement supérieur à la volupté et à la douleur ;
« ne rien faire au hasard, n'être ni dissimulé,
« ni menteur, ni hypocrite. — N'avoir pas be-
« soin qu'un autre agisse ou n'agisse pas. —
« Recevoir tout ce qui arrive et qui lui a été
« distribué comme un envoi qui lui est fait *du*
« *même lieu dont il est sorti* (3).

« Marc-Aurèle Antonin. »

Quatre mille quatre ans avant Jésus-Christ,
jusqu'à l'heure où, dans notre faiblesse, nous

---

(1) Et la religion ! La religion est la philosophie du cœur :
la philosophie est la religion de l'esprit : deux bonnes sœurs
qui conduisent l'homme à sa destination.

(2) Marc-Aurèle a souvent besoin d'être expliqué. Par génie,
il entend ce que nous traduisons par âme ; et par affront ni
blessure, c'est de ne compromettre pour quoi que ce soit
l'essence divine de ce génie.

(3) Des mains de Dieu.

traçons ces quelques lignes, ouvrons les archives du monde, consultons cette grande mémoire de l'humanité, qu'on appelle l'histoire,
et nous verrons partout le crime flétri et l'honnêteté honorée, dans Cincinnatus, dictateur,
comme dans Epictète, esclave !

« Et l'Eternel dit à Caïn : où est Abel, ton
« frère ? — et Caïn répondit : je ne sais ; suis-
« je le gardien de mon frère, moi ? — Et Dieu
« dit : Qu'as-tu fait ? La voix du sang de ton
« frère crie de la terre à moi. »

Est-ce qu'il a été pardonné à Anitus et Militus ? Est-ce que Caligula disant à ses bourreaux :

« Frappez de manière à ce qu'on se sente
« mourir », n'a pas été flétri ? Est-ce qu'il a
été pardonné à Néron, à Ivan III, à Philippe-
le-Bel, à Philippe II, à Elisabeth, à Henri de
Guise ? Est-ce que ces derniers mots de Coligny, prophète à son heure dernière, ont
échappé à l'histoire :

« Henri de Guise, un jour aussi tu sentiras

« sur ta poitrine le pied d'un assassin ! Je n'ai
« pas tué ton père ! Sois maudit ! »

Le sang de l'homme versé, la voie ouverte
une fois au meurtre, sous quelque nom que
le meurtre se reproduise, sera pour la conscience du duelliste ou de l'assassin, cette
porte du Dante, après laquelle il n'y a plus
d'espérance dans la vie !

« *Lasciate ogni esperanza voi ch' entrate.* »

LIX.

Et nous aussi, comme Horace, nous sommes
forcés de dire :

« *Hunc talem nequio monstrare et sentio*
« *tantum.* »

Oh ! si le sentiment avait une langue !... Si
les mots ne faisaient pas défaut à ce qu'on sent !

LX.

Le droit est le maître du monde, a dit J.-J.

Rousseau, parce que le droit est empreint de la sanction morale. Cherchons une sanction morale au duel, nous ne l'y trouverons certainement pas; et c'est par cela qu'il n'y a pas de droit, que le fait reste seul, et que seul, c'est le crime!

LXI.

Quatre mille hommes restèrent sur le pré sous Henri IV. Abandonnons pour le moment l'idée de quatre mille familles dans les larmes et dans le désespoir, et abordons un fait bien propre, ce nous semble, à réagir sur l'opinion qui pousse l'homme dans ces luttes sanglantes, sans cause, sans droit, sans moralité comme sans justice.

Supposons que, sur ces quatre mille morts en duel, sous un seul règne, trente ou quarante d'entre eux eussent été Christophe Colomb, Descartes, Leibnitz, Linnée, Newton, Copernic, Halley, Galilée, Pascal, Rous-

seau, Dalembert, Montesquieu, Lavoi-
sier (1), Laplace, Monge, l'abbé de Lépée,
Flanklin, Diderot, Wat', Raphaël, Michel-
Ange, Letitien, Homère, Virgile, Dante, Le
Tasse, Lamartine, etc., nous en serions encore
où en sont les serfs de la Russie. Mais, bon
Dieu! qui est-ce qui aurait voulu tuer saint
Vincent-de-Paule? Et pourquoi cependant ne
l'aurait-on pas tué, car qui n'a-t-on pas tué,
qui fut grand sur la terre?

LXII.

Invoquez l'implacabilité de l'histoire (2).

LXIII.

Sait-on tout le mal qu'on peut faire à l'humanité en tuant un homme, en dehors même
de la religion et de la morale!

(1) Guillotiné en 93.
(2) Napoléon chassait de sa garde quiconque se battait en
duel.

LXIV.

En montant à l'échafaud, Chénier ne frappa-
t–il pas son front en disant :

« Pourtant, il y avait là quelque chose. »

LXV.

Qui sait ce qui germe dans la tête d'un
homme qu'on tue ? Tout ce que nous ignorons, peut être, et nous ignorons tout, hélas !
poussière vaniteuse que nous sommes, et nous
avons besoin de tout savoir :

A vaincre le choléra,

La pulmonie,

Les cancers,

Les écrouelles,

La grêle,

A voler dans les airs,

A marcher sur les eaux,

A trouver une alimentation qui nous pro–

tége contre la faim, et qui donne au pauvre un peu de repos.

En 1665, soixante-huit mille cinq cent quatre-vingt-six personnes moururent de la peste à Londres. Nous demandons ce qu'on eût fait de l'homme qui aurait tué en duel celui qui aurait trouvé le moyen de vaincre ce fléau ?

LXVI.

Dieu! on a tant tué d'hommes en duel! (Trois en quinze jours, au mois de février 1854) que parmi eux tous, en était-il un qui devait révéler au monde une de ces grandes pensées que la tombe dévore! Et en psychologie, que ne nous reste-t-il à chercher et à trouver ? Oh! trouvez-nous donc cette échelle de Jacob, le chemin que suit l'âme d'une mère qui est au ciel pour communiquer avec l'âme de son enfant qui est sur la terre !

Ne tuez pas celui qui demain dessillera nos yeux peut-être.

LXVII.

Donnez-moi un appui, disait Archimède,
et je remuerais le monde.

Il ne faut qu'une pensée aussi pour remuer
le monde moral et pour appeler à soi l'opinion
générale !

LXVIII.

Le duel a une cause avouable, logique,
honnête, définie, juste, morale, bonne en soi,
bonne dans son action, bonne dans ses fins ; le
duel a ce caractère, ou bien il a une cause
non avouable, illogique, déshonnête, obscure,
injuste, immorale, mauvaise en soi, mauvaise
dans son action, mauvaise dans ses fins.

L'état de la question nous semble largement
et loyalement posé devant l'opinion. Examinons, analysons maintenant :

Vouloir imposer à un autre homme son opinion, quelque morale que puisse être cette opinion, serait une tyrannie contre laquelle le cœur et l'esprit se révolteraient. Pour en avoir le droit, il faut que le raisonnement entraîne tellement la conviction, il faut que l'évidence acquière tellement la précision d'un chiffre, que la démence seule puisse se refuser à la démonstration.

N'est-il pas vrai que sur mille duels, il y en a neuf cent quatre-vingt-dix-neuf sur lesquels souffle le vent de la folie? Est-ce que sur mille duels, il y en a un d'avouable, d'honnête? En est-il un qui puisse avoir ce caractère? un, dont on voudrait confier la provenance à son père, à sa mère, à sa sœur, à un homme de bien. Quel nom donner à deux insensés qui vont s'entre égorger pour les raisons qui déterminent la plupart des duels? Ce serait descendre par trop, que d'appliquer un raisonnement sérieux à la débauche, au jeu, aux pointilleries surexcitées par la nicotine et l'alcool! Et cependant, les duels produits par ces

causes n'ont-ils pas lieu? Le sang ne coule-
t-il pas? Cette atroce manie ne jette-t-elle
pas la perturbation dans la société, le désespoir dans les familles?

Les gens de bien, ceux-là mêmes qui re-
connaisent la nécessité du duel, *dans des cas
donnés*, répondent : « *Ces sortes de duels
sont jugés et blâmés.* » Ont-ils moins lieu,
pour être jugés et blâmés? Ne tuent-ils pas
bien des mères, quoique jugés et blâmés?
Dans ces cas-ci, l'institution de l'opinion est
mauvaise; mais là, elle est bonne, dira-t-on;
mais il est insoutenable, en morale, d'avancer
qu'une bonne chose puisse devenir mortellement mauvaise. Est-ce que

> la religion,
> la vraie philosophie,
> la charité,
> la bienveillance,
> la bonté,
> la vérité,
> la loyauté,

sont soumises à des interprétations, à des traductions, bonnes ici et mauvaises là!...

On a appelé l'opium, laudanum, pour sa bonté.

L'acide prussique est excellent et la morphine aussi; mais on pèse et on les mesure avec un soin extrême, car l'opium, l'acide prussique et la morphine, changeraient de caractère sans ce poids et cette mesure. Mais, qui est-ce qui mesure les duels, dans nos mœurs? Faut-il en citer des myriades autrefois, naguères, aujourd'hui? Qui donc, en France, a oublié et oubliera jamais celui de ce général, sous le premier empereur, et ceux, hélas! bien plus récents encore! Tout cela dort sous la pierre éternelle!...

Il n'y a pas de tigre, quand le tigre n'a plus ni dents, ni griffes. Si le duel n'existait pas, en serions-nous à définir quand il y a vertu ou crime, quand il est bon ou mauvais. Mais, examinons toujours, car cette question est

comme le pont de Mahomet, elle a la largeur
d'un tranchant de cimeterre.

LXIX.

Admettons un duel dont la cause sera tenue
pour valable par les hommes qui ne l'admettent *qu'exceptionnellement.*

Un meurtrier a tué votre père, votre mère
ou votre sœur ! Ce meurtrier appartient à la
justice de la société outragée ! Il appartient
aux lois de connaître de ce crime. — On ne se
bat pas avec un assassin.

Mais un homme dont le cœur est égaré par
l'amour, ce grand décepteur, cet abîme de
César, d'Henri IV, de Louis XIV; cette
grande faiblesse, où tant de nobles cœurs ont
failli, cet homme flétrit votre femme ;—ici, ce
n'est plus la loi qui en connaîtra, c'est vous,
c'est votre colère, votre vengeance, votre vanité, votre orgueil, un monde de passions

échevelées, qui crient dans votre cœur justement ulcéré! Mais pourquoi en connaîtrez-vous? Le sang de votre père qui crie de la terre à vous, selon l'expression de Dieu lui-même, est-il moins sacré, aux yeux de l'opinion, que l'honneur de votre femme? Le crime atroce est-il moindre que le crime de la débilité, de la faiblesse, car le vice n'est pas autre chose. Oh! disons-le d'un coup, faisons comme Louis XI, marchons droit dans le sang. Le meurtre de notre père n'est qu'une douleur immense, n'est-ce pas? Ce ne sont que des cheveux blancs teints de sang par l'assassin, et que nos mains de fils lavent pieuses et tremblantes!...

L'insulte faite à l'hymen, c'est l'assassinat de l'orgueil et de la vanité, et c'est pour cela que nous intervenons. Pourquoi nous battons-nous avec le séducteur de notre femme, et non avec l'assassin de notre père? Le crime doit être plus grand, égal, ou moindre. S'il est plus grand, vous ne devez pas intervenir, moins encore que dans l'assassinat de votre père ; s'il est égal, recourez à la même juridiction, et s'il est moindre, mérite-t-il la mort que vous voulez donner au coupable? Nous laissons à qui de droit la mission de donner la mort à l'assassin de notre père, et pour un crime plus grand, égal ou moindre, c'est nous qui devons remplacer le bourreau !...

Cruels enfants que nous sommes tous !... Parce que celui-ci est méchant, il faut que nous soyons pires.—Pour la séduction, pour tout ce qu'implique le désordre de cet acte, nons y ajoutons le crime.

Vous, innocent et bon, vous faites déteindre la faute d'autrui sur vous-même, et il faut que vous tuiez ou qu'on vous tue !

Il y a des lois contre le meurtrier de votre père ; il y a des lois aussi contre les désorganisateurs de la famille. Mais, si ces lois n'existaient pas , ou qu'elles fussent insuffisantes, qu'on fasse des lois, et ne nous faisons pas, dans notre propre cause, enfiévrés que nous sommes par toutes les passions, accusateurs, juges et bourreaux. Quel caractère donnerait-on alors au duel? Le caractère de la vengeance ; *mais elle est perverse et folle, la vengeance!*

« C'est cette justice sauvage, qui traîne le « remords après soi. »

Mais si l'on convient que c'est par esprit de vengeance que l'on se bat, cette cause est-elle avouable, logique, honnête, définie, juste, morale, bonne en soi, bonne dans son action, bonne dans ses fins? Oh! non. Si l'on se bat par vengeance, dans le cas mis en question même, la cause du duel est radicalement mauvaise et radicalement répudiable ; car la vengeance est la chose maudite qui fait pleurer l'histoire depuis la nuit des temps.

Et puis, quand le bourreau justicie l'assassin, c'est du sang pour du sang, c'est son attraction fatale. Mais le crime de l'homme qui a séduit une femme est moindre, aux yeux de la loi, que celui qui a tué votre père, et cepen-

dant vous lui infligez la même peine, à ceci
près que vous lui laissez la main droite libre
pour vous tuer s'il le peut : ce qui fait l'absurde et l'atroce !

LXX.

Becaria a écrit un fort beau livre sur les
délits et les peines : il importe infiniment d'har-
moniser les peines aux délits. Le duel, lui, n'a
qu'une peine, c'est toujours la mort, la mort !
Et quand on l'a donnée cette mort, on se demande, fût-on l'offensé, si cette réparation
n'outr epasse pas l'offense. Eh bien ! vous avez
tué cet homme : cette juridiction que vous
avez constituée de votre volonté privée, a reçu
son plein et entier effet ! Vous avez essuyé
votre épée, et vos amis vous ramènent chez
vous. Le père de celui qui avait flétri votre
femme y arrive aussi, chez vous ; vous avez
eu votre lambeau de vengeance, il veut avoir
le sien, lui !

« Monsieur, mon enfant avait flétri votre
« honneur ; vous lui avez demandé réparation,
« c'était votre droit ; il vous l'a accordée, c'é-
« tait justice... Vous l'avez tué, c'est le sort
« des armes ; vous avez vengé votre hon-
« neur ; moi, je veux venger mon sang que
« vous avez versé, et je viens vous de-
« mander cette réparation. Vous serez aussi
« juste envers moi, que mon fils l'a été
« envers vous ; vous vous êtes vengé d'un
« affront, moi, j'ai à venger le sang *de mon*
« *fils, mon sang !* »

« Eh bien ! allons, monsieur, » répond le
premier tueur ; et ils vont, car il faut aller, et
le tueur est tué ! Voilà, *duellistement* parlant
une affaire bien vidée ! Mais le dernier tué
avait un frère aussi qui... Et de proche en
proche, le chaînon sanglant se déroule, et
c'est la *vendetta* jusqu'à la septième génération.

Dans l'espèce, la cause du duel est reconnue légitime, n'est-ce pas ? et cette légitimité

emprunte sa raison d'être à la vengeance, qui fait pleurer du sang à l'histoire, comme nous l'avons dit. Passion implacable, aveugle et noire, qui traîne après elle le poignard, le poison et la torche, et dont la sinistre lumière éclaire aussi souvent le *bravo* que le duelliste, et contre laquelle la religion, la philosophie, la raison, l'amour de soi-même protestent avec toute la puissance de la morale. Donc, ici même, le duel n'a pas le caractère avouable que nous exigeons de lui, car la vengeance répugne au cœur autant qu'à la raison, et enfante

« *A world of sighs* (1). »

La vengeance vous conduit sur le terrain, n'est-ce pas? Eb bien! traduisez littéralement : « J'ai tué cet homme, c'est vrai ; mais je l'ai « tué avec un poignard empoisonné. » Conçoit. on l'excuse? On prétend excuser une mauvaise

(1) Un monde de soupirs.

SHAKESPEARE.

action en invoquant pour excuse un mauvais sentiment ?

Plaisante justice ! dirait Pascal.

Que de tortueuses machinations pour arriver au mal !

Serrons l'étau : on se bat par vengeance, ou l'on ne se bat pas par vengeance. Si l'on se bat par vengeance, le duel est doublement mauvais ! et si l'on ne se bat pas par vengeance, on se bat sans doute pour autre chose. Examinons.

LXXI.

C'est pour l'honneur qu'on se bat, dit encore le code des duels. Pour examiner cette seconde cause du duel, il faut recourir à la lexicographie, au dictionnaire et à la grammaire.

Pour s'entendre dans une discussion, il faut que ceux qui discutent prêtent aux mots une signification identique. Et qu'arrive-t-il cependant? c'est qu'il y a peu d'hommes qui aient la conscience de la valeur des mots qu'ils emploient, et de là, une confusion dans les idées qui rend inintelligible l'état de la question.

L'opinion, en consacrant cet apophthegme : « On se bat pour l'honneur, » aurait bien dû nous dire de quel honneur elle entendait parler? Si c'est de l'honneur lexicographique, lexicologique, de l'honneur grammatical, de l'honneur défini par les lexiques, si c'est de l'honneur moral, de l'honneur *vrai* qu'elle parle,

Mentire impudentissimè ! Elle ment.

L'opinion, pour corrompre les sentiments, a commencé par corrompre la langue, l'entente des mots. Si *c'est de l'autre honneur, de celui qui déshonore, alors l'opinion a raison, car le monde a un second honneur dans son blason.*

On a dit avec raison de la langue la plus logique, la plus directe, la moins sujette aux amphibologies, que tout ce qui n'est pas clair n'est pas français.

En français, honneur signifie « Estime de « soi-même (1), sentiment des bonnes et des « mauvaises actions ; vertu , probité. Tout « homme qui manque à l'honneur, dit Mon- « tesquieu, est soumis aux reproches de ceux- « mêmes qui n'en ont point. Gloire acquise « par de hauts faits, de belles actions, de grands « talents. »

Ouvrez le premier vocabulaire venu, et vous verrez s'il y a place dans la signification gram- maticale du mot pour y loger le duel.

En latin, honneur signifie respect, considé- ration pour quelqu'un ; mais ce mot n'a jamais voulu dire et ne dira jamais : sang versé, égor- gement de l'homme par l'homme, — amputa- tion d'un membre de la famille. Ce *sanctum sanctorum* de toute société !

---

(1) Il y a un proverbe espagnol d'une étrange énergie : « Pobre (a) onor hace la sangre à los hombres. » Mot pour mot : « Pauvre honneur fait le sang aux hommes ! »

(a) Nous suivons la nouvelle orthographe.

Dans quel cas l'estime de vous-même, l'idée morale, la conscience des bonnes et des mauvaises actions, l'idée du juste et de l'injuste, la probité, la vertu, vous font-elles une loi de tuer un homme ?

Au contraire, toutes ces si bonnes choses, contenues dans le mot honneur, ces choses si saintes, s'arment, colères et irritées, contre le droit sauvage que s'octroie l'opinion, de prononcer un verdict d'acquittement en faveur de quiconque a versé le sang de son semblable !

Ces bonnes choses : l'honneur qui honore le véritable honneur,

« C'est ce prêtre présentant sa poitrine au « fer de deux duellistes. »

L'estime de soi-même n'est-elle pas la conséquence immédiate de l'obéissance aux lois de notre être :

« Prier, aimer, travailler. »

L'estime de soi-même, ce témoignage lumineux de la conscience, ce phare resplendissant des Socrate, des Epictète, des Cincinnatus, des Régulus, des Démophile, des Phocilyde, des Fénelon, prescrit–elle de verser le sang de l'homme ? La vertu a-t-elle le cri de la Saint-Barthélemy, ou le mot de passe (1) des Vêpres siciliennes ? Mais ce paralogisme n'est pas sérieux ; c'est au contraire

« *Ante mare et tellus ,* » le chaos d'Ovide ; c'est le renversement de la langue, comme c'est le renversement de la morale, que d'affubler du linceul sanglant du duel, tout ce qu'explique de bon le mot honneur !

LXXII.

Et ici encore, pourquoi le cœur n'a–t–il pas un langage, puisque les grandes pensées en sortent, dit Vauvenargue !

« *Hunc talem nequio monstrare et sentire* « *tantum.* »

(1) Cicéri.

LXXIII.

Nous avons défini l'honneur comme les lexiques et les grammairiens : avant de stéréotyper sur la face de l'honneur qui prescrit le duel, la tache d'un jugement sévère, revenons à l'idée de la vengeance dont nous avons posé le thême.

LXXIV.

S'il était bien vrai qu'on ne se battît que par vengeance, il ne faudrait qu'un coup pour abattre le duel, car le duelliste ne voudrait pas accepter pour son faire le même sentiment qui aiguise le couteau de l'assassin.

Nous avons mentionné tout à l'heure les Vêpres siciliennes (1) et la Saint-Barthéle-

(1) 1282.

my (1), ces deux grandes vengeances que la postérité a enregistrées. Le crime d'Elisabeth (2) ne fut-il pas une vengeance, et la mort de Charles Ier une vengeance aussi, la plus lâche de toutes : la vengeance de la peur.

« Qui m'amènera ce Cromwell mort ou vif, » disait Charles Ier.

La lettre trouvée par Cromwell dans la selle si fameuse dans l'histoire, lettre qui lui promettait la potence et qui reçut pour réponse l'échafaud ; et Cromwell levant le couvercle de la bière (*coffin*) qui contenait le corps de Charles Ier, ne dit-il pas :

« *This assures a long life.* »
Ceci assure une longue vie !

Et le bourreau masqué, qui a tué Char-

---

(1) 1572. Il est attesté aujourd'hui que la Saint-Barthélemy ne fut que le crime de la politique, et non de la religion. Ce qu'on obtint quatorze ans après cette immolation fut pour en voiler et en diminuer toute l'horreur.

(2) 1583. Et l'échafaud d'Anne de Boleyn et de Catherine Howard, toutes les horreurs d'Henry VIII, ne furent que des vengeances.

les I", a-t-il reçu d'autre salaire que la vengeance?

Est-ce que la *vendetta* n'est pas la *vendetta ?*

Et la tête de Cicéron sur les genoux de la
femme d'Antoine, de cette femme vindicative
et hautaine, qui lui perçait la langue avec
l'épingle d'or de ses cheveux!... C'était la
vengeance!

Les proscriptions de Scylla et de Marius
furent-elles autre chose, ainsi que la mort des
Gracques... Et la vengeance de Rome, immolant Annibal, a été la honte de Rome au milieu de toutes ses hontes!

Et le poison de Médicis et de Réné? Et
Murat et Ney, et la plus grande des victimes,
ce moderne Prométhée, Napoléon, c'étaient
des vengeances aussi!...

Prononcez le mot crime, et l'humanité
pourra traduire démence (1), mais elle ne
comprendra pas la vengeance!

---

(1) Nous avons plusieurs fois avancé cette proposition : le
crime, c'est la démence Nous demandons si l'on conçoit le

La vengeance ! mais Dieu s'est réservé pour lui seul la vengeance, parce que lui tout seul connaît l'étendue perverse ou égarée de la

crime commis au nom de Dieu, le crime commis au nom de la vertu.

Dominique Torrequemada disait en mourant : « Alajo à Dios « de haberme dado el poder de quemar seis mil hereijos! »

« Je remercie Dieu de m'avoir donné le pouvoir de brûler six mille hérétiques. »

Nous lisons dans M Lombard :

« Dans un ouvrage aussi léger que celui-ci, et qui n'est « guère qu'anecdotique, je n'ai point la prétention de crayon- « ner des portraits, moins encore de faire passer en revue, « sous les yeux du lecteur tous les scélérats élevés en domina- « tion qui se baignèrent à plaisir dans le sang des Français, « mais je dirai quelques mots d'un homme extraordinaire « qu'on croirait déjà oublié, et qui fut cependant mille fois « plus cruel que le sanguinaire Robespierre, et ne sembla « pousser la férocité à l'excès

« *Que par excès de vertu.* »

« Louis-Léon Saint-Just, né à Blérancourt, près Noyon, était « à peine âgé de vingt-trois ans quand il fut nommé député à « la Convention par le département de l'Aisne. Avant cette « nomination, il entretenait une correspondance avec Robes- « pierre, dont il était admirateur passionné, et qui le fit, lors « de la formation des comités du gouvernement, nommer un « des douze membres du salut public.

« Ignoré, confondu dans la foule jusqu'au 31 mai 1793, il « se signala tout d'un coup à la tribune par un rapport du « plus haut intérêt, demandant, avec une audace qu'il con- « serva toujours depuis, que les Girondins qui avaient fui

pensée qui a présidé au mal, et que seul il
peut en métrer la peine. Et même la vengeance fût-elle acceptée, fût-elle reconnue
comme une juridiction, autant qu'elle est proscrite et flétrie par la morale et répudiée par

« fussent déclarés traîtres à la patrie, et qu'il fût lancé un
« décret d'accusation contre ceux qui venaient d'être arrêtés.

« Dès ce moment, la tâche d'envoyer successivement ses
« collègues à l'échafaud lui fut exclusivement affectée par les
« comités; il ne cessa de la remplir avec zèle qu'à la journée
« de thermidor (9), où il demandait encore·des têtes à la tri-
« bune, quand il y fut interrompu et n'en descendit que pour
« porter la sienne sous la hache.

« N'ayant point encore le jugement formé, sans expérience,
« prenant à la lettre et outrant les maximes d'un philosophe
« dont il avait fait ses délices au sortir de l'enfance, il ne vit
« le bonheur pour l'homme qu'en le rapprochant de la nature,
« qu'en le reléguant sous le chaume où dans les forêts. Pour
« y parvenir, il était besoin d'anéantir les lumières, le luxe,
« les arts, le commerce, les gens riches, d'exterminer enfin la
« moitié de la nation, et il marchait à cette extermination avec
« une imperturbable tranquillité. On pourrait douter que l'es-
« prit humain pût

« Errer à ce point, »

« si les nombreux rapports de ce monstre, consignés dans le
« *Moniteur,* n'étaient là pour déposer de tant

« d'extravagance. »

« Partout où il fut envoyé, le sang coula à flots; et, tout cou-
« vert du sang de l'innocence, seul, des nombreux scélérats

7

les lois, si elle dépassait de la largeur d'un cheveu la grosseur de l'offense, elle serait impie !

« *Summum jus summa injuria.* »

Dentem pro dentem, oculo pro oeulo, un cheveu de plus serait une injustice égale à celle de demander mille francs à celui qui ne vous en doit que cent ! Et alors ?... alors cet homme égaré, qui a flétri votre femme dans la folie de ses sens et dans celle de son cœur,

---

« exécutés avec lui au jour de thermidor, il fut au supplice « avec

« *Résignation* »

« N'opposant aux nombreuses malédictions dont la multi-
« tude, ivre de joie, l'accablait sur sa route, que le sourire
« *de l'innocence,* il monta sur l'échafaud *sans forfanterie, mais*
« *courageusement,* et reçut le coup *de la mort avec l'assurance*
« *de l'homme de bien qui aspire à se réfugier dans le sein de la*
« *divinité.* »
Qu'est-ce donc qu'un criminel par excès de vertu, si ce n'est
un esprit troublé ? Est-ce que Fouquier-Thinville ne crut pas
voir la Seine changée en sang ? Et prenez l'assassin le plus
atroce, celui qui tue pour de l'argent, voyez ce qu'il fait de cet
argent, à quoi il sert, à quoi il est bon, et la démence se révé-
lera à chacun de ses pas. Nous dirons cela bientôt dans un autre
livre.   (*Note de l'Auteur.*)

ou dans sa faiblesse, ou dans sa débauche, ce délabrement de l'âme, cet homme a-t-il mérité la mort que vous lui donnez? Est-ce le métrage de la justice, de l'équité, et comme au Japon, la mort pour tout, rien que la mort.

En présence d'autant de justices qu'il y aurait d'hommes, en présence d'autant de juridictions qu'il y aurait de vengeances à exercer, l'assassinat serait infiniment plus logique et plus moral que le duel; l'offenseur n'aurait pas au moins le privilége d'ajouter la mort à l'offense et de tuer l'offensé. Et c'est ainsi que de conséquence en conséquence, en transigeant avec la morale, et se plaçant en dehors de la vérité, on arrive à la destruction complète de tout ce qu'il faut conserver, au risque de voir crouler la société sous les étreintes sanglantes du crime! Si vous déifiez le duel, si vous lui donnez pour grand prêtre la vengeance, il faut élever *des autels à l'assassinat*, qui est plus ra-

tionnel pour punir une offense, et l'on explique par là ces lois tombées en désuétude
aujourd'hui, qui pendaient les duellistes et
leurs témoins.

De plus, l'homme même qui aurait mérité
la mort pour avoir jeté les désordres de l'a-
dultère dans la famille, cette mort fût-elle
juste, est-ce qu'il nous incombe à nous de la
donner cette mort, et par ailleurs, de recevoir
la mort de celui qui a mérité la mort.

« *Vox judicis, vox Dei.* »
La loi !

LXXV.

« La satisfaction qu'on tire de la vengeance
« ne dure qu'un moment, et celle qu'on tire
« de la clémence est éternelle.

« HENRI IV. »

Nous avons dit ce qu'était l'honneur, ce que

ce mot expliquait, toutes les vertus douces sans lesquelles la société n'est pas possible. La religion, la charité, la fraternité, la bienveil-lance, la bienfaisance, la bonté, l'éternelle bonté, la vertu enfin qui collective tout.

Envisageons maintenant l'honneur de l'opinion, cet honneur qui prescrit de payer la *dette du vice, du jeu,* quand on laisse *chômer 'la dette contractée pour avoir du pain.* Si vous ne payez pas celle-là, vous êtes déshonoré ; si vous ne payez pas celle-ci, c'est autre chose ! C'est cet honneur qui vous crie bien haut d'é-gorger un homme qui vous dit que vous mentez, quand de notoriété publique vous ne dites pas la vérité, et quand vous savez que vous mentez vous-même ! Cet honneur est le badigeonnage qui vernit tout édifice décrépit : c'est

« L'hommage que l'hypocrisie rend à la « vertu (1). »

(1) Larochefoucault

L'honneur de l'opinion, c'est ce que Mirabeau a appelé

« La petite morale. »

La morale hypocrite, menteuse, athée, qui
prescrit, dans sa religion mondaine,

De sacrifier le faible au fort ;

L'innocent au coupable ;

Le pauvre dénudé au riche pourvu ;

Le faible au puissant.

C'est cette petite morale qui vous fait éviter le compagnon de vos jeux d'enfance, celui
avec lequel vous avez prié Dieu pour la première fois, celui que votre mère aimait, parce
qu'il vous aimait ! Oh ! parce que cet ami (1)
est revêtu de la livrée du pauvre, comme s'il
était de plus beau spectacle que la pauvreté
honnête, quand la fortune l'est si rarement !
Mais cet honneur est la prédication du vol et
du crime ! c'est celui qui crie : soyez le premier,

(1) Donnez-lui votre bourse, forcez-le à la prendre, donnez-
lui le bras et ne le fuyez pas.   (*Note de l'Auteur.*)

faites-vous riche! et puis, comme **Médicis**, soit pourvu!... pourvu que le succès couronne l'œuvre ; et, si l'on succombe, le suicide.

« Cinq à Paris en février 1854. »

Ah! l'honneur de l'opinion nous dit qu'on doit tuer un homme en duel dans les cas qu'elle définit!

Et, par le nom de Dieu, l'opinion a raison, au nom de son honneur *à elle,* de cette fumée qu'ont laissée, en s'abîmant, Sodome, Gomorrhe, Adama et Adonaï!... Ce manteau pailleté, à travers les trous duquel on voit la chair du mensonge et la léprosité de sa peau! C'est cet honneur qui commande au fils impie et parvenu de ne pas reconnaître son père en blouse et en sabots, comme le fit un nom fameux dans les lettres (1) et dans la calomnie.

Cet honneur, qui vomit l'infanticide, et qui fait qu'une jeune fille étouffe son enfant, pour

(1) xviiiᵉ siècle

échapper à la honte de cette opinion, qui ordonne à deux hommes de s'égorger. C'est ce même honneur qui fait que les brigands et les voleurs ont leur honneur, celui de mourir sous la bannière du crime, et de partager avec probité le produit sanglant de leur industrie! C'est cet honneur qui fait qu'un cuisinier se perfore de son épée!... Oui, c'est bien cet honneur qui est la cause du duel, et l'on a vu s'il a répudié son origine et s'il reste empreint des traits de sa race...

Pour honorer ce faux dieu de l'honneur social, ce *molec* biblique, qui a des oreilles et qui n'entend pas, des yeux et qui ne voit point, ce dieu qu'a maudit le Roi–Prophète, comme il a maudit ses adorateurs, on a créé une langue pour son culte, langue de supercherie et de mensonge, autant que le dieu lui-même. L'idolâtrie a fait aussi des rites qui détruisent l'encens du vrai Dieu, et des dogmes dont on a vu l'origine et les conséquences. A défaut d'idées morales, on a fait des idées du vrai culte, une fausse monnaie qui soulève la religion et la conscience, et, n'ayant pas de mots reconnus dans la langue, on a prêté au désordre les mêmes mots qu'emploie l'honnêteté par une scandaleuse subversion des signes de nos idées, et, comme on a invoqué le mot honneur pour dire

Vanité ,

On a dit *courage* pour dire bravoure.

LXXVI.

Il ne faut pas laisser à l'hypocrisie la guenille dont elle se drape !

LXXVII.

Sous un autre point de vue, nous avons cherché à établir qu'il n'y avait aucun courage à se battre en duel; que, poussé par la puissance de l'opinion, on allait se battre comme le criminel allait se faire couper le cou, poussé par la force à laquelle il ne peut résister. Et en poussant l'argumentation jusqu'à l'analyse du cœur humain, on peut hautement proclamer que le duel est si loin de prouver qu'on a du courage, qu'au contraire c'est la démonstration la plus évidente de la débilité de l'âme, puisqu'il est l'esclavage accepté de l'opinion qui conduit au crime, et que l'esclavage est le dernier échelon de la lâcheté.

Disons carrément et *ex abrupto* que le courage n'a rien à faire dans le duel, pas plus que l'honneur.

En déshabillant pièce à pièce cette grande erreur de l'opinion, en la laissant nue dans toute sa laideur, on fera beaucoup pour la vérité.

LXXVIII.

Avant d'aller tuer un homme en duel, pour

prouver qu'on a du courage, comme le dit
J.-J. Rousseau, on devrait bien se donner la
peine de s'informer de ce que signifie le mot
courage.

Le courage n'est pas *la bravoure*. Il n'y a
ni corrélation, ni similitude, ni synonymie
aucune dans l'acception de ces deux mots. Le
courage est aussi loin du duel que la vérité
du mensonge, que la terre de l'étoile Sirius.
Pourquoi donc invoquer une vertu, pour en
faire la complice d'un crime?

LXXIX.

« Le courage est dans l'*âme ;* la bravoure
« *dans le sang ;* le premier est une *vertu,* le
« second un *instinct.* »

Exposer sa vie pour sauver un homme, c'est
le courage ; tuer un homme en duel, c'est la
bravoure.

Ceci est écrit dans tous les dictionnaires. Et

s'il fallait élever un autel au plus brave, ce serait certainement au boule-dogue, qui se laisse éventrer sans lâcher prise, et meurt son ennemi dans les dents, comme celui de Byron (1).

LXXX.

Le courage, c'est Moïse traînant son peuple pendant quarante ans dans le désert, et luttant contre ce peuple même !

C'est Lycurgue, bravant l'outrage et l'assassinat.

C'est Socrate, buvant la ciguë et proclamant, jusqu'au dermier moment, l'immortalité de l'âme !

---

(1) Un capitaine de marine tombe à la mer ; un matelot saute après lui. Après de grands efforts, tous les deux reconnaissent qu'il n'y a plus de lutte possible contre la mer. « Si tu es seul, demande le capitaine au matelot, te sauverais-tu ?—Je crois que oui, » répondit celui-ci. Le capitaine lâche prise, s'enfonce dans la mer et meurt. Voilà le courage, et un courage sublime, émanant de la religion et de l'idée du devoir !

C'est Régulus, allant mourir pour la sainteté de la foi donnée !

C'est d'Assas, criant :

« A moi, Auvergne, voilà l'ennemi ! »
et mourant pour sauver les siens.

C'est Malesherbes, accomplissant un devoir dont la mort est la conséquence.

C'est Bailly, aidant à planter son échafaud.

C'est Napoléon,

    « S'apprenant à mourir »

sur le rocher de Sainte-Hélène.

C'est mademoiselle de Sombreuil, buvant une verrée de sang humain pour sauver son père.

Le courage, c'est Eponine nourrissant son père du même lait dont elle nourrissait son enfant (1).

C'est le digne prélat de Belzunce pendant la peste de Marseille.

(1) Éponine était Gauloise, et Plutarque a flétri Vespasien. Un historien fait remarquer que le Capitole brûla à peu près dans le même temps que le temple de Jérusalem.

C'est cette mère de Florence, criant au lion :
« Rends-moi mon enfant ! »

C'est cet évêque disant à Louis XV : « Sire,
« votre peuple se nourrit d'herbe et d'écorces
« d'arbres. »

C'est Fénelon jetant Télémaque à la face
de Louis XIV.

LXXXI.

Le courage, c'est la dignité dans l'adversité, l'humilité dans la fortune.

C'est : « Fais ton devoir, advienne que
pourra. »

LXXXII.

Concluons que, comme l'on considère le
duel, il n'y a pas plus d'honneur dans ces dé-
mêlés que de courage.

On ne se bat pas par honneur, car l'honneur proscrit le duel ; ce n'est pas non plus par courage, qui est une vertu, qu'on va égorger un homme, et si c'est pour prouver qu'on est brave, qu'on a le sang chaud, des instincts ardents, la première place appartient au boule-dogue : la seconde est-elle donc si enviable ?

LXXXIII.

De tout ce qui précède, il résulte qu'il n'y a rien que la morale, la raison et la vérité puissent accepter dans le duel, et qu'au contraire, ceux qui croient à sa raison d'être en le soumettant à l'analyse la plus lucide, n'y trouveront que des choses si mauvaises, qu'ils se donneront bien de garde de les invoquer :

L'instinct du sang,
La vengeance,
Le faux honneur,
La vanité.

LXXXIV.

Mais s'il est impossible, *à ceux qui croient le duel nécessaire,* d'y trouver une cause avouable, de donner à sa provenance une sanction morale, la religion et la philosophie définissent syllogiquement ce qu'il n'est pas.

Il n'est pas :

> La religion,
> La philosophie,
> La piété,
> La charité,
> La fraternité,
> La justice,
> L'équité,
> La bienveillance,
> La bonté,
> Le courage,
> L'honneur,
> La magnanimité,

La miséricorde,

La clémence,

L'oubli des offenses.

Ce n'est rien de moral, rien d'intelligent,
rien que sanctionne ni le cœur, ni l'âme, ni
la raison ; mais erreur ! nous crient ceux qui,
courbés sous le joug de l'opinion, s'imboivent
de ses hallucinations. Erreur ! le duel a sa raison d'être, définie et morale : c'est l'orgueil
de la dignité humaine offensé, placé sous la
sauvegarde de l'épée.

LXXXV.

Eh bien ! cherchons alors l'orgueil et la dignité. Ce n'est point ici un sujet avec lequel
on puisse transiger. Il faut *triompher logique-*
ment, tangiblement, consciencieusement ou
succomber.

Si l'on écrivait l'histoire des mots dont on
ne se rend pas compte ; si l'on disait tout ce

que ces mots détournés de leur acception vraie, les antithèses qu'on a faites, on serait étonné du mal qu'ils ont produit au monde, et l'étude de la grammaire serait prescrite par une loi.

LXXXVI.

C'est sous la pression de l'orgueil humain que surgit le duel. Nous avouons qu'il est bien digne de son origine, et certes nous ne la lui contesterons pas.

LXXXVII.

Il y a un proverbe espagnol qui prend la nature de l'orgueil sur le fait (1).

« *Orgullo, aire venenoso.* »

« Orgueil, souffle empoisonné. »

En grec, ce mot a deux versions : ορχιλος sujet

---

(1) Tournure de phrase de Fontenelle.

à la colère, ou *οργάω* je suis enflé ; depuis l'âge de sept ans jusqu'à dix-huit, nos professeurs nous expliquent cela, il n'y a pas un seul dictionnaire qui ne le constate.

LXXXVIII.

Les Anglais traduisent ainsi l'orgueil :

« *Pride, haughtiness, presumption, vanity,* « *arrogance.* »

LXXXIX.

En français, littérairement parlant et littéralement traduisant, le mot orgueil veut dire :

« Opinion trop avantageuse de soi-même, « avec mépris pour les autres. »

Autrement dit l'insolence (*insolentia*), en latin.

L'opposé de l'humilité.

Tout ceci n'est qu'une discussion de vocabulaire.

XC.

« On fait de l'orgueil le supplément du mérite, » a dit Massillon.

XCI.

« L'orgueil est une enflure du cœur, » dit Nicole, et pour en sentir l'insupportable compression, quelques pages du duc de Saint-Simon à l'endroit de Louis XIV et de la femme du régent suffiront :

« Madame Lucifer! disait-il.

XCII.

« *Malesuada fames.* » Mauvais conseiller, aussi mauvais que la faim !

XCIII.

Et c'est pour obéir à un détestable sentiment que l'on va accomplir une détestable action, digne effet d'une telle cause.

Talis pater, qualis filius.

XCIV.

Mais l'orgueil, fût-il aussi bon qu'il est mauvais, aurions-nous le droit de l'invoquer, nous, hommes ? Mais :

« *Memento homo quià pulvis est, et in* « *pulverem reverteris.* »

XCV.

Devant le cadavre de Napoléon, le prêtre a dit, avec Bossuet :

« Dieu seul est grand ! »

Et nous, comme le disait la fille de Boëtie, l'ami de Montaigne, nous, nous ne sommes que l'ombre d'un rêve.

XCVI.

Quand Pompée ouvrit le cercueil d'Alexandre, Alexandre tomba en poussière.

XCVII.

« Homme, tu n'es qu'un songe rapide, un « rêve douloureux ; tu n'existes que par le « malheur ; tu n'es quelque chose que par « la tristesse de ton âme, et l'éternelle mé— « lancolie de ta pensée.

« CHATEAUBRIAND. »

L'homme n'a droit qu'à

התפלל

Prier !... a dit Moïse.

XCVIII.

Orgueilleux et homme, quelle est là main

qui a tracé ces mots? Ce n'est ni Moïse, ni Jésus-Christ, ni Socrate, ni Épictète, ni Pythagore, ni Thalès, ni Newton, ni Fénelon.

C'est le péché du Paradise lost (1), ce pouvait être le crime d'un ange, ce ne peut être celui d'un homme.

Baissons-nous, et nous toucherons la terre de notre front.

« *Vanitas vanitatum et omnia vanitas.* »

XCIX.

Mais, un morceau de glace serré dix minutes dans la main nous tue; une joie nous rend fous; la peur, imbécilles; une verrée de vin nous abrutit; une névralgie nous donne le délire.

En consultant l'histoire des civilisations que les siècles ont fait disparaître; en consultant

(1) *Le Paradis perdu,* de Milton.

celle de la contemporanéité, on en extraira d'étranges enseignements.

La mutabilité incessante des choses brise d'heure en heure l'orgueil qui naît de *la possession*; et tandis que l'orgueil change de cœur avec la fortune, l'honnêteté garde son même caractère dans toutes les phases de la vie.

C.

Denys, tyran de Syracuse : maître d'école à Corinthe ; de roi, pédagogue.

CI.

Cromwell tremblant.

CII.

Louis XI lâchement à genoux, demandant la vie à un saint homme, quand Dieu lui annonçait la mort.

Paul, l'autocrate russe, tué par un talon de botte.

CIII.

Brunehaut traînée dans la fange.

Charles IX rendant par tous les pores le sang, et une vie qu'il maudit lui-même.

CIV.

Henri III assassin des Guise.

Henri VIII, assassin de tout le monde.

L'adversité, cette grande nivelatrice, réduisant des seigneurs à faire la salade.

Napoléon mourant sur le rocher de Sainte-Hélène !

Voilà les démentis de l'orgueil.

CV.

Mais l'orgueil, répéterons-nous, fût-il aussi

bon qu'il est mauvais, comment l'invoquerions-nous, étant ce que nous sommes, et faisant ce que nous faisons. — Pourquoi ne tenons-nous pas un journal de nos actions? nous
serions bien humbles en le relisant, tous tant
que nous sommes.

CVI.

A quel titre l'invoquerions-nous, l'orgueil?
Nous ne savons pas ce que c'est qu'un cheveu,
ce que c'est qu'un ongle. Nous ne connaissons
de la matière que ses attributs, son essence
nous échappe.

Nous ne savons rien de l'esprit, et même
en pensant, nous ne savons pas comment nous
pensons.

De l'orgueil, quand dans nos carrefours la
faim envoie ses cris à nos cœurs, nous demandant des secours que l'indifférence et l'irréligion lui refusent trop souvent, hélas!

CVII.

Nous invoquons l'orgueil humain, et nous produisons devant Dieu

> Le parricide,
>
> L'infanticide,
>
> La banqueroute,
>
> L'incendie,
>
> L'usure,
>
> L'assassinat,
>
> La fausse monnaie,
>
> Le suicide,
>
> Le duel,
>
> Le bourreau,
>
> L'esclavage.

CVIII.

, Nous aurions le droit d'invoquer l'orgueil, nous, quand nous souffrons que les deux tiers de l'humanité portent envie à la brute, quand l'homme est dur à l'homme, quand la sécheresse du cœur humilie et fait monter la rougeur au front du faible et du malheureux !

Oh ! si rien de tout cela n'était, et un jour Dieu fera que tout cela ne soit plus, alors même, nous aurions simplement accompli l'ordre donné aux hommes par Dieu :

« *Viitem Kédochin léloëhem.* »   Moïse.

« Et vous serez saint devant le Seigneur.»

CIX.

Ainsi, si l'opinion qui ordonne le duel invoque l'orgueil, nous lui faisons cette concession dans le sens littéral, et l'on a vu s'il y a à en tirer vanité.

« *Dieu des vengeances, Seigneur, Dieu des* « *vengeances, parais avec éclat. Elève-toi, ô* « *juge de la terre ! rends aux superbes ce qu'ils* « *méritent* (1). »

(1) Ps. 94 —1, 2.

CX.

Mais, nous dira-t-on, l'usage du duel a la consécration des siècles ; c'est le convenu , l'établi. — Hélas ! nous le savons bien, et le virus rabique est tellement passé dans le sang que s'il est toujours bien de tenter la cure, il serait outrecuidant de l'espérer ! Mais abordons l'objection.

CXI.

Vous invoquez le convenu, comme donnant au fait la consécration légale, et vous adoptez le fait.

Procédons par analogie.

Depuis cinquante siècles avant Jésus-Christ jusqu'à nos jours, que de choses mauvaises, sanctionnées par l'usage, par la loi, par les mœurs, bien et dûment établies, ont été oblitérées, effacées, proscrites, maudites !

CXII.

Ce que les Barbares avaient établi sous la domination de leur dieu Odin, engage-t-il les hommes en domination de la loi mosaïque et chrétienne?

CXIII.

Les Grecs et les Romains exposaient leurs enfants (1). Exposons-nous les nôtres?

CXIV.

En Asie, en Grèce, quelles mœurs !
Quelles mœurs, dans le pays de Canaan!

CXV.

Quelle fut la femme d'Attila?

(1) C'était dans les mœurs, dit Montesquieu, mais non dans les lois romaines

CXVI.

Les jeunes filles de Sparte combattaient nues. Le vol adroit n'y était pas puni. Les mères y étaient sans entrailles.

CXVII.

Dans toute l'antiquité, les pères avaient droit de vie et de mort sur leurs enfants : ce droit n'est plus.

Nous demandons à tous les pères, si Brutus aura voilé sa conscience comme il voila sa face ! Le bruit de la hache des licteurs, abattant la tête de ses enfants, a dû y trouver un écho.

La torture était plus qu'un usage, c'était une loi atroce, qui faisait avouer à l'innocent qu'il était coupable pour échapper à d'abominables supplices.

Tout cela n'est plus que dans l'histoire comme attestation que les générations qui suivent pleurent sur les égarements des gé—nérations qui les ont précédées.

CXVIII.

L'esclavage (1) dans l'antiquité, ce grand

(1) 2 mars 1854. Comme nous écrivions ces lignes, on nous apporte *la Presse,* et nous y lisons :

« Nous trouvons dans une correspondance de Natchez (Mis-« sissipi) le récit d'un drame aussi effrayant que ce que les « annales antiques nous offrent de plus terrible. Un nègre « avait frappé un blanc ; il a été immédiatement arrêté. La « justice de l'État était prête à sévir contre le coupable ; mais « les habitants exaspérés n'ont pas voulu se soumettre aux « délais des tribunaux. Une foule s'assemble, s'empare de « l'esclave et le traîne à quelque distance dans la campagne. « On décide bientôt que, pour faire un grand exemple et frap-« per les nègres de terreur, il faut brûler le coupable vif.

« Pendant tous ces préliminaires, les planteurs des envi-« rons accourent sur la scène du drame, suivis de tous leurs « domestiques noirs, et lorsque les apprêts de l'exécution « commencent, plus de quatre mille esclaves se trouvent ras-« semblés pour assister au martyre de leur infortuné compa-« gnon. Cependant la victime est enchaînée au pied d'un arbre, « et de gros fagots s'amoncèlent autour d'elle. Soit courage « héroïque, soit stupidité, le condamné ne laisse apercevoir

crime de l'humanité, cette cause efficiente de la ruine des anciennes civilisations, ce crime,

« Le seul »

sans doute, que Dieu ne pardonnera pas au repentir, l'esclavage a été modifié par Moïse d'abord, et emporté ensuite par le christia-

« aucun signe d'émotion. On lui demande alors si, avant sa
« mort, il n'a rien à dire. Et lui, jetant un regard indifférent
« sur la foule des nègres, leur conseille de se souvenir de sa
« fin malheureuse comme d'une terrible leçon : il leur de-
« mande aussi de prier pour lui. Se tournant ensuite vers un
« des exécuteurs, il le supplie de lui donner un verre d'eau.
« Après avoir bu à longs traits, la victime s'écrie : Maintenant,
« mettez le feu, je suis prêt à partir en paix ! La flamme pé-
« tille aussitôt dans le bois sec; elle s'élève en tourbillons,
« s'approche du condamné, le lèche, l'étreint d'une ceinture
« de douleurs, et le dérobe enfin aux regards des spectateurs.
« Le cruel supplice qu'il endure fait enfin disparaître de son
« cœur les dernières traces de son stoïsme. Il se tord dans
« ses chaînes, pousse d'horribles rugissements, se ramasse,
« ébranle l'arbre, brise les nœuds qui l'attachent et bondit
« tout flamboyant hors du cercle infernal. Dès qu'on le voit
« paraître, courant vers l'assemblée comme une boule de
« feu, vingt carabines se dirigent contre lui; une grande dé-
« tonation se fait entendre, et le supplicié tombe mort, percé
« de plusieurs balles. Des hommes se jettent à l'instant sur le
« cadavre à demi consumé et le repoussent dans le bûcher,
« où les flammes ne tardent pas à le dévorer entièrement. »

nisme ; ce qui reste de cette grande scélératesse humaine dans les colonies ne résistera pas longtemps au mépris dont l'accable la religion et la philosophie.

« *Etablissement d'un droit fondé sur la*
« *force, et qui rend un homme tellement as-*
« *servi à la merci d'un autre, que celui-ci est*
« *le maître absolu de sa vie, de ses biens et*
« *de sa liberté,* » dit Montesquieu.

CXIX.

Les praticiens romains nourrissaient les murènes de leurs viviers avec la chair de leurs esclaves.

CXX.

Frappez votre domestique aujourd'hui, il invoquera les lois de son pays pour rétablir sa dignité humaine, que la religion lui confère.

CXXI.

Néron essuyait ses mains, après sa partie de paume, aux cheveux de ses esclaves ; cet histrion parricide, cet incendiaire qui fit égorger sa mère, et qui n'eut la force de mourir que frappé par son esclave !

CXXII.

« On vous appelle les maitres du monde, et « vous n'avez pas une pierre où vous puissiez « reposer votre tête, » disait Gracchus aux Romains. Mais ils avaient un poteau au Forum, où les créanciers les attachaient et les frappaient d'une lanière ferrée. Justice de Dieu contre ce peuple qui a fait une vallée de larmes du monde (1).

(1) Les Israélites, après l'épouvantable siège de Jérusalem, voyant comment la férocité romaine traitait les prisonniers, les femmes et les enfants, assiégés dans Massara, non loin du

CXXIII.

Aujourd'hui, c'est la prison qui atteint le débiteur insolvable.

CXXIV.

On marquait les soldats romains d'un fer rouge à la main.

CXXV.

On a aboli la roue.

CXXVI.

L'inquisition n'est plus.

lac Asphaltide, et sous les ordres d'Eléazar, après une défense héroïque, plutôt que de se rendre, tirèrent au sort pour que dix d'entre eux fussent chargés d'égorger tous les autres : vieillards, femmes, enfants, guerriers, et jusqu'aux bêtes elles-mêmes. Quand cet affreux sacrifice fut consommé, les dix qui restaient tirèrent au sort pour qu'un d'entre ces dix égorgeât les autres neuf ; et quand il eut rempli sa mission, et que rien ne restait ayant eu vie, il se tua lui-même.

CXXVII.

On ne marque plus le fraudeur. *On ne les pend plus haut et court,* comme le dit insoucieusement madame de Sévigné. On trouvait que c'était beaucoup trop, pour les pauvres, qu'un peu de sel! On les pendait.

CXXVIII.

Est-ce que la maîtresse du duc de la Vrillière n'avait pas l'administration des lettres de cachet? Elle en a vendu qui valaient six livres?

CXXIX.

Les champs des pauvres ne sont plus foulés aux pieds par les chevaux et les chiens des puissants, et les chasseurs qui détruiraient les récoltes seraient sévèrement punis.

CXXX.

Et tous ces droits du seigneur ?

CXXXI.

Le duel était appelé le jugement de Dieu ; il a changé de nom : c'est l'homicide volontaire.

CXXXII.

Galigaï n'a-t-elle pas été brûlée comme sorcière en 1617 ?

Urbain Grandier n'a-t-il pas été brûlé comme sorcier en 1634 ?

CXXXIII.

Tout cela a disparu emporté par le courant de la perfectibilité humaine. Ces mœurs, ces usages ont régné, et étaient-ils bons? Aujourd'hui ne répugnent-ils pas à nos cœurs, à notre raison, à notre dignité plus développés. Que prouve donc à l'endroit du duel, l'usage, l'établi, le convenu?

CXXXIV.

Il n'y a d'arrêté que les lois éternelles de la morale, bien convenues, parce qu'elles sont la conséquence la plus immédiate de notre propre nature ; parce qu'elles expliquent leur invincibilité, par l'impossibilité d'*être,* sans leur application. Le sens moral, égaré, écarté, détruit, il ne reste que la loi du poing, la lance, la force, le crime. Le convenu, l'arrêté, c'est le Décalogue. Ne tue pas, ne vole pas, ne calomnie pas, ne porte pas faux témoignage.

CXXXV.

Certainement, la peste de l'an mille, le mal

des ardents, les exhalaisons du Gange, les miasmes du Nihil, ont fait moins de mal à l'humanité que le virus de l'ignorance.

CXXXVI.

Examinons maintenant ce grand mot de dignité (1), et voyons s'il y a là un refuge quelconque où puisse, comme lieu d'asile, se retirer le duel.

CXXXVII.

Etablissons l'objection :

« L'homme est seul juge dans sa dignité « offensée. Cette dignité ne peut relever d'au- « cun juge, d'aucun tribunal. »

CXXXVIII.

D'abord, par l'intervention du duel, nous

---

(1)   « Un déluge de mots sur un désert d'idées »
                                        VOLTAIRE.

ne pouvons faire que l'absurde et l'atroce (1).

CXXXIX.

La loi seule peut faire ce que la raison indique, ce que l'équité prescrit, et s'il manque des articles à nos quarante mille lois, faites encore des articles. L'Angleterre et la Suisse nous offrent leurs législations dans des cas spéciaux.

CXL.

Examinons, et tâchons d'expliquer tout ce fracas de grands mots employés à grand renfort d'arguties pour prouver qu'un homme a le droit de tuer un homme !

---

(1) La sœur de Beaumarchais est séduite ; Beaumarchais se bat, Beaumarchais tue, le séducteur. Il verse le sang d'un homme d'abord, et puis, d'un malheur privé, il en fait un scandale européen ; et sa sœur est-elle moins séduite pour avoir tué le séducteur ?

CXLI.

Est—ce qu'il est donné à quelqu'un, sur la terre, de flétrir, d'avilir, d'amoindrir l'honnêteté, la dignité d'un homme qui a la conscience de sa dignité et de son hon—nêteté ?

Est-ce que Royer-Collard, Lamartine, l'abbé Baruel, Dupont de l'Eure, peuvent être avilis par quelqu'un ?

Est-ce que le for intérieur est soumis à une omnipotence quelconque ?

CXLII.

De ce qu'un brutal aurait donné un soufflet à Royer—Collard, Royer—Collard aurait-il été,

Un assassin,
Un usurier,

Un calomniateur,

Un voleur,

Un mauvais fils,

Un mauvais ami,

Un incendiaire.

D'un malheur arrivé à Royer-Collard, qu'y a-t-il à induire autre chose qu'un brutal a frappé un homme de bien, et que la loi doit intervenir.

En quoi cette brutalité, pas plus qu'une tuile qui serait tombée sur sa tête, peut-elle amoindrir la valeur religieuse, philosophique et morale de Royer-Collard?

Si, au lieu d'un soufflet, Royer-Collard eût reçu un coup de couteau, l'opinion n'aurait rien à dire, le plus exonère du duel, le moins le prescrit.

Où en voit-on la cause? C'est que le couteau veut dire haine, et le soufflet mépris.— Mais qu'est-ce que le mépris appliqué à l'honnêteté? qui peut en dispenser la honte?

Saint Vincent de Paul aurait reçu un soufflet, saint Vincent de Paul sera méprisable s'il ne tue celui qui lui a donné ce soufflet, ou s'il ne se fait tuer par lui.

En vérité, il y a des choses qui ne sont pas discutables, et les mauvaises passions doivent s'en tenir au fait, et renoncer à la logique.

CXLIII.

On est méprisable, ou on ne l'est pas. Si vous l'êtes, cent duels n'empêcheront pas que vous ne le soyez, et si vous n'êtes pas méprisable, cent soufflets ne peuvent vous le rendre.

Mais à ce compte, l'honneur, l'honnêteté d'un homme, de tous les hommes, seraient à la merci du premier brutal qui aurait intérêt à vous rendre méprisable.

CXLIV.

Si Royer-Collard s'était battu pour avoir

reçu un soufflet, et qu'il eût été tué par celui qui l'avait offensé, Royer-Collard n'aurait pas été méprisable ; mais comme il a déféré aux tribunaux l'offense qui lui a été faite, Royer-Collard est méprisable.

Bien plus encore, si Royer-Collard, pour un soufflet reçu sous l'influence de la colère, de l'emportement, Royer-Collard eût tué l'offenseur, l'opinion aurait applaudi Royer-Collard.

CXLV.

Et contradictoirement à l'opinion, et d'accord avec tous ceux qui auraient eu sa valeur morale, Royer-Collard aurait certainement trouvé que tuer un homme pour un soufflet était une juridiction sans mesure, sans proportion avec le délit, sans équité. Royer-Collard eût reconnu que rendre un cadavre sanglant à un père et à une pauvre mère, à une épouse et à ses enfants, c'étaient cent coups de couteau rendus pouur un soufflet! Il aurait trouvé, lui, que nul n'a le droit de jeter la famille, toujours innocente, dans un désordre tel, qu'il porte une grave atteinte à la société.

CXLVI.

Ce que M. Odilon-Barrot a dit sur la guerre, il faut aussi l'appliquer au duel.

« Et lorsque la civilisation sera arrivée à « amener dans toute l'Europe l'abandon des « vieux usages de la barbarie, la guerre ne « sera plus possible; car il n'y aura plus de « forces matérielles qui puissent lutter contre « les forces morales.

« ODILON-BARROT. »

CXLVII.

Supposons quatre mille pères de famille tués aujourd'hui en duel à Paris, comme, sous

Henri IV, il y eut quatre mille hommes qui restèrent sur le pré ; supposons que la famille se compose de dix personnes, et voyez ces quarante mille pères, mères, épouses, frères, sœurs, enfants, cousins, cousines, oncles, tantes, remplissant la cité de leur douleur. La vingtième partie de la population en deuil ! Et si la vengeance suivait cet holocauste de la barbarie, la vengeance même par le duel, il faudrait mieux emprunter aux bois un asile où il fut permis de croire en Dieu, et d'être homme de bien.

Dissolution de la famille, dissolution de la société, outrage fait à Dieu, à la morale, à la religion, à la raison humaine ; c'est certainement l'histoire du duel.

CXLVIII.

Il est malheureusement certain qu'il y a en France plus de duel en un an qu'en vingt ans dans toute l'Europe. Cela a une raison d'être. Alléchons-nous le sang humain (1) avec plus de volupté que les autres nations? Pas le moins du monde, Dieu merci! « *Machines* « *nerveuses,* » comme nous appelait Napoléon ; notre caractère n'est ni noir, ni implacable. Cependant le fait existe, et ses causes en sont complexes.

CXLIX.

On se bat peu en Espagne, peu en Portu—

•

(1) Il faut dire aussi que nous battant pour rien, un rien nous fait tomber les armes de la main. Il n'en est pas ainsi dans certains pays, où le duel, c'est toujours la mort, comme aux colonies.

Les adversaires sont placés à trois pas, dos à dos, ils se retournent, et celui à qui il incombe de tirer le premier, fait feu à cette distance.

Très souvent aussi le duel a lieu à la carabine, arme à laquelle ils sont très forts, et l'on conçoit que dans des duels où la mort est infaillible, on ne s'y détermine que pour des causes réputées graves. Dans plusieurs États du Mexique et en Espagne, ce sont souvent d'autres natures de duels.

(Note de l'Auteur.)

gal et peu en Italie. La religion y est un frein puissant (1).

CL.

En Allemagne, faisant abstraction des étudiants, cette excellente nation affectionne peu le duel, et les crimes y sont fort rares aussi. Les duels, entre étudiants, sont réglés de manière à ce qu'ils ne donnent pas la mort. On ne *pointe* pas, on sabre, et même on est garanti contre les coups portés à la tête et aux épaules.

CLI.

On connaît peu le duel en Pologne, quelque irritable que soit le noble caractère de ce peuple.

_____

(1) Un Espagnol dit à un autre : *Si vmd tiene corazon saliremos al campo.*

« Si vous avez du cœur, nous irons sur le terrain. »

Perdone vmd cavallero, yo no soy Berdugo.

« Pardon, monsieur, répond l'autre, je ne suis pas bourreau. »

CLII.

D'abord de toutes les hordes (1) barbares, parmi lesquelles le duel a pris naissance, celle des Francs était la plus encline à cette manie, et ce sont les Francs qui se sont établis dans les Gaules, et qui nous ont asservis.

Du haut en bas, l'exemple est effrayant. On croyait s'élever en faisant ce que faisait le maître ; on se grandissait à ses propres yeux. Puis, disons-le encore, autrefois c'était le jugement de Dieu : *une juridiction* ; c'était une obligation à laquelle les prêtres eux-mêmes n'ont pas toujours échappé.

Une autre cause, c'est l'incroyable mépris

(1) C'est au Mexique que se trouvent les plus forts joueurs de couteau. Il suffit qu'une nouvelle célébrité se produise pour qu'un grand amateur la provoque : la cape sous le bras gauche, et la navaja, ou conchillo, à la main droite, on règle le nombre de pouces qu'on enfoncera. Nous avons encore vu cela en Espagne entre deux ouvriers ; ceux-ci avaient leur sombrero à la main gauche.

dc la vie chez les Gaulois, mépris qui s'est conservé jusqu'à nos jours, tant l'humanité est solidaire ! Les Anglais qui ont suivi nos troupes en Afrique ne comprenaient pas ce mépris chez nos soldats.

CLIII.

Ce mépris, chez les Gaulois, prenait naissance dans une vigoureuse croyance. Tout Gaulois brave entrait après sa mort dans un lieu de délices, âme, corps et armes !

CLIV.

Avec une croyance bien sentie, on amène les hommes à l'apogée du bien ou du mal.

CLV.

Pendant dix ans, les Gaulois ont résisté à

César et à la civilisation romaine. Si les Gaulois eussent eu l'épée espagnole, ils auraient vaincu les Romains. Ils furent toujours le seul effroi de Rome.

CLVI.

« Vous ne craignez donc rien, vous autres
« Gaulois? » disait Alexandre-le-Grand.

« Nous ne craignons que la chute du ciel,
« parce que nos lances ne seraient pas assez
« fortes pour le soutenir. »

CLVII.

A ces causes primordiales, nous oserions dire natives, s'en joignent beaucoup d'autres. En France, les liens de famille sont moins resserrés que partout ailleurs. L'émancipation filiale plus large, trop large peut-être, et notre génération en a fait une triste expérience.

CLVIII.

Le Français est l'homme qui vit le moins au sein de la famille. Il n'a pas pour la *maison*, l'amour de l'Anglais pour le *at home*. C'est un grand malheur.

CLIX.

« Que de mal se font les hommes pour ne « savoir pas rester dans leur chambre, » dit Blaise Pascal.

Il n'y a pas de malheur aussi cruel à l'homme que les plaisirs, d'où leur viennent presque tous les malheurs.

CLX.

Que de maux ont fait aux familles la détestable habitude des cafés!... éloignement de la famille, de la société, de l'étude.

CLXI.

On se demande avec étonnement comment le peuple le plus accueilleur, le plus jovial du monde a aussi le regard le plus hostile ! Il faut que tout le monde sache bien que le Français n'a pas peur ! Mais il y a deux mille ans qu'on le sait !

« Si le dieu Mars voulait des gardes du corps, « il les prendrait dans les grenadiers français, » disait Frédéric-le-Grand, qui s'y connaissait.

Ce regard hostile soutenu a produit mille duels, et le regard, cette enseigne de l'âme, cependant, devrait attracter l'homme vers l'homme.

CLXII.

La pathologie trouverait une surabondance

d'influs nerveux dans l'organisme des Français.

CLXIII.

On pourrait aussi, en abordant un autre ordre d'idées, assigner, si non d'autres causes, du moins des raisons qui entretiennent cette infirmité morale, si vivace, qu'elle tient comme le lichen sur la pierre.

CLXIV.

Généralement parlant, c'est une grande faute de troubler les idées d'un peuple trop hâtivement (1), et de vieillir l'enfance prématurément.

Il y a des fruits qui tuent quand ils ne sont pas mûrs.

(1) A dix-huit ans un jeune homme a tué un de ses amis. A quinze ans, un autre a servi de témoin à son frère.

Historiquement parlant, cinq ou six fois, cela a été fatal à la France.

CLXV.

Cette pensée n'est pas un *sproposito*. Tout se lie dans les mœurs d'une nation.

CLXVI.

Les hommes de lettres du dix-huitième siècle ont commis cette faute.

L'horloge de Dieu ne se règle pas sur nos cadrans. Nous n'avons que l'heure qui passe ! Il a l'éternité, et les temps qu'il a absorbés ont une liaison avec le temps qui n'existe pas.

CLXVII.

Tuer à dix-huit ans !...

Porter cinquante ans dans son cœur le ver

rongeur du remords! Marcher ployé sous le cauchemar du sang versé, cinquante ans à travers la vie pour descendre dans la tombe, en *tueur d'homme*, et comparaître devant le *juge naturel* sous la bannière du crime!...

CLXVIII.

Est-ce la société qui réagit sur la littérature, ou la littérature réagit-elle sur la société?

A ce que produisit la *Nouvelle Héloïse* et l'*Emile*, on pourrait croire que c'est la littérature qui réagit sur la société.

CLXIX.

Ceux qui ont pris envers eux-mêmes l'engagement de n'être sur la terre que spectateurs, comme Pythagore; ceux qui écoutent sans répondre, cherchent, examinent, comparent et jugent; ceux-là savent combien est grande l'ignorance de l'humanité!

CLXX.

Ceux qui sont appelés à commander aux hommes le savent aussi. Ceux qui savent, savent peu, lire fort mal, plus mal orthographier.

C'est le malheur du malheur, souvent aussi le malheur de la paresse et de la dissipation. La force dans le bien est invincible, conduit à tout, et va jusqu'à Dieu.

CLXXI.

La masse des hommes, appliquée au travail pour obvier aux tristes réalités de l'existence, a bien assez à faire pour acquérir le plus strict nécessaire (1). Quand le pauvre a-t-il le temps

(1) Strict nécessaire que des milliers d'hommes n'arrivent pas à se procurer. Nous avons vu des fonctionnaires publics qui, depuis vingt ans, avaient mille francs par an.

d'apprendre ? Le besoin de la faim ne s'a-
journe pas, il commande.

CLXXII.

La plupart des hommes vont par habitude
et pensent d'emprunt intellectuel.

L'intelligence a sa mendicité.

CLXXIII.

Il y a peut-être quelque chose de plus mauvais pour soi et pour les autres que l'ignorance
complète : c'est le demi-savoir ; c'est la pensée
de Bacon. C'est celle de beaucoup d'hommes
éminents.

CLXXIV.

N'ayant pas le jugement formé, n'ayant pas
assez d'étendue dans l'esprit pour juger par
soi-même, pour rectifier, pour applaudir juste

et blâmer avec discernement, on s'imboit des idées d'autrui sans examen, on se les assimile saines ou pernicieuses, saugrenues ou réfléchies; c'est inévitable. Celles qui flattent le plus nos passions, nos instincts, sont accueillies avec ferveur.

On se fait un vocabulaire, un *Gradus ad Parnassum*, où l'on puise inconsidérément, et que l'on va débitant, sans se rendre aucun compte de la vérité et de l'applicabilité de ce qu'on cite.

CLXXV.

Parlez de probité, on répond :

« L'honneur, sans de l'argent, est une maladie !

CLXXVI.

De clémence :

« La vengeance est le plaisir des dieux. »

CLXVII.

De modération, à l'endroit de la fortune :

« Quiconque est riche, est tout. »

Les idées qui impliquent les événements les plus graves dans l'histoire, sont appliqués aux niaiseries de la vie commune et l'ornière devient le Rubicon.

« *Jacta est alea.* »

Une mère de famille a-t-elle manqué à son devoir.

« *Frailty, thy name is woman* (1). »

Et tout est dit.

A la moindre contrariété, c'est la malédiction de Job :

« Maudit soit le jour où il a été dit : Un « homme est né. »

(1) Fragilité, ton nom est : femme !

SHAKESPEARE

Plaignez-vous d'une malice, la réponse est prête :

« Le ciel n'est pas plus pur que le fond de mon cœur.

CLXXVIII.

C'est dans ces conditions intellectuelles que la littérature saisit la masse des hommes, et s'empare de leur esprit et de leur cœur ; et, comme cette masse n'a pas le temps d'entreprendre de grandes lectures, elle tombe sur les plus passionnées et les plus faciles.

CLXXIX.

Jetez sur cet élément l'infamie du marquis de Sades, et d'autres infamies encore, et ne vous étonnez pas de ce qui est !

La pensée a ses Locuste (1), non moins scélérats que Néron.

CLXXX.

Un mauvais livre est le plus atroce des crimes ; le don le plus funeste que la haine puisse faire aux hommes.

CLXXXI.

Un bon livre est un ami donné par l'honnêteté.

CLXXXII.

L'assassinat et le duel sont en perversité à mille piques d'un mauvais livre.

(1) Fameuse empoisonneuse sous Néron.

Un assassin tue un homme. La société, dans son indignation que Dieu jugera aussi, relève le gant et tue l'assassin. Le sang coule ; la terre boit, et tout est dit.

Mais un mauvais livre vicie, corrompt des générations entières ! Il pourrit les cœurs, intoxique la pensée et jette l'âme dans le délabrement du sens moral perdu !...

Combien en pourrions-nous citer ? Les plumes à cinq centimes dont parle M. Lymairac.

CLXXXIII.

C'est conduire l'aveugle au bord de l'abîme, en l'amusant, et l'y pousser !...

CLXXXIV.

Du seul esprit des lois, la postérité dira

peut-être ce qu'elle a dit d'Homère, et avec plus de raison :

« Trois mille ans ont passé sur la cendre d'Homère,
» Et depuis trois mille ans Homère respecté
« Est jeune encore de gloire et d'immortalité. »

Nous ne parlons pas du seul livre que garda Diderot, quand il dut vendre sa bibliothèque.

La Bible, cette grande lumière de l'âme ! cette grande constitution du monde.

« *Tephila Lemoché* (1). »

« Seigneur, tu as été notre refuge de géné-
« ration en génération ; avant que les monta-
« gnes fussent créées, et que tu eusses formé
« la terre et l'univers, tu étais, ô Dieu, et tu
« seras éternellement ; tu réduis l'homme jus-
« qu'à la dernière humiliation, puis tu dis :

(1) Prière de Moïse.

« ô Fils de l'Homme, convertis-toi ; car mille
« ans sont à tes yeux comme le jour d'hier
« qui est passé, et comme une veille de la
« nuit. Tu emportes les années des hommes
« comme un torrent ! Le matin, ils sont comme
« un songe et comme une herbe qui se
« fane. »

CLXXXV.

La littérature française est une fournaise
où bouillent toutes les passions (1), et cependant « L'homme digne d'être écouté est celui
« qui ne se sert de la parole que pour la
« pensée, et de la pensée que pour la vérité et
« la vertu. »

« FÉNELON. »

(1) Il n'y a que du sang et des larmes sur les palettes de nos
hommes de lettres, disait Charles Nodier.

CLXXXVI.

La littérature devrait être un saint aposto—
lat. Elle devrait être initiatrice et *enseigneuse* :
consoler, amuser, instruire.

Il y a peu de livres, de ceux que lit la foule,
de ceux que les femmes lisent, et les femmes
font les hommes, qui n'offrent des duels, qui
ne posent en héros les grands donneurs de
coups d'épées, et qui ne glorifient ce que si
mal à propos on appelle courage.

On se croit incomplet si l'on n'a pas reçu
le baptême d'un duel! Lauzun, de Guiche et
Bassompierre sont si beaux à imiter! On prend
six mois de *salle*, comme viatique (1), et l'on

---

(1) Tous ces petits querelleurs ne se doutent pas qu'après
deux ans d'études, ils ne savent pas se mettre en garde, et qu'a-
près quatre ou cinq ans, ils se font donner vingt-cinq coups de
bouton sans en rendre un seul. Demandez cela au grand pro
fesseur Cordeloy. L'épée est plus difficile que le violon. Cet
avis est bon à donner aux tranche-montagnes.

est prêt. — *On ne sait pas ce qui peut arriver.*
Tant de soins pour tuer un homme !

CLXXXVII.

Il en est sur les théâtres comme dans les
romans ; mais ici l'atteinte est plus profonde.
Le cœur bat, le sang bouillonne ; on touche,
on voit, on s'enfièvre, et tout cela reste dans
l'esprit.

« *Le bien qu'on peut y faire est immense, et*
« *immense le mal.* »

CLXXXVIII.

On fait tout ce qu'on veut des hommes.
Aux Étrusques ont succédé les Romains :
d'agriculteurs on a fait des soldats.

CLXXXIX.

Où est l'Espagne de Charles V et de Philippe II?

CXC.

Il appartient à ceux qui pensent de n'inoculer que de bonnes pensées à ceux qui ne pensent pas.

CXCI.

Le mauvais livre est au cœur et à l'esprit ce que serait du virus rabique placé dans le vaccin.

CXCII.

Avec quel charme ne lit-on pas ces œuvres qui reposent le cœur! Paul et Virginie, Télémaque, la Chaumière indienne, le Vicaire de Wakefield, le Voyage Sentimental de Stern, le Philosophe sans le savoir, qui entre dans notre sujet.

Comparez ces écrits avec cette littérature sanglante et enfiévrée qui s'est produite depuis quarante ans, et qui affole la pensée. La lecture est l'éducation de tous les jours, et quand cette éducation est mauvaise, on la traîne après soi, toujours au service des passions qu'elle surexcite ; et cependant on court aujourd'hui après ces lectures qui faussent l'esprit, gâtent le cœur, et l'on n'étudie plus. Autrefois un grand maître était un demi-dieu (1).

(1) Foulques écrivait à Abailard :
« Rome t'envoyait ses enfants à instruire, et celle qu'on

CXCIII.

Où visait Diderot avec son athéisme affecté? Diderot, plus puissant que Voltaire, que ce grand écrivain, auquel la postérité ne pardonnera pas d'avoir souillé Jeanne d'Arc dans une œuvre de génie, et qui cependant a dit :

« Si Dieu n'existait pas, il faudrait l'inventer. »

« avait entendue enseigner toutes les sciences montrait, en te
« passant ses disciples, que ton savoir était encore supérieur
« au sien. Ni la distance, ni la hauteur des montagnes, ni la
« profondeur des vallées, ni la difficulté des chemins parsemés
« de dangers et de brigands, ne pouvaient retenir ceux qui
« s'empressaient vers toi. La jeunesse anglaise ne se laissait
« effrayer ni par la mer placée entre elle et toi, ni par la ter-
« reur des tempêtes, et à ton nom seul, méprisant les périls,
« elle se précipitait en foule. La Bretagne reculée t'envoyait
« ses enfants pour les instruire (xiie siècle) ; ceux de l'Anjou
« venaient soumettre leur férocité adoucie Le Poitou, la Gas-
« cogne, l'Ibérie, la Normandie, la Flandre, les Teutons, les
« Suédois, ardents à te célébrer, vantaient et proclamaient
« sans cesse ton génie. Et je ne dis rien des habitants de la
« ville de Paris et des parties de la France les plus éloignées
« comme les plus rapprochées, tous avides de recevoir tes
« leçons, comme si près de toi seul ils eussent pu recevoir
« l'enseignement. »

*(Traduction de M*me* Guizot.)*

CXCIV.

Et personne n'a pardonné à l'auteur de la Métromanie les turpitudes où sa muse s'est complue, ivre par trop souvent.

CXCV.

En mourant avec la liberté romaine, Caton d'Utique lisait le Traité de l'immortalité de l'âme de Platon. — Quel beau livre sur le même sujet, par l'abbé Delile.

CXCVI.

Que de livres poussent à mourir ! Nous en citerons un bientôt.

CXCVII.

Supposons un de ces hommes auquel une douce médiocrité, la médiocrité d'Horace ne saurait suffire ; un de ces hommes pour qui la prière, le travail, l'affection, le bonheur du foyer, l'étude ne comptent pas, auquel il faut les incessantes agitations de la vanité, les exhibitions de l'orgueil, le bruit continu des passions. Oh ! bien moins encore : supposons un homme attristé, fatigué de malheurs, ils pullulent dans la vie ! ce n'est pas l'exception, c'est la règle, et dans les mains duquel tomberaient ces lignes :

« La mousse mûrit sur la roche battue des « flots, mais son fruit périra. La violette fleu- « rit inutile sous le buisson du désert. Ainsi « l'homme désire et mourra. Il va au hasard, « il s'essaie sans but, il lutte sans objet, il sent « et pense en vain ; il passe sans avoir vécu.

« Aussi César a gagné cinquante batailles ; il
« a vaincu la terre, il a passé! Mahomet et
« Pythagore ont passé. Le cèdre qui ombra-
« geait les troupeaux a passé comme les gra-
« mens que les troupeaux foulaient. Mais
« pourquoi vivre, pourquoi se perpétuer? Je
« n'entends rien à cela. La bête broute et
« meurt. L'homme mange et meurt. Un ma-
« tin, je songeais à tout ce qu'il fait avant de
« mourir, j'eus tellement besoin de rire, etc. »

Mais ceci, tombant comme du plomb-fondu
sur le cœur d'un homme malheureux, n'est
pas autre chose que le suicide (1). Et analysez
ce verbiage, il ne restera rien.

_____

(1) Le suicide prend chaque jour des proportions effrayantes.
Ce délâbrement de l'âme, cette renonciation de Dieu, de la
famille, de soi-même; cette suprême lâcheté, cette désertion
devant la douleur, doivent être flétries comme on flétrit le
vol et l'assassinat. Nous transcrivons ici de bien nobles pensées à cet égard.

« Qui es tu? qu'as-tu fait? Crois-tu t'excuser sur ton obscurité? Ta faiblesse t'exempte-t-elle de tes devoirs? Et pour
n'avoir ni nom, ni rang dans ta patrie, en es-tu moins soumis

CXCVIII.

L'auteur que nous avons cité prononce le nom de Pythagore. Pythagore parlait autrement que lui aux hommes ; il disait :

« N'abandonne pas tes yeux aux douceurs « du sommeil avant d'avoir examiné par trois « fois les actions de la journée! Quelle faute à ses lois? Il te sied bien d'oser parler de mourir, tandis que tu dois l'usage de ta vie à tes semblables !

« Apprends qu'une mort, telle que tu la médites, est *honteuse et furtive,* c'est un *vol* fait au genre humain. Avant de le quitter, rends-lui ce qu'il a fait pour toi —Mais je ne tiens à rien, je suis inutile au monde....—Philosophe d'un jour, ignores-tu que tu ne saurais faire un pas sur la terre sans y trouver quelque devoir à remplir, et que tout homme est utile à l'humanité, par cela seul qu'il existe ? Écoute moi, jeune insensé : Tu m'es cher, j'ai pitié de tes erreurs. S'il te reste au fond du cœur le moindre sentiment de vertu; viens, que je t'apprenne à aimer la vie. Chaque fois que tu seras tenté d'en sortir, dis en toi-même : Que je fasse encore une bonne action avant de mourir Puis va chercher quelque indigent à secourir, quelque infortune à consoler, quelque opprimé à défendre!.. Si cette considération te retient aujourd'hui, elle te retiendra encore demain, après-demain, toute la vie, etc. »

J.-J ROUSSEAU

« ai-je commise ? Qu'ai-je fait ? A quel devoir
« ai-je manqué ? Commence par la première
« de tes actions, et parcours ainsi toutes les
« autres.

« Reproche-toi ce que tu as fait de mal,
« jouis de ce que tu as fait de bien.

« PYTHAGORE. »

CXCIX.

L'homme qui réfléchit ainsi son existence
va-t-il au hasard (1), et s'essaie-t-il sans but ?
La moralité humaine, conquérant l'éternité,
n'est donc pas un but ? Et un être suscep-
tible d'erreur, et ramené sans cesse au
bien, par l'examen et le repentir, va-t-il au
hasard ?

(1) Si tous ceux que l'ignorance écrase vivent au hasard,
c'est un malheur qui tient à la pauvreté ; ils ont bien droit à
l'indulgence..

CC.

Après la désolation jetée dans le cœur d'un homme malheureux, comme un sarcasme à la douleur, après l'aridité de cette citation si vide de savoir, de religion et de philosophie, supposez un autre malheureux dans les mains duquel tomberaient aussi les lignes qui suivent :

« Quel est l'homme invincible ? Celui qui, « ferme dans son assiette (1), ne peut être

(1) « Depuis Sanchomalon et Moïse, j'ai tout lu. Je sais l'hu- « manité par cœur. J'ai obéi, commandé, et je n'ignore rien « de toutes les douleurs humaines. Guerre, blessures, incendie, « noyade, famine, misère, horrible pauvreté, celle de Bélisaire « ou d'Hégésippe Moreau, l'absence du pain ! Calomnie, envie, « jalousie, vol, banqueroute, odieuse ingratitude, lâches dé- « fections dans l'adversité, noires perfidies, assassinat phy- « sique, assassinat moral, souffrances corporelles intolérables « et longues, de plus grandes infirmités de cœur, d'esprit et « d'âme, tout s'est abattu sur moi ! Et toujours quand mon « âme, pleine de religiosité, a appelé Dieu, Dieu est venu « aussi manifestement, aussi visiblement que son soleil dans « l'espace Homme, appelle Dieu, et sois fort. »

ANONYME.

« ébranlé par aucune des choses qui ne sont
« pas en son pouvoir. Je le regarde comme
« un athlète.

« Marc-Aurèle Antonin. »

« *Bilang hammaveth.* »

« Il détruira la mort à jamais ! Le Seigneur
« Dieu effacera les larmes de dessus tous les
« visages, et il ôtera l'opprobre de son peuple
« de dessus toute la terre, car le Seigneur a
« parlé.

« Vos morts vivront, et, de même que mon
« corps, ils se relèveront ! Réveillez-vous et
« chantez, ô vous, habitants de la poussière,
« car votre rosée est comme la rosée des
« herbes, et la terre jettera dehors les tré-
« passés.

« Votre soleil ne se couchera plus, et votre
« lune ne se retirera plus, car le Seigneur
« vous servira de lumière éternelle, et les
« jours de votre deuil seront finis.

« Je vous consolerai de même qu'une mère
« console ses enfants.

« Isaïe. »

CCI.

Ces bénédictions de la philosophie et de la
religion, jetteront une vie nouvelle dans le
cœur de cet homme malheureux.

CCII.

L'auteur de la première citation dit :

« L'homme meurt sans avoir vécu. »

Quoi ? l'homme qui souffre, pleure, es—
père, aime, prie et travaille, cet homme n'a
pas vécu.

CCIII.

Quiconque a honoré sa vie, une seule fois, par une bonne action, celui-là a vécu, et nous connaissons des hommes qui ne permettent pas au soleil de se coucher, sans avoir accompli l'œuvre immense de la fraternité.

CCIV.

Moïse n'a pas vécu ; Socrate, Epictète, n'ont pas vécu ! Henri 1ᵉʳ, de France, qui se laissait voler les galons d'or de ses habits par les pauvres, quand il n'avait plus d'argent à leur donner, n'a pas vécu.

L'auteur aurait bien dû nous dire ce qu'il entend par vivre ? Est-ce Sardanapale et Trimalcion qui ont vécu ?

L'auteur dit : Pourquoi vivre ? Pour associer son intelligence à la suprême intelligence,
dans le grand œuvre de la perfectibilité humaine, qui est simple comme toutes les œuvres
de Dieu. Accessible à tous par une science
égale de l'âme.

« Être bon. »

Et au bout, l'éternité de l'Éternel !

CCV.

Combien d'hommes ont fait pour la religion
et pour la morale, ce que la Condamine a fait
pour la science ! Combien d'hommes ont fait,
dit et conseillé ce qui suit :

« J'ai parcouru le monde sous cet habit
« modeste, et un bâton à la main. J'ai vu tous
« les puissants de la terre, et leur ai demandé
« de l'or pour ceux qui n'avaient pas de pain.

« Je me suis appliqué à secourir toutes les
« misères de la vie de l'homme. J'ai arraché
« des fers des milliers de captifs et d'esclaves.
« J'ai fait sécher bien des larmes, fait taire
« bien des douleurs. Et, dans cette abnégation
« de moi–même, j'ai trouvé un si grand bon–
« heur, un si grand repos, que rien de tous
« les maux ne m'attriste, ni ne m'effraie. J'en
« suis sûr, ce que j'ai fait et senti, d'autres
« le feront et le sentiront, et l'idée du bien,
« une fois enracinée dans dix têtes, germera
« dans cent, dans mille ; elle se propagera,
« s'agrandira, parce que le bien, c'est la vé–
« rité, le bonheur, la paix, et qu'il n'y a rien
« sur la terre qui, à une heure donnée, puisse
« étouffer la conscience de l'humanité qui est
« l'œuvre de Dieu.

« Lève–toi ; va–t–en parmi les hommes,
« console, conseille, éclaire ! Va, et ne re–
« garde ni les sourires de ceux qui n'ont pas
« de cœur, ni les sarcasmes de ceux qui ne
« regardent pas en haut. Ne te détourne pas

« du but ; descends dans la fange de la corrup-
« tion, dans la fosse du crime. Proclame Dieu !
« provenance éternelle de l'éternelle morale.
« La méchanceté est un faux calcul ; l'égoïsme,
« un amour mal entendu ; le crime, une dé-
« mence. Il faut une pitié incommensurable
« pour tout ce qui déchoit ; car la misère en
« est la cause cruelle par trop souvent. Aie
« pitié de l'homme qui n'est qu'un enfant, et
« qui aimerait le bien, s'il en connaissait tou-
« tes les bénédictions.

« Arme-toi contre le fort injuste, pour se-
« courir le pauvre opprimé, et reste ferme
« dans cette croyance : Que du plus grand des
« scélérats, c'est un devoir d'en refaire un
« homme de bien ; qu'on le doit, qu'on le
« peut, parce que l'homme ne peut pas dé-
« truire l'œuvre de Dieu, qui est le sentiment
« du juste et du bon.

« Et quand tu auras accompli ta tâche d'ou-
« vrier de Dieu, couche-toi avec délice dans
« la tombe ; retire-toi vers ta mère, et rap-

« pelle-toi cette grande parole d'un philosophe
« qui erra beaucoup lui-même, parce qu'il
« était homme :

   « Qui s'endort dans les bras d'un père, n'est
« pas en souci du réveil. »

CCVI.

Les hommes qui ont fait, dit et conseillé
tout ceci, ces hommes-là avaient vécu.

CCVII.

La psychologie et la vulgarisation de la morale semblent être encore dans les langes de
la barbarie. Toute la profondeur du mal se
révèle par les nécessités du rouage de nos sociétés. Il faut *éduquer* des hommes à être
bourreaux. — Il faut des huissiers pour contraindre, des notaires pour attester. La force

publique dans un labeur incessant, cet Hobbes tout armé, par le fait, l'état permanent de guerre de l'homme contre l'homme, et cet état est menteur, contraire à la nature de l'homme, à ses instincts, à ses sentiments, à sa religiosité native (1), à sa moralité innée, et cet état des choses cessera comme la torture, comme l'inquisition, comme l'exposition, devant l'exercice de la religion, le progrès des sciences et l'action honnête des hommes de lettres.

CCVIII.

Si l'on nous disait :

« Voici dans votre main gauche le duel (2),

(1) Cette loi, qui, en imprimant dans nous-mêmes l'idée du créateur nous porte vers lui, est la première des lois naturelles par son importance, etc.

MONTESQUIEU.

(2) Ainsi le duel offre de telles ressources à la méchanceté que, dans une déception de la vanité, un simple contre-temps de la vie commune, un grand seigneur, plus soigneux de son orgueil que de sa vertu, ose mettre l'autorité d'une simple

« voilà dans votre main droite le crime, il vous
« est donné d'étouffer l'un ou l'autre, choisis-
« sez. » — Nous serrerions la main gauche,
et nous étoufferions le duel. Ceci paraîtrait
paradoxal, si nous n'expliquions notre pensée.

CCIX.

Est-il un homme de sang froid, un homme

recommandation de sa part sous la protection d'une épée de
duel. L'amiral Suffren, au moment de s'embarquer, reçut d'un
grand seigneur, sous Louis XVI, une recommandation en faveur d'un neveu que l'homme de cour jugeait digne de servir
à la mer, parce qu'il était indigne de vivre dans sa famille.
L'amiral refusa. L'homme de cour envoya une provocation
L'amiral répondit : Qu'embarqué et sous son pavillon, il ne
connaissait plus d'ennemis que ceux de la France. Après un
temps écoulé, l'amiral Suffren était revenu à Paris ; le cartel
lui fut reporté. Faux point d'honneur ! faiblesse d'un brave !
l'amiral accepta, et il fut tué, de nuit, sous un arbre des
Champs-Élysées. Ainsi, pour avoir respecté l'honneur de son
arme, un brave officier donnait sa vie à l'impudente vanité
d'un grand seigneur.

Cette anecdote a été racontée par M l'amiral Hugon. Nous
remercions infiniment la personne qui a bien voulu la porter
à notre connaissance ; elle est d'une grande valeur dans cet
ouvrage, et nous la consignons avec empressement.

(*Note de l'Auteur*.)

jouissant de la plénitude de son intelligence, au dix-neuvième siècle, avec nos lois, notre police, nos moyens de répression, nos croyances, qui puisse, impassible calculateur, faire ce thème et en chiffrer les chances.

« Je vais tuer cet homme parce qu'il fait « obstacle à mon avenir, parce que je serais « riche, parce qu'il nuit au parti politique qui « est mon parti, parce qu'il nuit au culte qui « est mon culte, enfin par une des causes qui « déterminent la perpétration du crime. L'état « de la question posé, qu'on prenne celle qu'on « voudra. — Voilà le côté d'une balance, « voyons l'autre.

« Je vais tuer un homme, verser le sang de « mon semblable, et sur mille crimes, pas un « n'échappe à la vindicte des lois ! Si je n'é-« chappe pas, la honte, les fers, le cachot, la « cour d'assises, l'arrêt, puis la toilette, le « *dernier quart-d'heure*, le bourreau et l'é-« ternité.

« L'ignominie sur le front de ma mère, de

« ma femme et de mes enfants ! Je m'écrase
« devant Dieu, devant les hommes et devant
« moi-même !... »

Mais osez donc proposer un pareil marché
au premier de vos concitoyens que vous ren-
contrerez ! Osez vous le proposer à vous-même !
Vous verrez ce que vous répondra votre conci-
toyen, et vous verrez ce que vous vous répon-
drez à vous-même ! Et cependant, il y a des
assassins, des meurtriers, des parricides, des
incendiaires. Où trouvez-vous la raison d'être
de cette anomalie ? Chez vous, l'idée sans le
fait produit l'horripilation, et d'autres cependant marchent dans le fait. Du contrat que
vous ne voulez à aucun prix, dûssiez-vous mourir même, d'autres en acceptent toutes les
clauses. Mais cependant, Dieu n'a pas créé
deux humanités ! Il n'a privé personne de la
réverbération de la conscience. Il n'a pas créé
une âme spéciale pour M. l'abbé Moret, le
digne pasteur, et une âme spéciale pour Lacé-
naire, le terrible assassin.

C'est que le crime est invinciblement inintelligent, c'est que c'est une démence plus ou moins longue, et si l'on en doute, sur mille criminels, voyons le dernier quart-d'heure du patient !

La pâleur qui se fait, la lèvre qui se contracte, la larme qui coule, la bouche qui prie, s'accuse et demande pardon ! Voyez comme l'idée de la famille revient et crie, et comme crie la conscience, et comme disparaît l'égarement. Cet égarement, vous ne l'aviez pas, vous, qui n'acceptiez pas le marché, et vous ne l'avez refusé que parce que, intelligent, vous restiez moral, et lui, qui l'a accepté, que pouvait-il être autre chose qu'un insensé.

CCX.

Mais le duel est bien autre chose ! Le *duelliste* marche dans sa force d'action, la tête

haute, le front serein, souriant et la main sur
la hanche, *coràm populo.* Il se couche dans sa
pensée, fait siffler son épée quand il s'éveille,
il tue avec préméditation, avec calcul, avec
science, et vise la place par où la mort doit
entrer, et quand cette mort est faite, il n'a
pas, *Dieu merci,* le dernier quart-d'heure et
le bourreau, *il est réputé brave,* l'opinion
l'applaudit, le mal peut se faire à la légère,
sans trop d'obstacles, la tête haute!... Dieu
et la conscience restent seuls!... Le duelliste
passe devant la mère dont il a tué le fils; il
recommencera à la nuit ce qu'il a fait le matin! — Ce qu'il a fait, son ami le fera, son
voisin, tous ses concitoyens, la France, depuis
le Rhin jusqu'aux Pyrénées!...

CCXI.

Et se figure-t-on cependant que le crime
soit plus cruel que le duel? Dans cet écrit

sur le duel, nous eussions pu en colliger des milliers ; nous l'aurions dû peut-être, mais nous avons senti le besoin personnel d'être sobre.

Un, entre mille :

Un homme se croit offensé, et semble convaincu qu'un autre lui a nui. Il exhale sa plainte. Le prétendu offenseur apprend ces récriminations et s'empresse de provoquer une explication. Il prouve par *A plus B,* il prouve jusqu'à la dernière évidence que l'imputation est entièrement erronée, et malgré cette justification, celui qui persiste dans sa rancune, répond par une offense qui entraîne une rencontre. Voici ce que fut ce duel :

On se plaça à dix pas, chacun armé de deux pistolets, et avec la faculté convenue de marcher (1). Celui qui s'était innocenté fait trois pas, tire et manque ! L'autre ne bouge pas. Celui qui a tiré fait encore deux pas, et fait

---

(1) Jusqu'à bout portant.

feu. Il manque (1) à cinq pas. Ce fut au tour du véritable offenseur. Il marche jusqu'à bout portant et dit : « Je pourrais vous tuer, mais « je ne le veux pas ; *je veux seulement vous* « *casser un bras.* » Il tire, et la balle traverse le corps. On nous a montré, il y a trois mois, l'homme qui avait reçu le coup.

CCXII.

Et si l'on veut faire entrer en ligne de

(1) La plupart des peuples anciens vivaient sous des gouvernements qui ont la vertu pour principe, et lorsqu'elle y était dans sa force, on y faisait des choses qne nous ne voyons plus aujourd'hui, et qui étonnent nos petites âmes. Leur éducation avait un autre avantage sur la nôtre : elle n'était jamais démentie. Épaminondas, la dernière année de sa vie, disait, écoutait, voyait, faisait les mêmes choses que dans l'âge où il avait commencé à être instruit.

Aujourd'hui nous recevons trois éducations différentes ou contraires : celle de nos pères, celle de nos maîtres, celle du monde. Ce qu'on nous dit dans la dernière renverse toutes les idées des premières. Cela vient, en quelque partie, du contraste qu'il y a parmi nous entre les engagements de la religion et ceux du monde, chose que les anciens ne connaissaient pas.   MONTESQUIEU.

Voilà la critique la plus sanglante de l'opinion qui pousse au duel.

compte toutes les anxiétés du criminel, toutes les appréhensions qui précèdent la perpétration du crime, qu'on veuille considérer combien les duels sont plus faciles, plus nombreux, moins sévèrement poursuivis, point réprimés par la honte, de plus, admis par l'opinion, on comprendra pourquoi nous avons dit que : « S'il nous était donné de pouvoir étouffer le « meurtre ou le duel, c'est le duel que nous « étoufferions. »

CCXIII

Qu'on veuille bien étudier cette sanglante histoire du duel, on y verra que très souvent ils ont été comme une partie de plaisir, un passe-temps, une chose de bon goût, de beau style et très bien portée, et toujours chose de fort peu d'importance.

La femme brune et la femme blonde de la note ci-dessous (1).

(1) Napoléon à Schœnbrunn arriva au moment où deux officiers, déjà l'épée à la main, allaient se battre. Il demande

CCXIV.

Faisons un rapprochement.

CCXV.

Mirabeau, ce grand génie, ce tribun aux proportions athlétiques, cet immense orateur, et nous regrettons de ne pouvoir plus rien ajouter à sa gloire, Mirabeau étant chez une de ses parentes, s'avisa de vouloir connaître la saveur du crime, et par recherche philosophique, par expérimentation, il voulut se rendre compte de ce que pouvait éprouver un criminel.

la permission de servir de témoin ; il s'informe de la cause du duel, et cette cause était fort grave aux yeux des adversaires Il s'agissait de laquelle, de la femme brune ou de la femme blonde, avait une plus grande puissance affective. L'un tenait pour la blonde, l'autre pour la brune, et l'on conçoit que pour ce fait, il fallait au moins la mort d'un homme.

Napoléon arrangea cette affaire. Ne commentons pas.

Un soir, que beaucoup de monde devait se
retirer du château où il demeurait, il s'em-
busqua, et un fusil à la main, il demanda la
bourse ou la vie à tout le monde, l'un après
l'autre. L'expérience faite et les bourses res-
tituées, il avoua qu'il avait éprouvé d'atroces
douleurs.

CCXVI.

Est-ce que l'homme peut en vain cesser
d'être homme ?

CCXVII.

« O pauvre homme ignorant, que portes-tu
« enfermé dans les profondeurs de ton sein ?
« Quels joyaux, quelles richesses y sont conte-

« nus ? quels trésors dans une si faible enve-
« loppe.

« Davies. »

CCXVIII.

En descendant dans les cryptes, dans les arcanes de l'humanité, ne pourrait-on pas trouver des causes déterminantes des actions des hommes, et rapporter à ces causes les phénomènes de certaines existences qui font exception ?

CCXIX.

Dût-on se tromper en cherchant, il faut toujours chercher. Il est sorti tant de bonnes choses de l'alchimie !

Sans Képler et Descartes, Newton eût passé inaperçu, sans doute.

CCXX.

Tel homme fait monter le thermomètre scientifique ou littéraire à dix degrés, tel autre à vingt, et ainsi arrive la vérité à l'homme, qui a un si grand besoin de la connaître.

CCXXI.

Toute l'histoire accuse qu'il a plu à la divine Providence, dans des vues dont elle a gardé le secret, de créer des organisations qui se sentent à l'étroit dans le cabanon de la vie commune, et qui y étouffent.

13

Ces organisations ont présenté des phénomènes bien différents, selon l'idée-mère
qui a présidé aux premières lueurs de
l'intelligence, ou plutôt, selon le sentiment qui, le premier, a pénétré dans le
cœur.

CCXXII.

Celui qui est le maître de l'éducation peut
changer la face du monde, a dit Leibnitz.

CCXXIII.

Donnez-moi un enfant qui ait été privé
de sa mère, disait Napoléon, et je le con-
naîtrai.

CCXXIV.

Oui, la mère, l'éducation de la mère (1), cette providentielle tutelle, à l'ombre de laquelle croît ce roseau si faible, de Pascal, mais ce roseau pensant ; la mère faisant défaut, l'enfant en ressentira la perte.

CCXXV.

Les premiers cris de la mère, dans le cœur de l'enfant, sont indélébiles. Ils y restent et dominent au milieu des orages des passions, ils persistent dans tous les âges, et nous finissons la vie avec la même idée que notre mère y a déposée.

(1) Ici, par éducation, nous n'entendons pas l'instruction, mais la morale.

CCXXVI.

Nous connaissons tel homme, auquel sa mère a dit en mourant :

« Prie tous les jours,
« Donne tous les jours. »

et il ne l'a pas oublié.

CCXXVII.

Ceux-là, à qui il a été donné d'être bien persuadés d'abord (1), et puis bien convaincus de cette vérité biblique (2) :

« Que toute science, toute intelligence,
« toute grandeur, que toute sagesse et que
« toute félicité consistent à aimer Dieu, »
ceux-là, ont été ces incommensurables poètes

(1) L'éducation de la mère.
(2) L'instruction du maître

de Dieu, ces prophètes d'Israël ou Socrate, Epictète, saint Louis, Fénelon, saint Vincent de Paul.

CCXXVIII.

Vous toutes, saintes jeunes femmes de Dieu, anges de la terre (1), qui ne vivez que pour prier et consoler, et qui enfouissez dans l'air putride des hôpitaux une existence d'amour et d'abnégation !..... Vous, devant lesquelles tout homme de bien devrait faire halte et saluer ; vous, qui bandez si souvent les plaies que font l'épée des duellistes.

CCXXIX.

La vie en Dieu, c'est le besoin de l'infini

(1) Les sœurs de charité.

compris, expliqué; ce vague sentiment qui accuse notre exil sur la terre, et notre aspiration vers le ciel.

CCXXX.

Mais ce besoin, détourné de sa véritable route par des organisations égales à celles des prophètes d'Israël, mais mal dirigées, ces organisations, en terrestrant leur action, ont produit d'effrayants génies, de monstrueuses anomalies, aussi bien chez les héros que chez les brigands.

CCXXXI.

Granique,
Issus,
Arbelle, c'est Alexandre,

Thèbes,

Gaza,

Persépolis,

Tyr, détruites et incendiées, c'est encore
　　Alexandre,

Cet Alexandre-le-Grand donnant tout en
partant, pour vaincre Darius, en ne se ré-
servant

　　« Que l'espérance. »

Assassin de Clitus et de Ménandre, et pour
repentir, ne comprenant que l'idée du suicide,
cet insolent affront, ce vol fait à celui qui seul
crée la vie, et qui doit seul disposer de la
mort !...

CCXXXII.

Cet homme, qui ne s'était réservé que
l'espérance, et qui, en mourant, léguait
l'empire

　　« au plus digne, ‹

cet homme, ivre (1), donnait pour fête à une courtisane,

« le spectacle de Persépolis incendiée.»

Et dans l'ordre de nos idées, quelle différence morale y avait-il entre le corsaire qu'interpella Alexandre, et Alexandre lui-même ?

CCXXXIII.

Ç'est que le sentiment et l'idée d'un Dieu vengeur et rénumérateur étaient absents, aussi bien du cœur du monarque que du cœur du corsaire, et que l'âme, veuve de ce ressort puissant, allait égarée aux hasards des passions de ce corsaire et de cet Empereur.

« *All is in God.*

« DRYDEN. »

(1) Ivre et ivrogne ;

CCXXXIV.

Quel sublime génie qu'Annibal! quelle conception large et hardie! quelle tenacité, quelle force dans l'exécution!

Les Alpes, Trasimène, Trébia, Cannes!

CCXXXV.

Et quelle hyène que cet atroce enfant de l'atroce Carthage!

La Sicile a voilé sa gloire d'un crêpe sanglant.

CCXXXVI.

« Le plus beau traité de paix dont l'his-

« toire ait parlé, est, je crois, celui que
« Gélon fit avec les Carthaginois. Il voulut
« qu'ils abolissent la coutume d'immoler leurs
« enfants.

« MONTESQUIEU. »

Et l'histoire des grands criminels démontre
que si l'idée morale eût dominé en eux, ils
eussent fait pour le bien ce qu'ils ont fait pour
le mal.

CCXXXVII.

Pharsale, Munda, la Gaule vaincue, les
gloires de la tribune et des lettres, *et la per-
sonnification de la corruption romaine*, c'est
César!

CCXXXVIII.

Que la mère dise à l'enfant que le duel est

un crime ; que le précepteur le lui répète ;
que la loi, mais une loi large, grande, profonde, sentie , comme Moïse seul savait les
faire, crie très haut à tous :

« Le duel est un crime ! »

et le duel restera crime.

Il ne manque au duel pour qu'il puisse être
sans crime, que la suppression de Dieu du milieu de son univers, la suppression de la religion , de la philosophie, de la raison et de la
conscience humaine.

Il n'y a pas de transaction possible.

Optons !

Nous le répéterons cent fois.

CCXXXIX.

Y a-t-il un appel possible contre les lois

de la divinité. Coutumes (1) barbares, mœurs atroces, préjugés stupides, pourrez-vous jamais crier plus haut que la voix de Dieu!

CCXL.

Vivant dans un milieu organisé comme celui de nos sociétés, il est presque impossible à l'homme de ne pas errer. Les flots de l'Océan emportent le grain de sable. Mais de l'erreur, où tout est remédiable à l'irrémédiable, il y a un abîme; et la mort donnée à un homme est irrémédiable. Halte donc! devant l'irrémédiable, pygmées révoltés que nous sommes tous.

---

(1) « Il est une loi non écrite, mais née, que nous n'avons
« pas apprise, reçue, lue, mais que nous avons tirée de la
« nature elle-même, que nous y avons puisée, que nous en
« avons exprimée, qu'on ne nous a point enseignée, mais
« pour laquelle nous n'avons pas été faits; qui n'est pas le
« résultat de l'éducation, mais qui est comme empreinte dans
« tout notre être. »   CICÉRON.

CCXLI.

Quelle félicité trouver à répandre du sang ! Carrel, ce noble cœur, étant blessé à mort par son adversaire qui était blessé lui-même, souhaitait que cet adversaire ne souffrît pas plus que lui. Il n'y a dans le duel que ce rongement d'esprit dont parle Salomon, barbarie et irrationalité. L'adversaire étant abattu, on lui tend la main. Il est convenable, s'il est blessé, de le visiter ou d'y envoyer les témoins, et de lui procurer tous les soins et tous les secours nécessaires. Mais en vérité la folie elle-même serait moins folie ; et si l'on nous prouvait que le duel n'est pas un crime, nous ne savons pas comment on nous prouverait que ce n'est pas une démence, mais une démence différente de celle du crime : la démence de la raison, pour cette fois.

Nous voudrions une clameur terrible et

profonde contre l'opinion qui applaudit au mal. L'erreur de l'individu est combattue par la censure de la généralité, mais celle de la généralité semble emprunter force de loi à l'assentiment universel. Et qu'advient-il quand l'opinion générale impose à l'individu jusqu'à des décrets sanglants !

CCXLII.

L'action de l'homme sur l'homme a dépeuplé l'univers; les deux tiers du monde ont été égorgés. Le monde est un désert (1). L'Eu—

(1) Chapitre IX. *Dépopulation de l'univers.*

« Toutes ces petites républiques furent englouties dans une « grande, et l'on vit insensiblement l'univers se dépeupler. Il « n'y a qu'à voir ce qu'étaient l'Italie et la Grèce avant et après « les victoires des Romains.

« On me demandera, dit Tite-Live, où les Volsques ont pu « trouver assez de soldats pour faire la guerre après avoir été « si souvent vaincus? Il fallait qu'il y ait un peuple infini dans « ces contrées, qui ne seraient aujourd'hui qu'un désert sans « quelques soldats et quelques esclaves romains. Les oracles

rope entière serait bien loin de peupler une partie du Nouveau-Monde. La France, l'Italie, l'Espagne et le Portugal ne pleureraient pas le Brésil. L'Espagne n'a pas la moitié de sa population, et les deux tiers de la terre sont jachères en France. Et comme si ce n'était pas assez des malédictions de la guerre, de l'échafaud et du suicide, il faut encore la malédiction du duel.

« ont cessé, dit Plutarque, parce que les lieux où ils parlaient
« sont détruits. A peine trouverait-on aujourd'hui dans la
« Grèce trois mille hommes de guerre. Je ne décrirai point,
« dit Strabon, l'Épire et les lieux circonvoisins, parce que ces
« pays sont entièrement déserts. Cette dépopulation, qui a
« commencé depuis longtemps, continue tous les jours, de
« sorte que les soldats romains ont leur camp dans les mai-
« sons abandonnées. Il trouve la cause de ceci dans Polybe,
« qui dit que Paul Emile, après sa victoire, détruisit soixante
« dix villes de l'Épire et emmené cent cinquante mille es-
« claves. »   MONTESQUIEU.

Dans une seule semaine, sous Vespasien, dix mille Israélites entrèrent par la porte de la vie et sortirent par la porte de la mort dans ce charnier qui a bu plus de sang humain qu'il n'en a coulé sur mille champs de bataille, le Colysée ! Chaque pierre de cette vaste enceinte maudite pourrait redire un gémissement, une douleur et une malédiction !

(*Note de l'auteur.*)

Après la dévoration romaine, qui se dévora elle-même, vint la dévoration des Barbares, puis celle des Tatars et des Tartares, et puis celle des Arabes et des Sarrazins · l'humanité ne s'en est pas relevée. Les idées d'Aristote et de Malthus sont des monstruosités. Si l'on avait fait pour l'agriculture ce qu'on a fait pour la guerre, on aurait pour deux ans de réserve dans les greniers d'abondance.

CCXLIV.

« Mais il y a deux choses dont on n'a pas eu « le souci (1) : la morale et l'agriculture. »

(1) « On n'apprend pas aux hommes à être honnêtes gens, « et on leur apprend tout le reste, et cependant ils ne se piquent « de rien tant que cela ; ainsi, ils ne se piquent de savoir que « la seule chose qu'ils n'apprennent pas. »
                                        PASCAL.

CCXLV.

Voici une bien sombre et bien véridique épopée.

I.

« C'est effrayant que l'histoire du monde ;
« c'est éternellement la mer qui monte en
« mugissant, et la mer qui se retire colère et
« irritée.

II.

« Toujours les mêmes causes et toujours les
« mêmes effets. La bataille quotidienne de
« l'individu contre l'individu, et la bataille des
« peuples complétant les déchirements de la
« vie humaine.

14

III.

« Voilà Sion, la montagne du Seigneur ; là
« est le mont Golgotha, ici est le Calvaire !

IV.

« Voici la vallée sainte : Josaphat, où la
« grande trompette du jugement dernier ré-
« sonnera jusque dans les profondeurs de ces
« cendres qui furent des hommes !

V.

« Placez Sion sur Josaphat, le Calvaire sur
« Sion, et le Golgotha sur le Calvaire, le dé-
« luge du sang humain depuis cinquante siè-
« cles avant Jésus-Christ, coulant sur le sang
« versé jusqu'à nos jours, ferait surnager une
« arche au-dessus de l'entassement de Sion, du
« Calvaire et du Golgotha.

VI.

« Les montagnes de l'univers disparaîtraient
« devant les montagnes de cadavres amonce-
« lés par la colère des hommes.

VII.

« Et cependant, le prophète du Seigneur
« a clamé bien haut :
« Venez, ô maison de Jacob, et marchons
« dans la lumière de l'Eternel.

« Isaïe. »

VIII.

« Et cependant, si la grandeur inconnue de
« la majesté humaine était inopinément révé-
« lée, épées des duellistes, lances des batailles,
« haches des bourreaux, couteaux d'assassins,

« torches d'incendiaires, fièvre de l'envie,
« démon de la jalousie, atroce calomnie,
« tomberaient.

« ANONYME. »

CCXLVI.

Entendez-vous bruire dans le lointain, et
peu à peu se rapprocher de nous, comme pré-
curseurs d'un dévoilemement attendu, ces cris
d'étonnement, de doute, de crédibilité. L'esprit se trouble, la religion s'émeut! Ecoutez-
vous le silence du philosophe qui attend et
espère? Qu'annoncent à l'univers ces mystères
innominés? Effets connus, dit-on (1), d'une
cause inconnue! effets déjà acceptés par la

---

(1) Dit-on : un savant, un homme de lettres, un artiste, un
officier de l'armée, une dame, et nous avons perdu notre temps
à faire des expériences sur les tables.

(Note de l'auteur.)

science, et qui fouille pour en chercher la
cause! Est-ce, bon Dieu, ou n'est-ce pas? et
qu'est-ce? Quelle puissance électro-magné-
tique, quelle force inconnue de l'influs nerveux, quelle omnipotence psychologique commande à la matière, et Dieu permettrait-il la
communication de ceux qui ont été avec ceux
qui sont? Qu'il y ait là un secret immense ou
une hallucination, qu'importe que ce soit cela
ou autre chose, l'humanité n'a pas dit son dernier mot !

CCXLVII.

« N'écrasez pas sous le pied pesant et boi-
« teux du doute la fleur rose de l'espérance et
« la fleur dorée de la foi.
                        « Alex. Dumas. »

Et quel doute plus insolent que celui qui
conduit deux hommes à s'égorger, car croire

et tuer un homme en duel est un amalgame qui associerait Dieu au crime.

CCXLVIII.

En remontant le fleuve des siècles, en per‑çant la nuit des temps absorbés par Dieu, on voit toujours le surnaturel poindre ici, et là, une puissance inexpliquée dans sa cause surgir dans la croyance des hommes. Tant une ombre mystérieuse erre autour de l'homme comme précurseur d'un dévoilement attendu.

« Alors la femme dit à Saül : Qui veux-tu « que je fasse monter? Et Saül répondit : Fais-« moi monter Samuël.

« Et Samuël monta de sa tombe, et dit à « Saül :

« Et même l'Eternel livrera Israël avec toi « entre les mains des Philistins, et vous serez « demain avec moi, toi et tes fils. »

CCXLIX.

Brutus pouvait-il craindre, pouvait-il s'é-mouvoir? Son esprit troublé pouvait-il lui créer des spectres et des fantômes? et n'a-t-il pas vu son génie l'appointer aux champs de Philippes (1).

CCL.

Tyr venait de tomber sous la lance du ma-

---

(1) Nous avons lu avec un soin extrême, dans un journal que nous aimons, *le Mousquetaire*, le fantastique de M. Émile Deschamps. Cette faculté de prophétie, cette prescience, ne nous ont nullement étonné. M. Émile Deschamps fait des couplets sur la révolution de Juillet, à la revue passée par Charles X, devançant un événement qui dormait dans les mains de Dieu, M. Émile Deschamps voit la république surgir des années avant son avènement; il annonce la mort de sa mère au prêtre qui lui annonce sa maladie. Nous savons aussi bien des faits que nous ne pourrions nier sans nous mentir à nous-mêmes! Attendons et cherchons.

(*Note de l'Auteur.*)

cédonien. — Jérusalem, qui avait refusé des secours à Alexandre, devait expier aussi par la destruction le crime d'une belle action! *Alexandre approche*; le peuple d'Israël *monte vers Dieu*; les mères poussent des cris; le peuple s'arme, mais soudain, le grand sacrificateur impose ses mains sur le peuple, et, calme et radieux, prononce la bénédiction ordonnée par Dieu à Moïse.

« Que le Seigneur vous bénisse et vous « garde! Que le Seigneur fasse luire sa face « sur vous, et qu'il vous fasse grâce.

« Que le Seigneur tourne sa face sur vous, « et qu'il vous accorde la paix. »

Puis il ordonne au peuple de se livrer à la joie, de joncher les rues de fleurs, de couvrir les maisons de tentures, et sort avec les Lévites, marchant vers Alexandre! Arrivé devant le conquérant irrité, le sacrificateur étend ses deux mains sur sa tête. Alexandre pâlit et tombe aux pieds du sacrificateur.

Qu'est-ce? dit Parménion.

« C'est, répondit Alexandre, qu'à Tyr, j'ai
« vu cet homme dans mon sommeil, et cet
« homme m'a dit :

« Tu vaincras Darius ! »

Jérusalem fut sauvée !

CCLI.

Qu'est-ce que ce démon de Socrate qui
criait si haut dans son cœur : *Abstiens-toi* !
Socrate pouvait-il mentir, et la grande âme
de cet homme pouvait-elle feindre et trom—
per ?

CCLII

Mummius assiégeait Corinthe, le peuple

était au cirque, et des profondeurs de cette foule immense sortit un cri unanime et spontané :

« Corinthe est prise. »

Mummius la prenait à la même heure.

CCLIII.

On se battait encore à Lépante, et le Pape savait que les chrétiens étaient vainqueurs.

CCLIV.

« César, ne va pas au sénat ; je t'y ai vu « frappé par Brutus, et je t'ai vu tomber aux « pieds de la statue de Pompée, lui disait sa « femme (1). »

(1) Et le songe d'Armand Carrel !

A la bataille d'Aboukir, le colonel Fugière, du 18ᵐᵉ de ligne, eut les deux bras emportés par un boulet de canon. « Vous perdez un « de vos soldats les plus dévoués, dit-il à « Napoléon ; un jour, vous regretterez de ne « pas mourir comme moi au champ des « braves. »

Et Napoléon a regretté à Longwood, de n'être pas mort au champ des braves.

CCLVI.

Le petit homme rouge de Napoléon.
La pythonisse d'Egypte.
Le songe de Louis XIII.

La prédiction du père Campanelle.
Et Cazolte.

CCLVII.

Un jour viendra, demain, peut-être, sera
ce jour où l'homme aura conscience de tout
ce que Dieu a mis en lui, et cependant l'on
court, enfiélé et cruel, tremper ses mains dans
son sang !... Mais ce sang est un dur oreiller
pour mourir (1). Les antres de Caprée ont-ils

(1) « Sa Majesté (Charles IX) aimait beaucoup sa nourrice,
« encore qu'elle fût huguenote. Comme elle se fut mise sur un
« coffre, elle commençait à sommeiller ; ayant entendu le roi
« se plaindre, pleurer et soupirer, s'approcha tout doucement
« du lit, et, tirant sa custode, le roi commença à lui dire, je-
« tant un grand soupir et larmoyant si fort, que les sanglots
« lui coupaient la parole : — Ah ! ma nourrice, ma mie, ma
« nourrice, que de sang et que de meurtres ! Oh ! que j'ai suivi
« un méchant conseil ! Oh ! mon Dieu ! pardonne-le-moi, s'il
« te plaît !. . Que ferai-je?... Je suis perdu, je le vois bien.
« Ce roi, qui tirait par les fenêtres sur ses sujets, ce mo-
« narque catholique se reprochant ses meurtres, rendant

oublié les cris de Tibère, avouant que ses crimes se levaient sur son passage, et que sa conscience lui faisait un supplice que lui, Tibère, n'avait fait éprouver à personne! Et les morsures du remords n'allèrent-elles pas jusqu'à produire la démence chez Néron, dix fois parricide, en proie, dans son esprit troublé, aux vengeances anticipées de celui devant lequel l'égasier et l'empereur sont égaux!

Encore une fois et mille, répétons avec Davies : « O pauvre homme ignorant, que portes-« tu, enfermé dans les profondeurs de ton

« l'âme au milieu des remords, en vomissant son sang, en « poussant des sanglots, en versant des torrents de larmes, « abandonné de tout le monde, seulement secouru et consolé « par une nourrice huguenote.

« N'y aurait-il pas quelque pitié pour ce monarque de « vingt-trois ans, né avec des talents heureux, le goût des « lettres et des arts, un caractère naturellement généreux, « qu'une exécrable mère s'était plu à dépraver par tous les « abus de la débauche et de la puissance?

« Heureux si ce prince n'avait jamais reçu une couronne « doublement souillée de son propre sang et de celui des « Français, ornement incommode pour s'endormir sur l'o-« reiller de la mort. »

(Etudes historiques.)

« sein? Quels joyaux, quelles richesses y sont
« contenus? Quels célestes trésors dans une si
« faible enveloppe?»

CCLVIII.

Depuis trois mille ans, les cris de Moïse (1)
au pays de Moab, près de sa tombe, en la
montagne de Nébo, ne retentissent-ils pas encore dans le cœur de son peuple? et sa parole
a—t-elle été menteuse?

« Et tu seras là un sujet d'étonnement, de
« raillerie et d'invectives parmi tous les peu-
« ples vers lesquelles l'Éternel t'aura envoyé.
« Tu serviras dans la faim, dans la soif, dans
« la nudité et dans la disette de toutes choses,
« ton ennemi, que l'Éternel enverra contre toi;
« et il mettra un joug de fer sur ton cou, jus-
« qu'à ce qu'il t'ait exterminé. »

(1) 1574 avant J.-C., naissance de Moïse.

CCLIX.

Et la plus grande portion de cette noble race, courbe encore le front sous le poids de la malédiction. Ce peuple dont Bossuet dit :

« On ne voit plus aucun reste des anciens « Assyriens, ni des anciens Mèdes, ni des an- « ciens Perses, ni des anciens Grecs, ni même « des anciens Romains. Les Juifs, qui ont été « la proie (1) de ces nations célèbres dans les « histoires, leur ont survécu, et Dieu, en les « conservant, nous tient en attente de ce qu'il « veut faire encore des malheureux restes « d'un peuple autrefois si favorisé (2—3).

« Bossuet. »

(1) Dix mille Israélites, sous Vespasien, entrèrent dans une semaine, par la porte de la vie, au Colysée, et en sortirent par la porte de la mort.

(2) « Le peuple juif, dit M. le cardinal de Fleury, possède « la seule noblesse bien prouvée. »

(3) « Le peuple juif, dit M. Lacordaire, sera toujours le « premier des peuples par l'idée, par ses mœurs et par ses « lois.

Si Dieu départ à quelques hommes le don
de prévoir dans l'actualité les événements de
l'avenir (1), et ceci, pour nous, est un fait sans

réplique ; si un somnambulisme éveillé, si des lois psychologiques ignorées confèrent à certains hommes une puissance qui peut avoir des conséquences incalculables sur les destinées de l'humanité, ne nous exposons pas à tuer cet homme en duel !

« vous, vous serez conduites en charrette à la place des exécutions, les mains liées derrière.

« En parlant ainsi, Cazotte avait le visage attéré ; ses yeux « bleus étaient remplis de tristesse, et ses soixante-dix-huit « ans, sa chevelure blanche, sa physionomie patriarcale, im- « primaient à ses paroles une gravité lugubre. Les convives « tressaillirent. — Vous verrez, dit madame de Grammont, « qu'il ne me laissera pas un confesseur. — Non, madame, le « dernier supplicié qui en aura un, ce sera...., il hési , « ce sera le Roi de France! Saisis d'une invincible émoti , « tous les convives se levèrent. Quant à Cazotte, il allait e « retirer, lorsque, s'approchant de lui, et voulant de mo s « sombres présages, madame de Grammont lui dit :   Et « vous, monsieur le prophète, quel sera votre sort ? Il esta « quelque temps la tête penchée, le regard pensif, pu : — « Pendant le siége de Jérusalem, répondit-il, un hom e fit « sept jours le tour des remparts, en criant d'u voix « sinistre :

« Malheur à Jérusalem ! » et dans ce moment, u e pierre « énorme, lancée par les machines ennemies, l'att ignit, le « mit en pièces, » A ces mots, Cazotte salua et sor t. »

« Louis BLAN . »

5

Le prophète de bonheur peut nous venir demain, ne le tuons pas aujourd'hui! Cet homme nous apporte peut-être les trésors cachés de notre nature, le dévoilement de secrets immenses, la démonstration psychologique de tous les mystères qui nous environnent. C'est un fait bien digne d'appeler l'attention des hommes qui pensent que cette vérité historique: Tout ce qui a été grand et saint depuis Fohi et Bélus, a été égorgé, proscrit, persécuté par la colère humaine, et son implacabilité renverse toutes les notions du cœur, tout es les lois de la morale et de l'humanité! Au milieu de ces abominations, il est consolant de voir la haine que Moïse inspirait à son peuple contre le meurtre. Il y a dans le Deutérenome un poème d'une sublimité infinie (1). Pourquoi nos lois n'ont-elles pas été calquées sur des lois larges et religieuses comme celles de Moïse, lois qui ne se bornaient

(1) « 1. Quand il se trouvera sur la terre que l'Éternel, ton « Dieu, te donne pour la posséder, un homme qui a été tué, « étendu dans un champ, et qu'on ne saura pas qui l'aura tué ;

« 2. Alors tes anciens et tes juges sortiront, et mesureront « depuis l'homme qui a été tué jusqu'aux villes qui sont au- « tour de lui ;

« 3. Puis les anciens de la ville la plus proche de l'homme « qui aura été tué, prendront une vache du troupeau, de la- « quelle on ne se soit point servi, et qui n'ait point tiré sous « le joug ;

« 4. Et les anciens de cette ville la feront descendre, la jeune « vache, en une vallée rude, dans laquelle on ne laboure, ni « on ne sème, et là, ils couperont le cou à la jeune vache dans « la vallée ;

« 5. Et les sacrificateurs, fils de Lévy, s'approcheront, car « l'Éternel, ton Dieu, les a choisis pour faire son service et « pour bénir au nom de l'Éternel; et afin qu'à leur parole, « toute cause et toute place soient définies;

« 6. Et tous les anciens de cette ville là, qui seront les plus « près de l'homme qui aura été tué, laveront leurs mains sur « la jeune vache, à laquelle on aura coupé le cou dans la vallée.

« 7. Et prenant la parole, ils diront : Nos mains n'ont point « répandu le sang, nos yeux aussi ne l'ont point vu répandre.

« 8. O Éternel! sois propice à ton peuple d'Israël que tu as « racheté, et ne lui impute point le sang innocent qui a été « répandu au milieu de ton peuple d'Israël, et le meurtre sera « expié par eux.

« 9. Et tu ôteras le sang innocent du milieu de toi, parce « que tu auras fait ce que l'Éternel approuve et trouve juste »
Chapitre XXI.

pas à défendre le mal, mais qui décrétaient le bien et le rendait obligatoire.

Du sang versé naissent des cascades de sang, par une attraction indicible ; il fallut à Henri IV un courage sublime pour résister à son armée qui demandait l'assaut de Paris assiégé, pour s'assouvir de vengeance (1).

(1) Ni Démosthène, ni Hortensius, ni Cicéron, ni César, ni Napoléon, n'ont jamais prononcé un discours d'une sublimité aussi entraînante que celui que prononça Henri IV devant Paris, pour protéger ses propres ennemis. C'est une des gloires de la France, et nous le consignons ici avec bonheur.

Henri IV refuse de donner l'assaut à la ville de Paris.

DISCOURS.

Mes amis, mes compagnons, mes frères d'armes, que me demandez-vous ? que veulent ces soldats qui poussent des cris de guerre autour de ma tente ? Quoi ! on veut que je commande l'assaut ! on veut que je donne l'ordre et le signal du carnage ! Et nos ennemis sont nos concitoyens ! et ce sont des Français que nous irions égorger dans leurs murs ! Et cette ville, dont on demande la ruine, est la capitale de mon royaume ! Je sais bien que de funestes souvenirs excusent et autorisent peut être nos ressentiments ; catholiques et calvinistes, nous aurions tous, je le sais, des crimes à punir dans Paris, et les mânes de Henri III et de Coligny appellent des vengeurs. Mais quoi ! n'est-ce pas assez de vengeances ? Et les fautes de mes sujets ne sont-elles pas expiées par tant de maux ? Voyez ces prisonniers que le sort de la guerre a fait tomber entre nos mains ; voyez leur maigreur affreuse et la pâleur mortelle de leur

CCLXII.

Pourquoi les vertus et les talents semblent-ils toujours appeler la mort et la proscription ?

visage ; écoutez les récits de ces Français, et les déplorables détails de leur misère ! Quel cœur, si insensible qu'il soit, n'en serait ému de pitié ? O mes sujets , ne craignez rien de moi, tandis que vous souffrez ! Non, le Béarnais n'est pas un barbare ; il ne vous accablera pas dans vos détresses. Hélas ! par quelle fatalité suis-je donc réduit à combattre mon peuple et à faire toujours la guerre dans mon pays !... Combien de sang français a déjà coulé , versé par des mains françaises !... Ah ! c'était du moins sur le champ de bataille, et tous ceux qui ont trouvé la mort l'avaient cherchée..... Mais que j'attaque une ville presque sans défense, que je l'abandonne au pillage, que je livre des femmes, des vieillards, des mourants, au glaive de mes soldats ! non ! tant de cruauté ne peut entrer dans mon cœur ! non, mon panache blanc , qui vous a guidés tant de fois dans le chemin de l'honneur et de la victoire, ne vous guidera pas au carnage, et jamais le drapeau des lys ne sera un signal de ruine pour la capitale de France !

Si je ne puis régner qu'à ce prix, s'il faut que j'égorge mon peuple pour conquérir le trône, je renoncerai plutôt aux droits de ma naissance; je dirai adieu pour toujours à cette France, que j'aurais voulu rendre heureuse ! Biron, j'exécuterai le dessein dont tu m'as détourné une fois ; j'abandonnerai ce pays funeste où les sujets assassinent leurs rois et où les rois combattent leurs sujets. Je ne veux pas de la couronne si, avant de la porter, il faut la teindre du sang de mes enfants.

Les malheureux !... comme si mon culte outrageait le vrai

CCLXIII.

« **La première fois que les Athéniens con-**

Dieu, ils m'ont maudit, ils ont méconnu les titres les plus sacrés, et le légitime descendant de saint Louis ne leur a paru
qu'un usurpateur! Ah! s'ils étaient abandonnés à leur propre
cœur, si des impulsions étrangères et de perfides conseils ne
les avaient égarés, la guerre serait finie; nous sommes faits
pour nous aimer, les Français et moi. Mais parce que les émis-
saires de Philippe les ont séduits, parce que la faction des
Seize les opprime, faut-il pour cela nous baigner dans leur
sang? méritent-ils la mort, parce qu'on les trompe? Mes amis,
l'action que vous me conseillez serait injuste. Je dois aimer
les Parisiens malgré leurs égarements; leur constance m'é-
tonne et ne m'irrite pas. J'admire leur valeur dont je déplore
l'usage; je les combats, et je les plains. Du moins, j'accomplis
ainsi le précepte de la loi sainte, qui commande l'oubli des
injures, la clémence, la pitié. Je désire bien moins occuper le
trône que le mériter.

Ainsi, si d'autres considérations étaient de quelque poids
après ces grands motifs d'humanité et de justice, je vous dirais
que mon intérêt, qui est celui de la France, m'ordonne aussi
de respecter Paris. Cette capitale est pour tous nos Français
un centre commun, une commune patrie; les sciences et les
lettres y réunissent leurs lumières, les arts leurs chefs-d'œuvre,
le commerce ses richesses. Que d'antiques monuments, que
d'établissements utiles seraient dévastés par nos soldats dans
l'ivresse de la victoire et dans l'ardeur du pillage! Voulez-
vous dissiper en un seul jour ce trésor de la France?... Et
l'amour des peuples que je perdrais pour jamais par cet acte

« damnèrent un homme à mort, ce fut pour
« faire périr un scélérat, et ils finirent par

de barbarie, n'est-ce pas aussi un trésor, et le plus précieux
de tous? Où le retrouverais-je, grand Dieu! quand j'aurais
élevé mon trône sur des ruines, quand je règnerais dans une
ville déserte et ensanglantée?

Cessez donc, Messieurs, de m'adresser des conseils et des
prières qui m'affligent sans m'ébranler. Non, je ne vous donnerai pas ce signal. C'est la première fois qu'Henri refuse
le combat à sa brave noblesse; il ne trouve plus de courage contre un peuple sans défense qui porte le nom de
Français. Mes amis, je vous dois tout, j'aime à le reconnaître
hautement, et peut-être un jour vous prouverai-je que je ne
suis pas un ingrat; mais ne me demandez jamais des choses
que je sois forcé de vous refuser Je puis vous sacrifier tout,
hors mon amour pour mon peuple. Mon peuple souffre et
gémit, et vous me parlez de l'attaquer!... Moi, je veux le
nourrir.... Qu'on m'amène tous les prisonniers Parisiens; je
vais leur rendre la liberté; je les chargerai de dire à leurs
concitoyens qu'Henri n'est pas leur ennemi, qu'il compâtit à
leurs besoins, qu'il veut les sauver de la famine! Ils viendront,
ces malheureux Français, ils viendront se rassasier dans le
camp du Béarnais; ils me verront, ils me connaîtront, ils
m'aimeront peut-être, ou du moins ils ne mourront pas!

Je sais bien que la politique réprouve ce que je fais; je sais
que, nourrir les Parisiens, c'est renoncer à un succès certain,
et nous soumettre de nouveau à toutes les chances de la guerre
et de la fortune. Je sais que le duc de Parme avec ses Espagnols arrivera bientôt sous les murs de Paris. Eh bien! Français! quel plaisir de combattre nos vrais ennemis! Quel est
celui d'entre nous qui pourrait reculer devant ces honorables
périls et qui ne voudrait se trouver aux prises avec l'étranger?
N'est-il pas vrai, Sully, Biron, Mornay, Turenne, et toi, brave

« faire boire la cigüe à Socrate, par répandre
« le sang de Théramène.

« PLUTARQUE. »

Un duel semble appeler un duel.

L'abîme appelle l'abîme.

CCLXIV.

Il ne faut pas que la loi laisse dans les mains

Crillon, qui n'étais pas à Arques, et vous tous, vaillants gentilshommes, qui me pressez tant au champ d'honneur, n'est-il pas
vrai qu'un jour de bataille sera pour vous tous un jour de fête
si, au lieu d'égorger les Français, nous chassons les Espagnols?
O n.es compagnons! quand j'aurai nourri mon peuple rebelle,
et repoussé l'ennemi loin du sol de la France, peut-être ne
me contestera t-on plus mes droits ; je forcerai mes sujets à
me chérir : c'est la seule violence que je veuille leur faire. Je
les subjuguerai , mais à force de bienfaits et de gloire. Alors
j'entrerai dans leur ville, que le sang n'aura pas souillée,
mais en père. C'est un bon exemple que je donnerai à la postérité, et si quelqu'un de mes descendants, après avoir plaint
longtemps des sujets égarés, revenait prendre possession du
palais de ses aieux, il imiterait Henri IV , et, comme moi, il
n'entendrait retentir sur son passage que des cris d'allégresse
et d'amour.

Je veux que la valeur et la clémence soient les vertus de
mes enfants; je veux qu'ils prennent pour devise : *Vaincre et
pardonner.*

des hommes une arme comme le duel, n'y en
eût-il qu'un seul qui pût faire ce raisonnement :

« Il y a un homme de trop sur la terre,

« La femme qu'il a, je la veux ;

« L'emploi qu'il a, je l'aurai ;

« Le grade qu'il va obtenir, je l'obtien-
drai.

« Cet homme barre mon existence,

« Brise mon avenir,

« Si je l'assassine, je me perds.

« Je l'insulterai jusqu'à l'outrage ;

« Il se battra ou ne se battra pas ;

« S'il se bat, et que je le tue, place à moi ;

« S'il me tue, place à lui,

« S'il ne se bat pas, il est flétri, perdu !

« Allons !

CCLXV.

Pense-t-on que la société puisse laisser ce

champ libre à la peste des ambitions en délire, et la malédiction de l'envie, cette plaie dont parle saint Chrysostôme !

CCLXVI.

« Et moi, un homme si las de malheurs, si ballotté de la fortune, que je mettrais ma vie sur le premier hasard qui me permettrait de l'améliorer ou de m'en délivrer.

« SHAKESPEARE. »

CCLXVII.

Que de condottieri on ramasserait dans les boues des mauvaises passions et dans le trouble de l'intelligence !

CCLXVIII.

Neuf, des quarante-cinq, ne manquèrent

pas à Henri III pour le double meurtre du
duc et du cardinal de Guise!... Et quand cette
reine atroce, qui était Catherine de Médicis,
apprit le meurtre, elle dit :

« Bien coupé, mon fils, mais à présent, il
« faut coudre. »

Coudre le crime, comme si le crime n'appelait pas le crime, et comme si aux épées des
quarante-cinq, Madame de Montpensier ne
devait pas répondre par le couteau de Jacques
Clément et la mort de Henri III.

CCLXIX.

L'homme, tel que l'ont fait les erreurs sociales, après les erreurs de la barbarie, est un
être factice. Vous êtes bon, aimant, croyant,
mais autour de vous tout est mauvais, et l'opinion, cette Médicis, toujours assassine et froidement cruelle, vous forcera à être mauvais
comme Charles IX, et à obéir à ses décrets

sanglants, dussiez-vous, comme lui, mourir
dans les sanglots des remords!

CCLXX.

Il y a une différence considérable entre un
homme vu en robe de chambre, en habit de
ville et en habit de salon. — Une différence
égale à la femme vue à ces deux moments : le
matin et le soir. Le caractère se farde aussi
profondément que la figure.

Et à force d'outrager la nature et la vérité,
on devient un être quelconque, une chose
même ; mais on n'est certainement pas l'œuvre
que Dieu a faite. La trace de la vérité s'égare
en nous, et à force de se grimer, on perd sa
réalité.

CCLXXI.

Sur mille hommes, il n'y en a pas un qui

ait conservé son cachet natif. Les petits écus de Stern, l'habit noir de tout le monde.

CCLXXII.

Un homme qui suivrait la maxime du philosophe qui a dit :

« Connais–toi toi–même

« *Nepso te ipsum* »

Celui–là ne se reconnaîtrait plus plusieurs fois par jour : bas et rampant à telle heure, orgueilleux et insolent à telle autre ; bravache ici, lâche là.

CCLXXIII.

A lieu d'être soi, et bien à soi, invariablement soi et à soi, on veut être un peu de chacun, et l'on finit par n'être personne, et l'esprit se laisse imposer des opinions qui contrarient la morale, et dénaturent l'homme.

CCLXXIV.

Dans un même jour, fanfaron et lâche, insolent et dur envers celui-ci, bas et rampant devant celui-là.

CCLXXV.

Oui, sans doute, la nature a créé des inégalités intellectuelles et physiques ; mais certainement, elle a donné à tous une science égale de l'âme. — Nul n'ignore que le crime ne soit le crime, et la vertu la vertu. En d'autres termes, nous savons tous fort bien qu'il est bon d'être bon, et mauvais d'être mauvais. L'abrutissement du vice éteint le sens moral ;

mais l'intelligence de la conscience ne cesse (1) que par notre faute, et nous pouvons toujours en rallumer le flambeau par le retour au bien.

CCLXXVI.

Et cependant, quelle hümiliante disproportion entre un homme et un homme en moralité (2).

(1) Quand nous avons dit que le crime était une démence, nous avons entendu parler de la grande intelligence morale, de la conscience.

(2) Prenons au hasard dans l'histoire deux figures, n'importe lesquelles. Au xive siècle, Philippe le-Bel, l'altérateur de la monnaie, presque assassin du pape Boniface VIII, et l'assassin d'abord, et le spoliateur aussitôt des Templiers, qui l'appointèrent à l'an et au jour devant le tribunal de Dieu.

Voilà un point de comparaison. Voici le second :

« La règle ordinaire de mon père et de ma mère, dit le
« chancelier d'Aguesseau, était de conserver, pour l'exercice
« continuel de leur charité, la dîme de tout ce qu'ils recevaient;
« ils regardaient les pauvres comme leurs enfants ; de sorte
« que, s'ils avaient dix mille francs à placer, ils n'en plaçaient

CCLXXVII.

Où allons-nous et que cherchons-nous, aveugles et enfiévrés que nous sommes, dans cette course au clocher, dans ce mirage qui nous sollicite, en nous égarant dans un désert, où, comme l'armée d'Artaxercès, nous ne trouvons que la solitude et la mort, tandis qu'en nous-mêmes, nous possédons ce que Dieu y a déposé de possible et de vrai : l'accomplissement du devoir et le bonheur qu'implique cet accomplissement.

« que huit et en donnaient deux aux pauvres, qu'ils regardaient
« comme leur propre sang. »

On comprend jusqu'à quel point pourraient aller ces comparaisons. Nous en signalerons une par sa singularité même (a). C'est Louis XIV aimant Louise de La Vallière et Louis XIV aimant Mme de Maintenon. Les choses faites par ce monarque dans ces deux périodes expliqueront les deux femmes.

(a) Cette remarque appartient à un écrivain dont le nom nous échappe.

CCLXXVIII.

L'expérience des pères est perdue pour leurs enfants, dit Fontenelle.

CCLXXIX.

Que de conquérants! quel tumulte! quel bruit! quelles destructions! quels triomphes! quelles chutes! depuis Cyrus, Bélus, Jason, Alexandre, César, Annibal, Gensis-Kan, Tamerlan, et pour résultat, la dépopulation du monde et une fosse immense.

CCLXXX.

Nous cherchons tous le bonheur. — « Mais « le bonheur est en dedans de nous-mêmes, « il nous a été donné; le malheur est en « dehors, et nous l'allons chercher, dit

16

« Buffon. »—« Tout change, s'écrie Massillon,
« tout s'use, tout s'éteint : Dieu seul demeure
« toujours le même ; le torrent des siècles, qui
« entraîne tous les hommes, coule devant
« ses yeux, et il voit avec indignation de fai-
« bles mortels emportés par ce cours rapide,
« l'insulter en passant, vouloir faire de ce seul
« *instant* tout leur bonheur, et tomber au
« sortir de là entre les mains éternelles de sa
« colère et sa justice. »

CCLXXXI.

Nous sacrifions le bonheur au plaisir.

CCLXXXII.

Mais le bonheur, cherché en dehors de ce
que Dieu a voulu, est plus qu'un mensonge,
c'est historiquement la cause de tous nos désordres, de nos crimes, de nos duels, de nos
suicides le plus souvent. —Les hommes veu-

lent faire de la vie autre chose que ce que Dieu a voulu qu'elle fût.

CCLXXXIII.

Quand les sauvages veulent le fruit, dit Montesquieu, ils coupent l'arbre au pied. Nous, nous sommes moins intelligents encore. Du moins s'ils coupent l'arbre, ils ont le fruit ; mais nous, nous coupons l'arbre et n'avons pas le fruit, parce que le fruit n'existe pas, et l'arbre est abattu.

CCLXXXIV.

Mais sommes-nous donc dans aucune des conditions nécessaires pour l'obtention de ce bonheur, après lequel nous courons (1) ?

(1) La grande erreur de l'humanité consiste à vouloir trouver le bonheur dans la possession des choses, et de cette croyance naissent tous les crimes et tous les malheurs de la terre ! (*Note de l'Auteur.*)

CCLXXXV.

Notre apparition, dans la vallée si étroite de la vie, c'est un vagissement : la première sensation, une douleur ; la dentition, un supplice, et, jusqu'à six à sept ans, il n'y a pas de fleurs moins vivaces que nous.

Vingt-trois mille maladies nous assaillent. Que d'hommes ont souffert depuis leur naissance !

La phthisie emporte le cinquième de l'humanité.

> Les cancers,
> Les scrofules,
> Les anévrismes,

Sont incurables.

> Les gastrites,
> Les névralgies (1),

(1) Les névralgies céphaliques sont assurément les plus intenses douleurs physiques de l'homme, et sont tout à la fois

Sont béantes à nos portes, et le bistouri pour tous les accidents auxquels notre fragilité nous expose.

CCLXXXVI.

Le mal des ardents, ces effrayantes pages de notre grand historien Michelet, l'*an mille*, a balayé des générations.

La peste et le choléra ont fait disparaître le tiers de l'humanité.

Nous vivons dans un milieu fatal de 20 degrés au-dessous de zéro à 30 degrés au-dessus de zéro, nous subissons toutes les phases de ces différentes températures. Nous grelottons et brûlons souvent dans un même jour. Le froid, l'humidité, la chaleur, le vent, l'électricité nous accablent.

des douleurs morales, dont les phénomènes confondent la science.

CCLXXXVII.

A quel prix avons-nous ce pain quotidien
que nous demandons à Dieu, ce grand travail
de l'humanité, selon Montesquieu? au prix
des sueurs et des souffrances des deux tiers de
l'humanité. — Le seul vrai héros, c'est le laboureur! Quelle résignation! quelle persis-
tance, quel courage dont Dieu le paie, par la
force, la santé et les bonnes mœurs! Et depuis
Jacob, descendant en Egypte et bénissant Pha-
raon, jusqu'à Louis XV (1), que de fois ce
pain a manqué aux hommes! L'oiseau du ciel
et le ver de terre ont toujours leur pâture.

CCLXXXVIII.

C'est dans le sang de nos compagnons de

(1) Les abominations commises vers la fin de la république
romaine par les chevaliers; aucune abomination administra-

travaux que nous puisons la vie ; il faut la
mort de tout ce qui vit à l'homme, cet omni-
vore unique.

CCLXXXIX.

Le laboureur (1), ployé sur la charrue,
déchire la terre pour lui arracher le pain. Le
pêcheur va livrer sa vie, avec ce cœur dont
parle Horace, aux caprices des vents, pour
nous donner du poisson ! Que de pêcheurs
nous avons vu partir avec nous le matin, qui
manquaient à l'appel du soir !

tive ni politique n'a approché et n'approchera du pacte de
famine. Un pieux prélat déclarait à Louis XV, que des provinces entières se nourrissaient d'écorces d'arbres et d'herbes.

(1) Il y a à peine quinze jours que nous signalions trois
duels, où trois hommes avaient perdu la vie ; aujourd'hui 12
mars, nous lisons :

« Orne.—Un duel au fleuret, dont le résultat a été funeste,
« a eu lieu vendredi dernier, pour une cause que nous igno-
« rons, entre deux caporaux du 41ᵉ, en garnison à Alençon.
« L'un d'eux, jeune homme d'une famille des plus hono
« rables, frappé en pleine poitrine, a succombé dans la nuit
« du vendredi au samedi.

Rien qui ne soit le produit d'une peine, d'une douleur, et ce n'est pas la moindre peine que celle qui s'emploie à la recherche des plaisirs !

CCXCI.

Que ceux qui ont passé sur les bancs de l'école, depuis l'âge de sept ans jusqu'à dix-sept ou dix-huit, se rappellent ce que leur ont coûté le grec et le latin !

CCXCII.

Et quand on commence à savoir quelque chose, alors il faut mourir, dit Voltaire.

CCXCIII.

Puis vient la profession. — Toutes les avenues encombrées. — Plus d'avocats que de causes. — Plus de médecins que de malades. — Plus de portraitistes que de sujets.

CCXCIV.

Et les besoins,
Et la misère,
Et les crimes,
Et les duels,
Et la mort de nos mères, de nos frères, de nos sœurs, de nos amis !.. Les ébranlements de la vie, les appréhensions de la mort, et la mort ! cette suprême douleur où commence la vie !

CCXCV.

Et les maladies du cœur, et celles de l'esprit, et celles de l'âme !

> L'amour,
> La haine,
> La jalousie,
> L'envie,
> La vanité,
> L'orgueil,
> La colère,
> L'ambition,
> La vengeance,
> L'esprit de parti,
> L'avarice,
> La calomnie,
> La médisance,
> La passion du jeu !...

Ecrivez l'histoire d'une seule de ces calamités, et vous en extrairez des torrents de sang !

CCXCVI.

Prenons l'histoire de France depuis les crimes de Clovis ou Chlodowig (511) jusqu'au pacte de famine, dont nous parlions naguère, et cherchez une époque où l'état de l'humanité ait été à peine supportable. De François Ier jusqu'à Henri IV, le papier pleurerait, dit un chroniqueur, si l'on écrivait les calamités de ces temps.

CCXCVII.

C'est cependant dans ce milieu que l'homme use sa vie à la recherche du bonheur, et c'est de cette recherche insensée que sortent toutes ses misères.

« Dieu ou ver, » a dit Bossuet.

Oui, Dieu, en tant qu'en Dieu !
Ver, en tant que hors de Dieu !

CCXCVIII.

Sur le rocher de Sainte-Hélène, où il s'apprenait à mourir, le grand colosse disait :

« Rien ne vaut la peine de rien. »

Et pour ce rien : le crime, l'échafaud, le duel, le suicide (1) !

---

(1) La conscience publique s'effraie avec raison de la multiplicité des suicides. Depuis trois mois, nous en avons vu jusqu'à sept dans un seul jour consignés dans les journaux. L'autorité devrait s'en préoccuper, et du haut des chaires, les pasteurs de tous les cultes devraient intervenir. L'antiquité a, dans bien des circonstances, su trouver une législation propre à réprimer un acte qui, à lui seul, résume tous les torts de la société envers l'individu et tous les crimes de l'individu contre la société !... Enchaînement formidable de l'indivisibilité fatale de l'humanité qui ne permet pas que, dans sa masse collective, des individualités restent en dehors des lois morales et civiles sur lesquelles reposent les sociétés.

Le duel et le suicide ont des racines dans un ordre de choses complexe, que la vulgarisation de la morale, l'exercice

CCXCIX.

Oh ! si, la vie a un prix incommensurable

de la religion, l'amélioration matérielle des masses feront sécher. Nos lois, comme nos mœurs, portent l'empreinte d'une irréligiosité qui déteint sur le cœur, qui l'endurcit, et le livre sans défense à toute la sécheresse qui est son air ambiant.

L'étude des lois est repoussante, difficile, et sur 30 millions d'hommes, ignorées de 29 millions Et que sont ces lois, bon Dieu ? Dans tel et tel cas, *la mort !* Dans tel autre, *les galères ;* dans tel autre *la prison*, ou *la proscription*, ou *la mort civile ;* toujours la menace armée, toujours le châtiment qui veille, et rien que la défense et le châtiment. Ce n'est pas ainsi que les législateurs de l'antiquité entendaient les lois, et aussi dans ces anciens gouvernements personne n'ignorait les lois, et personnes ne pouvait les ignorer.

En Israël, c'était la seule étude du peuple. Quel citoyen ignorait les lois à Sparte et à Rome ! les enfants apprenaient par cœur les lois des douze tables. Parce que ces lois, prises dans la nature même de ce qu'on voulait faire de chacun de ces peuples, entraient dans ses entrailles et le faisaient mourir pour elles !

« Passant, va dire à Sparte que nous sommes tous morts « ici pour obéir à ses saintes lois. »

« Assis sur les bords des fleuves de Babylone, nous gémis-« sions en pensant à Jérusalem ; nous pleurions tout le jour, « la nuit nous pleurions encore, et nous ne voulions pas être « consolés, parce que notre patrie était absente. »

Les lois, dans l'antiquité, ne se bornaient pas à être sim-plement prohibitives ; elles commandaient le bien, elles l'en-

dans l'usage de sa liberté, et j'appelle liberté, a
dit Socrate, le droit de faire le bien, et le seul

seignaient, et reflétaient tous les rayons de la religion. Laquelle de nos lois prescrit le bon exemple, la charité, la
bienfaisance ! Quelle loi ordonne au fort de soutenir le
faible, au riche de secourir le pauvre ; nos mœurs, calquées
sur nos lois, offrent l'affligeant spectacle de la dureté de
l'homme envers l'homme !... Et combien d'entre ces hommes,
impitoyables et superbes, y en a-t-il qui ont provoqué des
suicides, tandis qu'une espérance, qu'une consolation, un appui auraient détourné l'arme fatale ; le suicide, *le meurtre de
soi-même* (*sui cædes*) porte dans ses flancs le monde des scélé-
ratesses humaines, et les résume toutes ! Montesquieu, ce
grand génie, a passé bien légèrement sur cette question, et
l'appelle

« L'homicide de soi-même. »

Platon, de son point de vue païen, ne demandait de punition contre le suicide, que dans le cas où la cause était *la
faiblesse.*

Ce n'est pas ainsi que Moïse aurait abordé un sujet si grave ;
cet incomparable législateur aurait abîmé, sous la malédiction de Dieu et l'infamie de la honte « *tophet*, » ce crime qui
est tout à la fois

L'athéisme,
Le meurtre,
L'homicide,
Le vol,
La désertion,
La lâcheté,
La peur,
L'ingratitude,
L'ignorance.

Insensés que nous sommes ! Pourquoi se dérober au cré-

bonheur que Dieu nous a dévolu est dans ce bien.

puscule momentané de la vie, puisque la lumière éternelle est au-delà, et que nous ne pouvons pas lui échapper! Qu'allons - nous *cacher* dans 'la tombe, puisque c'est devant cette grande lumière éternelle que nous devons comparaître?

Nous pouvons déserter les devoirs sacrés de père, de fils, de frère et de citoyen, mais il faut être présent à l'appel de celui qui ne dort jamais (*a*). Et c'est devant cette justice que nous arrivons défigurés et ensanglantés, homicides de nous-mêmes, lâches et couards, fuyant les douleurs de la vie comme un lâche soldat fuit le sabre de l'ennemi! Vous refusez à votre mère, dans ses vieux jours et au·seuil de l'éternité, le pain qu'elle vous a prodigué avec son amour!... Vous lui refusez le voilement de ses yeux, et vous vous refusez à vous-mêmes la sainteté de sa bénédiction, tout ce qui lui reste à vous donner, en allant vous aimer encore et vous bénir aux pieds de Dieu! Vous faites suinter votre sang, qui est son sang, sur ce cœur contre lequel elle vous a pressé si long-

oh! au

moins pitié pour elle!... L'ingratitude de l'homme envers l'homme dans sa noirceur, s'explique par nos passions, mais

n'aurait pas parlé.

et dans l'ignorance où vous êtes de ce qu'elle attendait de vous, comme missionnaire sur la terre, vous la reniez, comme il vous semble vous *renier vous-même*, en faussant la vie.

Tout s'arme contre l'homme dans cet acte. On se suicide (*b*)

(*a*) Mahomet.
(*b*) Nous sommes forcés de nous soumettre à l'usage, mais se suicider est un barbarisme.

CCC.

L'histoire de l'humanité, la cause efficiente de ce chaos, se réduit à trois mots, et ces trois mots nous les écrirons !

pour quelque chose, sans doute, et que peut-on invoquer devant la justice de Dieu et l'indignation de la société ! Quelle excuse à exciper ?

La pauvreté ? Où est le besoin d'être riche ? Dieu et le pain quotidien par le travail. « L'homme n'est qu'un cadavre qui « porte une âme (a). Ne vous tuez pas aujourd'hui, Dieu vous appellera demain, et quand il vous appelle, de quoi est-on riche ?

Anacharsis disait aux Scythes, au milieu de leurs déserts glacés :

« A Sardes, j'ai vu Crésus, pour lui son or est tout, et il se « rend justice ; malheur à lui, si la fortune lui échappait. « Partout j'ai regretté vos déserts, vos troupeaux, votre pau- « vreté sainte, votre vie libre et pure ! »

La douleur ? J.-J Rousseau nous dit : « La douleur est plus « forte que nous, et alors elle nous tue, ou nous sommes plus « forts qu'elle, et nous triomphons. »

Les angoisses du cœur ?

Tempêtes de ver de terre, animalcules éphémères, qu'un soleil voit naître et mourir, et qui se succèdent dans nos sens égarés comme les bulles d'air dans l'espace.

Sont-ce là les raisons à produire devant Dieu et devant vous-même ?

La crainte de l'ignominie ? Pourquoi vous y exposez-vous.

(a) Epictète.

Voyons bien depuis les cinquante siècles qui
ont précédé Jésus-Christ (1) jusqu'au déluge (2),
depuis Nemrod (3) jusqu'aux temps fabuleux
de l'Egypte (4), des Grecs (5) jusqu'au pre—

Et si dans le milieu si difficile où nous nous agitons, vous
avez cessé de croire en Dieu ; si vous êtes tombé comme les
anges, si vous avez trébuché dans les sentiers épineux de la
vie, et que le monde repousse votre retour au bien, dans son
ignorance stupide, adressez-vous à Dieu qui vous accueillera.

L'itinéraire du meurtre de soi-même, *le plus souvent*, est
indiqué sur la carte des mauvaises passions. Du désert de
l'ignorance, on va sur les chemins désolés de la paresse et de
l'oisiveté, et l'on arrive au marais fangeux du vice! Dans
cette fange, on veut la chose avec laquelle on cachète le vice ;
on se démène pour l'avoir, et si, n'importe à quel prix on se
la procure, dans l'étouffement de sa conscience et dans le silence de l'indignation publique, on marche dans sa voie, mais
si la loi intervient et si la honte crie, on est arrivé au terme
du voyage, et ce lieu s'appelle le suicide!

Le suicide! ce vol fait à Dieu ; ce vol fait à la société, malgré
son incomplète protection due à l'individu.

Le suicide! cette lâcheté dans la bataille si fugitive de la
vie.

Le suicide! cette suprême ingratitude, cet égoïsme sanglant qui, comme tous les égoïsmes, porte sur le front le signe
de Caïn et sa malédiction.   (*Note de l'auteur.*)

(1) 4963.
(2) 34e siècle.
(3) 28e siècle.
(4) 26e siècle.
(5) 6e siècle.

mier empereur romain, Octave-Auguste (1), et d'Auguste jusqu'à nous, tout entrerait dans un paral-rectangle d'une étroitesse étrange !

« Avoir et être. »

Dernier mot de tout ce qui a été, et pour avoir et être, du sang, du sang, toujours du sang !...

Les proscriptions romaines, les crimes des Tibère et des Néron, ces trois mots les expliquent !... et pour la recherche de ce fantôme qu'on appelle le bonheur !...

CCCI.

Et de tout ce sang, de toutes ces larmes, de toutes ces cendres, on en a bâti cet édifice formidable qu'on appelle l'histoire.

(1) 1ᵉʳ siècle de notre ère.

CCCII.

Heureux les peuples qui n'ont pas d'histoire, a dit **Montesquieu**.

Aussi heureux les hommes qui n'en n'ont
pas !

CCCIII.

Et toutes ces générations ont légué des
regrets aux générations qui se sont succédées.

CCCIV.

Nihilité des hommes et nihilité des choses !
Quand nous possédons, et quand nous sommes,
la mort se fait.

Notre vue baisse, la cécité commence, l'o-

reille durcit, la ride s'enfonce, le pas est titu-
bant, la terre sollicite la poussière, le corps
se courbe, l'esprit s'affaiblit. Newton ne sait
plus qu'il est Newton, Pascal devient fou.

CCCV.

L'homme est né pour souffrir. C'est la volonté de Dieu, certainement! S'il ne l'eût pas
voulu, il nous aurait créé dans d'autres fins
que la vie éternelle, au bout du petit voyage
terrestre. Il nous eût autrement organisé, et
placé dans un autre milieu! L'homme, en
souffrant, sait qu'il souffre et sait qu'il doit
souffrir; qu'il est né et qu'il doit mourir.
Mais Dieu, dans sa justice éternelle, au milieu
de toutes nos misères, a placé un bonheur qui
est aussi le signe distinctif de la grandeur
humaine : c'est d'avoir conscience de sa propre moralité. Le bonheur dont parle Buffon,
le bonheur d'être dont parle J.-J. Rousseau,

la réverbération de la moralité sur la conscience de l'homme.

CCCVI.

« Je n'ai fait porter le deuil à aucun ci-
« toyen, » disait Périclès en mourant (1).

(1) Nous sommes de ceux qui avons porté le deuil dans
le cœur, d'Armand Carrel ; ce nom qui révélait une pensée
large, un noble cœur, une âme accessible au beau et au grand,
a failli échapper mille fois et une à notre plume. Nous nous
étions d'abord imposé le silence le plus absolu ; mais après ce
qu'a écrit le critique sage, éclairé et loyal, M. Paulin
Limayrac, dans le feuilleton du 12 mars 1854, nous nous
sommes cru affranchi de cette réserve.

Oui, monsieur Limayrac, M. Emile de Girardin, et il est
bon de le consigner ici, M. Emile de Girardin, qui avait donné
la mort à Armand Carrel le 22 juillet 1836, a dit ces nobles
paroles que vous citez. J'étais avec beaucoup d'hommes du
National, et je les ai entendues !

« Je réponds à un noble appel qui m'a été adressé. Un tel
« appel n'a pu que m'honorer, car ce n'était pas assurément
« traiter mon cœur en cœur vulgaire ; c'était me dire qu'on ne
« doutait ni de la sincérité, ni de la durée du *deuil* que, dans
« d'autres circonstances, je n'avais pas hésité à rendre
« public. »

Ces nobles paroles, échappées au cœur de M. Emile de

CCCVII.

« Tel passe dans nos carrefours, couvert
« des oripeaux des puissants, et qui a la con-
« science de son indignité.

« Tel passe, sous les haillons de la misère,
« en ayant le sens intime de sa propre valeur, »
a dit M. de Lacordaire.

CCCVIII.

Et cependant, pour arriver à ce bonheur
imaginaire qui fuit à proportion égale de la
force dépensée pour l'atteindre, pour conden-
ser ce fantôme qui disparaît quand nous ten-

Girardin, résument la dernière pensée de tous ceux qui ont
eu le malheur qu'a eu M. Emile de Girardin. Nous l'avons dit
dans le corps de cet ouvrage : c'est trop pour un homme que
la mort d'un homme !

dons la main pour le saisir ; l'homme livre à l'homme cette bataille incessante de l'antagonisme... L'hostilité est sans trève, l'atteinte de toutes les secondes, la poursuite acharnée !

CCCIX.

Il y a un chiffre arrêté de terre et un chiffre arrêté d'or et d'argent (1). Tous les efforts de chaque individu tendent à appeler à soi la plus grande partie possible de cette terre, et la plus grande partie de cet or. L'un a dix mille, vingt mille, cent mille acres de terre, l'autre n'a rien. Celui qui possède veut garder, et celui qui n'a rien veut acquérir. Et la

---

(1) « La fortune a son prix, l'imprudent en abuse,
« L'hypocrite en médit, et l'honnête homme en use. »

Heureux ceux qui, comme conséquence d'un travail continu et honnête, ont acquis le pouvoir de faire bénir leur nom par tous ceux qui souffrent. Sous ce point de vue, la fortune est inappréciable, et nous connaissons des hommes qui font le plus saint emploi de leur fortune. Deux d'entre eux comprendront.

bataille pour avoir, dévore toute l'activité humaine.

Une idée fixe, un cauchemar sans relâche dans le sommeil comme dans la veille, une soif inextinguible qui augmente au fur et à mesure qu'on l'assouvit, une agitation fébrile, névralgique ! — Les obstacles, on les brise ou on se brise, et on brise les autres. Banqueroutes, fausses monnaies, faux poids, faux aunages, et au bout de la déception, hélas !... le suicide, quand le fantôme disparaît et que la vérité surgit.

CCCX.

Les uns vivent à vingt degrés au-dessous de zéro ; les autres à vingt-cinq au-dessus. Celui qui arrive à dix-neuf degrés de froidure, envie la place de celui placé au dix-huitième, et celui qui est au vingt-quatrième degré de hauteur, aspire à gagner le vingt-cinquième degré, et la guerre continue.

CCCXI.

Pour arriver, on chauffe le tube.

CCCXII.

Faux poids sur le pain, sur la viande ; faux poids partout : Hebdomadairement, des centaines de condamnations devant les tribunaux !

CCCXIII.

Le vin, on l'étend, on le frelate ; on frelade, on adultère toutes les denrées ; on empoisonne les populations en tranquillité de conscience, toujours pour la recherche du prétendu bonheur.

CCCXIV.

Le lait, le sel, le poivre, tout est sophis-
tiqué. On vend faux teint, et l'on se glorifie
de la supercherie.

CCCXV.

Réussir, c'est tout.

CCCXVI.

On a fait manger de la chair humaine.
On a fait manger les animaux les plus
immondes.

CCCXVII.

On a troublé le sommeil de la mort, on a
fait commerce de *cadavres*, et comme si ce n'é-
tait pas assez de l'antagonisme pendant la vie,
l'homme s'acharne encore contre l'homme jusque dans la nuit du sépulcre! Et c'est des pro-

fondeurs de toutes ces turpitudes, *de l'infect produit* de toutes ces abominations qu'on veut extraire *le bonheur* !

Si Tacite', ou le duc de Simon, écrivait l'histoire des richesses, leur provenance, et ce qu'elles ont coûté, c'est la pauvreté qu'on chérirait.

CCCXVIII.

Que peut-il résulter d'un pareil état de choses ? De ce tiraillement incessant et en sens contraire ? Les prisons ! les bagnes ! l'échafaud !

CCCXIX.

Nous cherchons une illusion, un être de raison, *le bonheur !* et, comme la recherche est vaine, nous arrivons forcément à la désillusion, et, quand l'homme en arrive là, quand le mirage cesse, quand il ne voit plus que la

réalité du désert, il s'affole, il s'en prend
à Dieu qu'il renie, l'insensé ; aux autres qu'il
assassine, et à lui-même qu'il assassine aussi ; -
ce qu'on appelle le suicide.

CCCXX.

Histoire éternelle de l'humanité. Et là
commence cette haine de tout ce qui ne
peut s'élever , contre tous ceux qui se sont
élevés.

CCCXXI.

Que cette élévation soit le fruit du travail,
qu'à force d'études, de nuits sans sommeil, un
homme soit Dupin, Guizot, Thiers, Alexandre
Dumas, Victor Hugo, Michelet ; soit Ney,
Lannes, Murat ou Napoléon, la rouille de
de l'envie corrodra !... corrode, et l'on ne
cesse de haïr qu'à la chute de l'envié.

CCCXXII.

Tout, dans la démence de notre injustice et de nos mauvaises passions, nous offusque et nous irrite.

CCCXXIII.

La fortume de celui–ci, la femme de celui-là; l'équipage du banquier nous blesse, nous, qui allons à pied, et qui sommes pauvres. Si l'équipage était à nous, nous ferions comme le banquier, mais l'envie traduit autrement.

Nous n'oserions pas tracer ces lignes si nous n'étions pas pauvres nous–mêmes.

CCCXXIV.

Comment, dans un pareil état de surexcita-

tion, rester dans la mesure de la modération
du droit et du devoir?

CCCXXV.

Intoxiqués par l'envie, la jalousie, par la
soif de posséder, d'avoir et d'être, notre sang
brûlé par la fièvre de nos idées, constamment en délire, nous sautons à pieds joints sur
l'abîme, les pieds manquent!... Le crime, le
duel, le suicide, sont au fond!... Et nous
tombons!...

CCCXXVI.

Et cependant, autant de secondes qu'indique l'horloge, autant d'âmes remontent vers
leur source. — Cinq minutes, trois cents cadavres!

CCCXXVII.

Dans la quinzaine que nous venons de passer:

Cinq suicides!
Huit condamnations à mort;
Une exécution!.... un parricide!... une
femme....
Et quatre duels qui ont fait quatre cadavres!
et tout cela passe inaperçu dans le bruit de
notre inconsistance.

CCCXXVIII.

Oh!... regardons en haut!... Soyons forts
dans la pauvreté, forts devant le malheur, pour
rester dignes de la bonne fortune.

CCCXXIX.

Oui, la morale est facile à qui rien ne fait défaut dans la vie !... Du haut de l'échelle, on brave fort bien l'humidité !... Nous, nous avons les deux pieds dans l'eau ! nous sommes tout au bas de l'échelle ; mais nous croyons en Dieu !

CCCXXX.

Et nous avons le courage que donne cette croyance et que recommande un homme qui a tant souffert.

Silvio PELLICO.

CCCXXXI.

« Souviens-toi donc de te retirer ainsi dans

« cette petite partie de nous-mêmes (1). Ne
« te troubles de rien. Ne fais aucun effort
« violent, mais demeure libre (2). Regarde
« toutes choses avec une fermeté mâle,
« en homme, en citoyen, en être destiné à
« mourir.

« Surtout, lorsque tu feras dans ton âme la
« revue de tes maximes, arrête-toi sur ces
« deux : l'une, que les objets ne touchent
« point notre âme (3), qu'ils se tiennent
« immobiles hors d'elle, et que ton trouble
« ne vient jamais des opinions du dehors,
« mais des opinions qu'elle se fait au de-
« dans (4).

« Marc-Aurèle Antonin. »

(1) L'âme.

(2) Sans remords

(3) Qu'il n'y a de mal que le mal moral, et de bien que le
bien moral.

(4) Ne donner aux choses que l'importance que méritent les
choses, sans se laisser maîtriser par elles, passagères qu'elles
sont comme nous-mêmes.

CCCXXXII.

« Préfère la pauvreté dans le sein de la
« justice à l'abondance que procure l'ini-
« quité.

« THÉOGONIS. »

CCCXXXIII.

L'homme n'est qu'un cadavre qui porte une
âme.

EPICTÈTE.

Et le corps porte peu de temps sa lumière.

PASCAL.

CCCXXXIV.

Un homme que nous connaissons est descendu dans la fosse où le crime veillait. —

Trois criminels étaient là, écoutant le moindre bruit du dehors, bruit qui, pour eux, devait être le signal de la mort !

CCCXXXV.

Bardou, le meurtrier Bardou et ses complices étaient couchés sur un lit de sangle. Bardou (1), les traits contractés, regardait, sans voir, les dalles du cachot humide qu'il allait quitter dans quelques instants pour mourir.

CCCXXXVI.

« Bardou, lui dit le visiteur, rappelez votre « courage, vous, marin ; vous, soldat !

(1) Nous avons vu nous-même un criminel au moment de son départ de la prison. Nous lui demandâmes, ou plutôt quelqu'un lui dit : Quoi vous agite dans ce moment ? Est-ce la peur de la mort ? mais nous devons tous mourir ! — « Non, « reprit le patient, ce n'est pas la mort, c'est le mal que j'ai « fait. »

« La mort du marin, répondit Bardou, c'est
« la mer, un boulet de canon ou un coup de
« hache d'abordage ; *mais la mort à heure*
« *fixe, et la mort de la main du bour-*
« *reau !* »

CCCXXXVII.

Oh ! oui, elle est bien froide la main qui
tue et qui ne peut pas bénir. — Et le duelliste
veut tuer ! ! !

CCCXXXVIII.

La mort à heure fixe paraissait insupportable à l'assassin Bardou !... il le croyait du
moins. C'était autre chose qui était insupportable : la vérité qui s'était faite après la nuit
du mensonge et de l'égarement.

CCCXXXIX.

A heure fixe aussi, Socrate buvait lentement la ciguë, et calculait la marche de la
mort, comme la marée qui monte, et il proclama Dieu jusqu'au dernier moment.

CCCXL.

« Malesherbes (1), les mains attachées der-
« rière le dos, comme le lui avait prédit Ca-
« zotte, marchait à l'échafaud ; il fit un faux
« pas, et dit à ceux qui le conduisaient : Un
« romain prendrait ceci pour un mauvais au-
« gure et rentrerait chez lui. •

(1) Jeanne d'Arc, livrée à un supplice affreux, pria et parla
dignement du roi qui l'avait abandonnée ; qui pouvait la
sauver, mais qui avait besoin de sa mort.

CCCXLI.

Bailly n'avait que froid, il n'avait pas peur.

.

CCCXLII.

Et quand autour d'elle, les cris « à l'échafaud » retentirent, madame Roland répondit froidement : « J'y vais. »

CCCXLIII.

Et la Dubarry se débattit contre le bourreau!

La seule femme de ce temps qui mourut lâchement!

Comme Bardou trouvait épouvantable la mort à heure fixe!

CCCXLIV.

Conscience ! fortitude de Dieu, que la ciguë, le feu et le fer ne peuvent ni altérer, ni assombrir qui marche dans sa force et dans sa liberté ! Dioclétien (1), ce bourreau, pouvait

(1) « Dioclétien, trois fois grand, toujours juste, empereur
« éternel, à tous les préfets et proconsuls du romain empire,
« salut ! Un bruit qui ne nous a pas médiocrement déplu,
« étant parvenu à nos oreilles divines, c'est-à-dire que l'hé-
« résie de ceux qui s'appellent chrétiens, adorant comme
« Dieu ce Jésus enfanté par je ne sais quelle femme juive,
« insultant par des injures et des malédictions le grand
« Apollon, et Mercure, et Hercule, et Jupiter lui-même, tandis
« qu'ils vénèrent ce même Christ, que les Juifs ont cloué sur
« une croix, comme sorcier.

« A cet effet nous ordonnons que tous les chrétiens, hommes
« ou femmes, dans toutes les villes et contrées, subissent les
« supplices les plus *atroces* s'ils refusent, à nos yeux, d'ab-
« jurer leur erreur. Si cependant quelques-uns parmi eux se
« montrent obéissants, nous voulons bien leur accorder leur
« pardon ; au cas contraire, nous exigeons qu'ils soient frappés
« par le glaive, et punis par la mort la plus cruelle. *Morte*
« *pessima punire.*   Décret de DIOCLÉTIEN. »

Et c'est du sein de la putréfaction romaine et à l'encontre
du spiritualisme qu'un semblable décret était lancé, et coûtait
la vie à dix-sept mille chrétiens.

bien égorger les chrétiens, mais ni ses licteurs, ni ses centurions ne pouvaient les empêcher de croire à leur Dieu ! C'est que la force dans le bien est une puissance telle, que toutes les puissances se prosternent devant sa force d'i-nertie seule. A celui dont la conscience con-sacre les actions, qu'importe ? jusqu'à ce que Dieu absorbe le dernier des hommes, éteigne le dernier soleil et ploie les cieux, l'humanité gardera mémoire de ce privilége de l'âme de l'homme :

« Anitus et Mélitus peuvent me faire mourir, « mais ils ne peuvent me faire de mal.

« SOCRATE. »

Devant ce grand spectacle offert par tous les hommes qui firent l'ornement de l'huma-nité, il faut en induire que l'ignorance du bien est la seule cause du mal, selon la pensée de Démocrate, ce philosophe qui avait deviné le spiritualisme mosaïque et chrétien.

CCCXLV.

Il y a à Paris cent mille hommes qui jouissent de douze mille cinq cents francs de rente jusqu'à cent mille francs. Si l'autorité établissait des troncs dans nos places publiques, avec ces mots :

« Impôt de Dieu , »

Et que les cent mille hommes qui possèdent depuis douze mille cinq cents francs jusqu'à cent mille francs jetassent cinquante centimes chacun dans ces troncs chaque jour, cela ferait cinquante mille francs par jour !

CCCXLVI.

Cinquante mille francs par jour pour les pauvres de la terre, serait une fête pour ceux qui sont riches de Dieu au ciel, et pour Dieu.

Vingt–cinq mille pauvres auraient quoti-
diennement du pain, de la viande, du vin et
du feu.

Et le bourreau beaucoup moins à faire !!!

CCCXLVII.

Et, qu'est–ce que cinquante centimes?

Retranchons-les des cigarres, du café, des
théâtres, des voitures, des oiseaux, des fleurs,
des chiens, du jeu, et l'autorité proscrira l'aumône dans les rues, et la dignité humaine
grandira.

CCCXLVIII.

Si le crime a une cause, ôtons cette cause
au crime, et la misère est la mère des crimes,
cela nous coûtera peu, et fera un bien immense !

CCCXLIX.

Ecartons de notre faiblesse, de notre débilité l'irremédiable! Restons libres, selon l'expression de celui que Voltaire a appelé le divin Antonin. Restons libres du sang de l'homme. Nous ne pouvons faire croître un cheveu, et nous nous octroyons le droit de détruire le grand œuvre de Dieu, de coucher mort un homme à nos pieds.

CCCL.

« Errare humanum est. »

Errer, se tromper, faillir; notre nature explique tout, hors le sang versé que rien n'explique.

CCCLI.

L'irréflexion, la légèreté, l'inconsistance

président à la plupart de nos actions. Mais quand il s'agit du divorce de notre âme avec la grande âme de Dieu, quand il s'agit de retrancher un membre d'une famille, de porter le désespoir et le deuil éternel dans le cœur d'une mère, cette sainte réverbération fidèle de Dieu ; ceci est grave, et il faut faire halte.

Vous avez raison, et l'insulteur à tort, et parce qu'il a tort et que vous avez raison, il faut que pour un insensé, un butor, un homme sans éducation, vous, homme, bon et paisible, vous alliez gâter votre vie de la terre et votre vie du ciel? Appelez-en aux lois de votre pays, et si vous rétorquez que dans certain cas la loi est muette, eh bien! qu'on fasse des lois. Il y en a plus en France que dans tout l'univers.

CCCLII.

Comprenons que si nous pouvons nous faire

un droit en dehors du droit commun, nous
dispenser le privilége de juger dans quel cas
nous devons donner la mort à un homme, en
lui offrant en compensation le droit de nous
tuer, il ne peut plus y avoir de police sociale,
selon l'expression de Montaigne, et encore
selon Montaigne, il faudrait se détourner de
la société, ce qui serait un grand mal, parce
que nous nous devons à la société.

CCCLIII.

Le duel a un nom, qui le dit et peint tout
entier, ce nom, c'est

« Vanité. »

Et cette grande misère de l'opinion, cette petite passion des petites âmes, cette pulmonie
de l'esprit aura la puissance d'imposer silence
à la religion, à la philosophie, à la morale, à
la logique ! Dévergondée, tachée de crime et

de sang, sa robe d'emprunt chassera la poussière sur la face des lois, et son parfum de sang affolera à tel point, qu'à un signe de son front fardé deux hommes devront s'égorger pour obéir à ses décrets insensés. Mais c'est la vanité qui fait la fille folle, mais elle en est la mère (autant que la misère), et c'est la sœur de cet honneur menteur dont nous avons esquissé la figure !... Mais c'est la vanité qui jette le désordre dans tant de familles; mais c'est l'équipage des phrynés donné souvent au dépens de l'honneur, et quand tant de misères honnêtes souffrent dans les mansardes !... Mondanité si sotte, si stupide, que dans la langue où nous avons emprunté son nom, elle signifie : Vide (*vanus*), rien !

CCCLIV.

L'œil de la bête immonde est cloué sur la terre! L'homme marche debout pour regarder en haut, bien haut!

CCCLV.

Ne compromettons pas l'inconnu !

CCCLVI.

Rien n'est à l'homme que l'avenir.

CCCLVII.

Où est le passé ? Il n'y a·pas de présent :

« Le moment où je parle est déjà loin de moi. »

CCCLVIII.

Rappelons—nous que David, ce saint Louis d'Israël, ce prince des poètes, ne put pas élever le temple de Dieu ! *Il avait la tache*

rouge sur la main, et il a crié bien haut cependant :

« L'Eternel recherche les meurtres, et il
« s'en souvient. »

Psaume ix.

CCCLIX.

Arrivant nu, sous la main sainte de la divine providence, et partant nu, son espérance dans le cœur; souffreteux et dolent,
infirme de corps, de cœur et d'esprit, la première inhalation de· nos poumons est la première atteinte portée à notre vie, le premier
pas vers la mort. Nous le savons tous fort
bien. Nos soins pieux suivent dans le champ
du repos les restes sacrés de nos pères et de
nos mères. A chaque minute l'humanité pousse
son gémissement, nous l'entendons autour de
nous. Le dernier râlement de celui-ci voit
commencer le premier râlement de celui-là.

Dans cinquante ans la génération aura disparu, nous, nos passions, tout ce qui nôus agite ; jouets d'un jour, jouets d'enfants, grandes frivolités que la brise de chaque jour emporte avec la vie. Et tous ces grands bruits réduits au silence, feront sourire ou pleurer nos successeurs, comme nous sourions ou pleurons sur le néant de ceux qui nous ont précédé !!!

CCCLX.

Passons sur la terre comme l'oiseau dans le ciel ! Le fardeau du sang versé est trop lourd à porter pour l'homme, condamné à marcher et à arriver où il doit faire halte !...

CCCLXI.

Les assassins de Socrate et de Théramène, l'assassin de Pompée, et les assassins de César, l'égorgeur de Cicéron et l'égorgeur d'Archi-

mède, Élisabeth et Marie Stuart, Philippe-le-
Bel et les Templiers, Jean-sans-Terre et Arthur, la Saint-Barthélemy (1), les Vêpres
siciliennes, le massacre de Bruges, Louis XIV
et la révocation de l'Édit de Nantes, le temps
a tout emporté : ordonnateurs des crimes,
bourreaux et victimes!

Mais le crime est resté sur la terre; et Dieu
sait jusqu'à quelle profondeur il a crié dans
le ciel !

CCCLXII.

Pour qui ne doit que passer, qu'importe le
logis, pourvu qu'en le quittant le maître qui
nous a abrité pendant une heure, nous dise :

I pede fausto, va d'un pas heureux !

Ce maître, c'est la conscience.

(1) La plus grande vengeance politique connue.

CCCLXIII.

« *Vivir, morir, riquezas, miserias, gustos,*
« *penas, todo nada, Dios solo es.*

« Cervantès. »

Vivre, mourir, richesse, misère, plaisirs,
peines, tout n'est rien : Dieu seul est.

CCCLXIV.

« Formidable éternité, me voici déjà sur ton
« seuil obscur, reçois ma lettre de créance
« sur le bonheur. Je te la rapporte sans en
« avoir brisé le cachet, je ne sais rien de la
« félicité.

« Schiller. »

C'est l'histoire de cette chimère que poursuit l'homme, et qui l'entraîne au mal moral,
qui est le seul vrai mal qu'il faut fuir, puis-

qu'il est en opposition au vrai bien, qui est le bien moral et qui compose la seule félicité réelle que Dieu nous a octroyée.

Fugitifs instants des illusions du jeune âge, espérances d'hier et déception d'aujourd'hui. Néant de tout, hors le bien moral, pour nous qui passons.

N'arrivons pas sur le seuil de cette formidable éternité de Schiller avec le signe de Caïn sur le front et le manteau du crime, afin que Dieu ne nous dise pas :

« Le sang que tu as versé crie de la terre à moi. »

To be or not to be that is the question.

SHAKESPEARE.

Et cette question vaut bien la peine qu'on impose silence à des susceptibilités si souvent ridicules et mesquines, à des irritations si souvent sans fondement, à de graves raisons même.

CCCLXV.

Ne nous faisons pas juges dans notre propre cause, quand le jugement que nous devons prononcer peut être la mort d'un homme.

CCCLXVI.

Combien d'innocents ont été suppliciés :
Enguerrand de Marigny (1) ;
Raoul, comte d'Eu (2) ;
Calas ;
Lally Tollendal ;
Lesurques.
Et quand toute la sagesse de la justice est exposée à se tromper dans la recherche des crimes, elle, qui est impassible parce qu'elle est désintéressée, elle, éclairée, et qui est la jus—

(1) Grand chancellier pendu au gibet de Montfaucon (1315), gibet qu'il avait fait établir étant ministre.
(2) Décapité en 1530.

tice, le duelliste osera passer outre dans sa colère et dans sa propre cause?

Si l'erreur du juge a été jusque là, dans des causes profondément étudiées, jusqu'à quelles erreurs ne pouvons-nous pas aller, lorsque, comme dans les cours Whémiques, nous nous faisons tout de suite accusateurs, juges et bourreaux, au gré de nos idées, de nos passions et de toutes les agitations qu'elles expliquent.

Halte, halte donc !

Il est une autorité contre laquelle aucun homme de bien ne protestera · Louis IX (saint Louis) a proscrit le duel, saint Louis, dont Voltaire a dit :

« Louis IX a été en tout le modèle des « hommes ; sa piété, qui était celle d'un ana- « chorète, ne lui ôta pas les vertus royales; « sa libéralité ne déroba rien à une sage éco- « nomie ; il sut accorder une politique pro- « fonde avec une justice exacte. Prudent et « ferme dans le conseil, intrépide dans les « combats, sans être emporté, compatissant,

« comme s'il n'avait été jamais que malheu-
« reux, il n'est guère donné à l'homme de
« pousser la vertu plus loin. »

De deux choses l'une :

Dieu est ou Dieu n'est pas.

Que chacun passe sous son drapeau ; sous
la bannière de Dieu ceux qui proclament l'inviolabilité de la vie humaine ;

Sous la bannière de l'athéisme les duellistes.

CCCLXVII.

Vous voulez le duel, et la religion le répudie (*et la religion c'est tout*) ; la philosophie le
repousse, l'humanité proteste, la logique et la
raison ne l'admettent pas.

Quelle chose voulez-vous donc ?

CCCLXVIII.

Pour vivre dans l'atmosphère sanglante du

duel, il faut le divorce avec des lois qui ne se discutent pas, qui sont en nous, qui naissent avec nous ; il faut séparation avec la religion, avec soi-même, avec sa pensée, avec son cœur.

CCCLXIX.

L'abjection du servage, dont nous flétrit l'opinion, que dans notre propre pensée nous maudissons, cette abjection que fait l'opinion qui prescrit le duel, nous la blâmons sans en oser briser le joug.

CCCLXX.

Les prédications de la vanité étouffent jusqu'à l'amour de soi-même, et dans cette abnégation de soi, on fait bon compte des autres.

CCCLXXI.

Divorce avec Dieu,
Avec la religion,

Avec la morale,

Avec la vérité,

Avec la raison, la logique,

Avec l'humanité,

Avec la famille,

Avec la société,

Avec soi-même.

Tout est offert en holocauste *à un crime!*

L'honneur que vous invoquez, *c'est un men-*
songe ;

L'orgueil, une détestable *insolence ;*

Le courage que vous invoquez, *un instinct*
bestial ;

La dignité que vous proclamez, l'*idiote va-*
nité, la *fille folle ;*

Votre législation, *un vol au droit commun,*
un vol à la législation divine ;

Votre faire *un esclavage, et une barbarie.*

CCCLXXII.

La loi absout l'homme qui donne la mort,

au destructeur de la famille, à l'homme adultère pris en flagrant délit, et pousse plus loin
encore la protection accordée au foyer (1).
Qu'en serait-il devant la loi, si un père brûlait
la cervelle à celui qui lui aurait tué son fils en
duel (2)?

Ce sont les cris des prophètes qui devraient
porter au loin ces mots :

« Il y a un être qui seul a mission de don-
« ner la mort,

« C'est le bourreau !... »

Montesquieu a dit, après avoir fini l'*Esprit
des lois,* « Je me croirais le plus heureux des
« mortels si je pouvais faire que les hommes
« puissent se guérir de leurs préjugés. »

Nous disons :

Nous nous croirions le plus heureux des mor-

_____

(1) Le dernier drame de ce genre, qui a eu lieu à Paris, et
les seize coups de poignards donnés à une femme.

(2) Toutes ces questions seront traitées dans un troisième
livre que nous écrirons,

tels si nous pouvions faire qu'un duelliste (1)
ne jetât plus le cadavre sanglant d'un époux

(1) **Ceux** qui n'ont pas le temps de se livrer à des études
graves, seront heureux de compléter leurs idées sur le duel
par la lecture de deux chapitres de Montesquieu.

Chapitre XHI.

« On aura peut-être de la curiosité à voir cet usage mons
trueux du combat judiciaire réduit en principes et à trouver
le corps d'une jurisprudence si singulière. Les hommes mettent sous des règles leurs préjugés mêmes. Rien n'était plus
contraire au bon sens que le combat judiciaire; mais ce point,
une fois posé, l'exécution s'en fit avec une certaine prudence.

Chapitre XXIV.

« Lorsqu'il y avait plusieurs accusateurs, il fallait qu'ils
s'accordassent pour que l'affaire fût poursuivie par un seul ;
et s'ils ne pouvaient convenir, celui devant qui se faisait le
plaid nommait un d'entre eux qui poursuivait la querelle.

« Quand un gentilhomme appelait, il devait se présenter à
pied, et avec l'écu et le bâton; et s'il venait à cheval, et avec
les armes d'un gentilhomme, on lui ôtait son cheval et ses
armes; il restait en chemise, et était obligé de combattre en
cet état contre le vilain.

« Avant le combat, la justice faisait publier trois bans. Par
l'un, il était ordonné aux parents des parties de se retirer;
par l'autre, on avertissait le peuple de garder le silence; par
le troisième, il était défendu de donner du secours à une des
parties, sous de grosses peines, et même celle de mort, si, par
ce secours, un des combattants avait été vaincu.

« Les gens de justice gardaient le parc; et, dans le cas où
une des parties aurait parlé de paix, ils avaient grande atten-

dans les bras d'une épouse, le cadavre sanglant d'un fils dans les bras d'une mère !

tion à l'état actuel où elles se trouvaient toutes les deux dans
ce moment, pour qu'elles fussent remises dans la même situation si la paix ne se faisait pas.

« Quand les gages étaient reçus pour crime ou pour faux
jugement, la paix ne pouvait se faire sans le consentement du
seigneur ; et quand une des parties avait été vaincue, il ne pouvait plus y avoir de paix que de l'aveu du comte. Ce qui avait
du rapport à nos lettres de grâce.

« Mais si le crime était capital, et que le seigneur, corrompu
par des présents, consentît à la paix, il payait une amende de
soixante livres ; et le droit qu'il avait de faire punir le malfaiteur était dévolu au comte.

« Il y avait bien des gens qui n'étaient en état d'offrir le
combat, ni de le recevoir. On permettait, en connaissance de
cause, de prendre un champion ; et, pour qu'il eût le plus
grand intérêt à défendre sa partie, *il avait le poing coupé s'il
était vaincu.*

« Quand on a fait dans le siècle passé des lois capitales
contre les duels, peut-être il aurait suffi d'ôter à un guerrier
sa qualité de guerrier par la perte de sa main, n'y ayant rien
ordinairement de plus triste pour les hommes que de survivre
à la perte de leur caractère.

« Lorsque, dans un crime capital, le combat se faisait par
champions, on mettait les parties dans un lieu d'où elles ne
pouvaient voir la bataille ; *chacune d'elles était ceinte de la
corde qui devait servir à son supplice si son champion était
vaincu.* »

Typographie Appert et Vavasseur, passage du Caire, 54.

LE LIVRE

DE

LA MORT

Typographie APPERT & VAVASSEUR, passage du Caire, 54.

LE LIVRE

DE

LA MORT

PAR

THÉODORE-AUGUSTE MENDEZ

Auteur du **Duel**

PARIS

CHEZ APPERT & VAVASSEUR   A LA LIBRAIRIE NOUVELLE

Éditeurs, 54, passage du Caire.   15, Boulevart des Italiens.

1854

LE

LIVRE DE LA MORT

« Tu ne tueras point. »
(DIEU.)

« La première fois que les Ahéniens condamnèrent
« un homme à mort, ce fut pour faire périr un scélé-
« rat, et ils finirent par faire boire la ciguë à Socrate,
« par répandre le sang de Théramène. »
(PLUTARQUE.)

« A Rome, la vie d'un citoyen était si précieuse,
« que, pendant son jugement, il pouvait sortir de la
« ville, et se condamner à l'exil. »
(VARRON.)

« Il ne se fait pas une seule exécution publique, où
« il n'y ait au moins une victime innocente immolée
« en même temps, et par contre coup, à cette barbare
« institution. »
(PIERQUIN.)

CHAPITRE Iᵉʳ.

Quand tout ce qui a été grand et sublime sur
la terre par le génie et la vertu, s'est armé pour
réclamer l'inviolabilité de la vie humaine, il ne faut
pas laisser péricliter la protestation dans les cendres
de l'oubli ! Dieu, le premier, a apposé son seing au
bas de sa page immortelle et a dit : « Tu ne tueras
pas, » et de siècle en siècle, depuis Sabacon, roi

d'Égypte, jusqu'aux chrétiens primitifs, jusqu'à saint Augustin, toujours le génie et la vertu ont protesté ; toujours ils ont crié bien haut que le couteau de l'assassin ou la hache du bourreau rompait le pacte entre Dieu et l'homme. Périclès, comme Plutarque ; l'empereur Maurice, comme Anastase, comme Isaac Lange, comme l'impératrice Elisabeth de Russie, et comme Catherine. Cette légion humanitaire n'a pas cru que Dieu avait créé l'homme pour être meurtrier ou bourreau, que cet état de choses avait une cause, et que c'était cette cause qu'il fallait atteindre ! Et c'est dans cette conviction profonde que sont entrés en lice Beccaria, Bentham, Mill, Puffendorfs, Voltaire, Rousseau, l'abbé Morellet, Dumont, Pastoret, Rœderer, Grégoire, Carnot, sir James Mackinson, Penn, Roscoé, Watel, de Gérando, Le Pelletier Saint-Fargeau, Rémusat, le duc de Broglie, le docteur Rush, Royer-Collard, Victor Hugo, Jules Simon, Eugène Sue, Charles Lucas, Duport et Lamennais.

Y a-t-il place pour nous parmi toutes ces grandeurs intellectuelles et morales ? Qu'importe ? Il y aura place pour le devoir accompli, et cette place est la seule que nous ambitionnons.

« Règne sur la terre et place-toi parmi nous, ô » Éternel ! »

(Moïse.)

Montesquieu a dit, et que celui dont nous venons d'invoquer le nom le lui pardonne, s'il n'a cédé qu'aux exigences des temps où il vivait, s'il n'a cédé « *qu'à l'ignorance,* » lui, Montesquieu, ce génie si grand qu'il appartient à l'humanité comme Moïse et Newton ;

. Montesquieu a dit, chapitre IV, *Esprit des lois :*

« La peine de ces derniers crimes, c'est ce qu'on « appelle des supplices ; c'est une espèce de *talion,* « qui fait que la société refuse la sûreté à un citoyen « qui en a privé ou qui a voulu en priver un autre. « Cette peine est tirée de la nature de la chose, « puisée dans la raison et dans les sources du bien « et du mal. *Un citoyen mérite la mort lorsqu'il a* « *violé la sûreté* au point qu'il a ôté la vie ou qu'il a « entrepris de l'ôter. *Cette peine de mort est comme* « *le remède de la société malade.*

LA PEINE DE MORT.

Fides, spes, charitas. (SAINT PAUL.)

« Caïphe étant grand-prêtre, Ponce-Pilate étant « gouverneur de la Judée, les princes des prêtres « s'assemblèrent ; Judas reçut l'obole des traîtres ; « Pierre renia trois fois avant le chant du coq ; les « échos du Golgotha retentirent ; le fer frappait le « fer, et une croix s'élevait au milieu de deux

« croix. Le voile du temple fut déchiré ; la terre
« trembla ; les pierres se fendirent ; un grand cri
« retentit : Mon Dieu, mon Dieu, m'as-tu donc
« abandonné !.... (1) »

Ce cri fut poussé *par le Dieu* que servait Montesquieu.

Il venait guérir *la société malade*, détruire l'esclavage, donner à la vertu sa raison d'être, à l'âme
son *immortalité ;* au pauvre, qui n'avait pas de patrie sur la terre, une patrie dans le ciel ! Il venait
faire, des parias de la terre, des hommes aussi,
comme les grands de la terre ; *et cette peine de mort,
qui est comme le remède de la société malade,* l'a
cloué sur la croix de l'infamie !... Judas s'est pendu !
Ponce-Pilate s'en est lavé les mains, et le juste s'est
envolé vers Dieu !...

Fides, spes, charitas.

Sur l'échafaud, il tombe quatre choses à la fois :
la tête d'un homme, la foi, l'espérance et la charité ; et voilà ce que Montesquieu appelle « le re-
« mède de la société malade ! »

CHAPITRE II.

« Il serait honteux, dit Bossuet, je ne dis pas à un
« prince, mais en général à tout homme, d'ignorer

---

(1) Eli, Eli, lamma sabacthani.

« le genre humain. » Si Montesquieu, qui a tant fait penser les autres, qui a tant fait de jurisconsultes avec son savoir, comme Bichat a fait tant de médecins avec les détritus de sa science médicale, si Montesquieu avait *plus pensé ce que Bossuet appelle le genre humain*, l'histoire, il aurait vu *le parti* qu'ont pu tirer les hommes de cette institution qu'il appelle : *le remède de la société malade*. Nous avons mission, de par la conscience, de demander à la conscience humaine :

1° Si le remède n'est pas pire que le mal ;

2° Si ce n'est pas le remède qui est le mal;

3° Si le mal est jamais un bien ;

4° Et d'où vient la maladie de la société, dont l'échafaud serait le prétendu remède !

INCIDENT.

Louis XIV demanda au Pape la permission de faire mourir Fouquet sans jugement. Le Pape refusa.

Un homme que l'humanité place au faîte de son orgueil, un homme dont la grandeur, le courage, la sublimité écrasent toutes les grandeurs, tous les courages, toutes les sublimités, un homme dont Xénophon a dit : « On convient qu'aucun homme « dont on ait conservé la mémoire, n'a mieux sou-

« tenu les approches de la mort que Socrate, dans
« l'attente du supplice qui dura un mois. » Socrate,
qui proclama l'immortalité de l'âme jusqu'au dernier battement de son cœur que glaçait la ciguë,
Socrate a légué à l'humanité les droits invincibles
de sa nature immortelle, par ces mots que la
postérité a enregistrés : « Anitus et Militus peuvent
« me faire mourir, mais ils ne peuvent me faire
« de mal. »

Ce remède de la société malade l'a assassiné, et
l'idée de Montesquieu, chrétien, est restée moins
vraie, moins grande que l'idée d'un philosophe
païen !

« La première fois que les Athéniens condam-
« nèrent un homme à mort, ce fut pour faire mou-
« rir un scélérat, et ils finirent par faire boire la
« ciguë à Socrate, par répandre le sang de Thé-
« ramène.

(PLUTARQUE.)

C'est un étrange remède de la société malade
que celui dont le moindre mal est de s'exposer à
supplicier l'innocence !

1311. Philippe-le-Bel.

« J'atteste Dieu, dit Molay, au milieu du bûcher

« qui le dévorait, que je suis innocent des crimes
« que l'on m'impute ! » Il était innocent !

Les soixante autres condamnés à être brûlés à
petit feu, du milieu de ce *remède de la société malade, du milieu des flammes,* appelèrent Philippe-
le-Bel à comparaître dans l'*an* et *jour* au tribunal
de Dieu !!! et il y comparut.

Leur crime, c'étaient leurs richesses ; et comme le
faux-monnayeur avait brûlé les Templiers *pour les
dépouiller, il chassa aussi les juifs pour avoir
leurs dépouilles.*

1315. Charles de Valois, fils de Philippe IV, en
mourant, reconnut l'innocence d'Enguerrand de
Marigny qu'il avait fait pendre au gibet de Montfaucon, et se repentit d'avoir commis une injustice !

1350. Jean II le Bon.

La conscience publique s'arma contre Jean II
le Bon, le crime maudit son règne : la mort
du comte d'Eu, sans procédure, ce que voulait
Louis XIV pour Fouquet ! La tête du comte d'Eu
resta prise à tous les événements de ce règne !...
Ce fut justice de Dieu !

30 mai 1431. Une enfant, une jeune fille, un
héros, brûlée à petit feu, après avoir sauvé la France!

sa patrie ! Le bourreau, les juges, le peuple, *ce ne fut qu'un pleur !* Jeanne d'Arc ! et l'on appele a peine de mort *le remède de la société malade !*

1464. Le duc de Nemours fut interrogé dans une cage de fer. — Il y fut torturé, il y souffrit une épouvantable question. On plaça ses enfants sous son échafaud, de pauvres petits enfants du bon Dieu ! ! ! Ils en sortirent le sang de leur père dans la bouche, dans les yeux, sur les mains ! On appelle cela le remède de la société malade !

Louis XI, ce vilain homme (selon l'expression de Châteaubriand), précepteur des salariés des septembrisades, fut plus scélérat que ses disciples. Au moins, s'ils forcèrent une noble fille à boire une verrée de sang humain tout chaud, ce fut pour lui accorder la vie de son père ! Mais Louis XI a fait ruisseler le sang du père dans la bouche de ses enfants. Il les a martyrisés, ces pauvres enfants !... Quatre mille victimes tombèrent sous ses coups, autant que le couperet de Sanson en 93 envoya de têtes dans son panier !

« Sous Louis XI, pas un grand homme. Il avilit « la nation, il n'y eut nulle vertu : l'obéissance tint « lieu de tout, et le peuple fut enfin tranquille, « comme les forçats le sont dans une galère.

(VOLTAIRE.)

1642. Décapitation d'Auguste de Thou, innocent.

« Au dix-septième siècle, à l'époque de barbarie
« du Code criminel, sous Richelieu, sous Christophe
« Fouquet, quand M. de Châlais fut mis à mort
« devant le Rouffay de Nantes, par un soldat qui,
« au lieu d'un coup d'épée, lui donna *trente-quatre*
« *coups d'une doloire de tonnelier*, Monsieur de
« Chalais cria jusqu'*au vingtième !*

(Victor Hugo.)

« Le cardinal de Richelieu fut peut-être le plus
« malheureux des trois (1), parce qu'il était le plus
« haï, et qu'avec une mauvaise santé, il avait à
« soutenir *de ses mains teintes de sang* un fardeau
« immense dont il fut souvent près d'être écrasé.

(Voltaire.)

CHAPITRE III.

Revenons à Montesquieu.

Rien au contraire n'est moins dans la nature que
cette opinion sur la loi du talion, idée du reste qui
ne lui appartient pas, et qu'il a puisée dans la législation de Moïse.

(1) Le roi Louis XIII et la reine-mère.

Le talion, même en France, où les lois ont toujours été fort dures (1), selon Lamoignon, le Talion n'a jamais existé. Un homme crève un œil à un autre homme, la loi n'ordonne pas le talion, et n'oblige pas l'exécuteur des hautes-œuvres à enfoncer un coin dans l'œil du coupable ; ni à rendre dent pour dent, main pour main, pied pour pied.

Ces idées de pénalités atroces n'étaient certainement ni dans l'esprit ni dans le cœur de Montesquieu ; il n'y a qu'à l'étudier pour s'en convaincre ; mais il était magistrat, et sous un ordre de choses qui ne lui permettait pas de tout dire.

CHAPITRE IV.

ESPRIT DES LOIS.

« Les monarques ont tout à gagner par la clé-
« mence, elle est suivie de tant d'amour; ils en
« tirent tant de gloire, que c'est presque toujours
« un bonheur pour eux d'avoir l'occasion de l'exer-
« cer, et *on le peut presque toujours dans nos con-*
« *trées.* »

Voilà l'échafaud sapé par ses propres mains.

(1) Voir l'opinion de M. le premier président de Lamoignon.

CHAPITRE V.

ESPRIT DES LOIS.

« Parmi nous, les pères dont les enfants sont
« condamnés au supplice, et les enfants dont les
« pères ont subi le même sort, sont aussi punis par
« la *honte* qu'ils le seraient à la Chine par la perte
« de la vie. »

A quoi bon alors le remède de la société malade ?

CHAPITRE VI.

ESPRIT DES LOIS.

DE LA TORTURE OU QUESTION CONTRE LES CRIMINELS.

« Nous voyons aujourd'hui une nation très bien
« policée (les Anglais) la rejeter sans inconvénient.
« Elle n'est donc pas nécessaire par sa nature. »

(MONTESQUIEU.)

Si Montesquieu eût eu dans le cœur la divine
sublimité de Jésus et de Socrate, il aurait certainement dit de la peine de mort ce qu'il a dit de la
torture. Il est aussi impossible d'être *philosophe
sans courage, que soldat sans bravoure.*

CHAPITRE VII.

ESPRIT DES LOIS.

« L'expérience a fait remarquer que dans les

2

« pays où les peines sont douces, l'esprit des ci-
« toyens en est frappé, comme il l'est ailleurs par
« les grandes. »

Ainsi, la peine de mort, qui est comme le remède de la société malade, n'est pas le seul remède,
ni le bon remède.

Continuons à opposer l'homme de bien au philosophe timide, au magistrat empêché de tout dire.

« Il ne faut point mener les hommes par les voies
« extrêmes ; on doit être ménager des moyens que
« la nature nous donne pour les conduire. Qu'on
« examine la cause de tous les relâchements, on
« verra qu'elle vient de l'impunité des crimes, *et*
« *non pas de la modération des peines.* »

Oui, ceci est la vérité ; ici , surgit *le chercheur,*
mais ce n'est que la vérité *commencée.* La cause de
tous les relâchements a bien d'autres *causes* malheureusement que l'impunité. Le châtiment ne châtie que *le fait* et *l'effet,* et c'est la cause qu'il faudrait atteindre. — La question est là.

Encore quelques mots de Montesquieu, et la légion sacrée qui combat pour l'inviolabilité de la vie
de l'homme pourra en vérité le compter dans ses
rangs. Il dit :

« Suivons la nature, qui a donné aux hommes *la*
« *honte comme leur fléau, et que la plus grande*
« *partie de la peine soit l'infamie de la souffrir.* »

Ceci emporte toute la question ; c'est lumineux comme le soleil, précis comme un chiffre. C'est aussi le cri bien traduit de la nature, c'est de la grande législation.

Etrange nihilité des hommes. — Pauvre chair à mensonge, à contradiction, à faiblesse !

Montesquieu dit : *la peine de mort est comme le remède de la société malade,* et cependant à chaque ligne de son œuvre immortelle, il proteste contre la peine de mort. Bientôt après lui, le monde fit silence, pour écouter un bruit qui venait de loin. On eût dit qu'Israël, Sparte, Athènes et Rome soulevaient la poussière des siècles ; que le ciel s'ouvrait pour laisser fuir l'esprit de Moïse, de Lycurgue, de Solon, et les génies des Caton et des Brutus ! C'était la liberté qui revenait planter son glaive sur la terre des Gaulois. Un homme, un homme terrible comme il en surgit dans les époques terribles, un homme cerclé d'hommes plus terribles encore, se lève et dit :

« Quoi ! un vainqueur qui faisait mourir ses en-
« nemis captifs était appelé barbare ! On regardait
« comme *un monstre,* un homme fait, qui pouvant
« désarmer un enfant, *l'égorgeait !... et la société*
« *ne comprenait pas que, devant elle, le criminel*
« *était plus faible qu'un enfant* devant un homme
« fait ! Qu'étaient-ce donc que ces scènes de mort

« ordonnées avec tant d'appareil, *sinon des assas-*
« *sinats officiels, sinon des meurtres commis froide-*
« *ment, lentement,* sous l'invocation de certaines
« formes sacramentelles ! et par des nations en-
« tières. Qu'aux yeux d'un Tibère, ce fut un crime
« digne de mort que d'avoir loué Brutus, qu'un
« Caligula eût soif du sang de quiconque osait se
« déshabiller devant son image, on le concevrait.
« Tuer est un procédé digne des tyrans, mais quelle
« injure à la liberté que de mettre à ce prix sa con-
« servation ou son salut ! (1) La peine de mort était
« nécessaire, disait-on ! Nécessaire ? *Et pourquoi*
« *donc* tant de peuples avaient-ils pu s'en passer !
« Et pourquoi ces peuples avaient-ils été précisé-
« ment les plus libres, les plus heureux ! Et pour-
« quoi les crimes avaient-ils été toujours plus rares
« là où le peuple n'était *pas habitué à voir tomber*
« *des têtes et à humer l'odeur enivrante* du sang !
« Ignorait-on combien les mœurs étaient douces
« dans les républiques de la Grèce, et combien elles
« l'étaient devenues à Rome, après que la loi *Por-*
« *cia* (1) eût anéanti les peines violentes dé-
« crétées par les rois et les décemvirs.

« Veut-on trouver des supplices abominables,
« qu'on aille au Japon !... Mais là aussi, comme

_____

(1) Le duc de Broglie a répété cette même pensée.

« conséquence de la barbarie des lois, on trouverait
« des forfaits à faire frémir, et une férocité absolu-
« ment indomptable (1).

   « *L'idée du meurtre inspirait bien moins d'effroi*
« *lorsque la loi, elle-même, en donnait l'exemple et*
« *le spectacle*, et l'horreur du crime diminuait, dès
« qu'elle ne le punissait plus que par un autre
« crime. Ces juges, d'ailleurs, étaient-ils au-dessus
« de l'erreur? Que s'ils ne pouvaient se donner
« pour *infaillibles*, de quel droit prononçaient-ils
« une peine irréparable? *Tuer un homme!... Mais*
« *y songeait-on? C'était tuer son retour possible à*
« *la vertu! C'était tuer l'expiation! Chose infâme!*
« *C'était tuer le repentir!* »

(ROBESPIERRE.)

Hélas! hélas! quelle bouche a prononcé ces sublimes paroles! Répétons nous : Montesquieu qui a
dit : *La peine de mort est comme le remède de la so-*
ciété malade, s'est inscrit contre les pénalités atroces;
et Robespierre dont on vient de lire ces paroles :
« Tuer son retour possible à la vertu! C'était tuer
« l'expiation! Chose infâme! C'était tuer le repentir!»
Robespierre a fatigué le couperet de Sanson en
immolant l'innocence!... Et comme l'expiation commence sur la terre, dit M. Thiers, Robespierre a

(1) C'est la pensée de Montesquieu.

eu aussi sa part de bourreau ! et l'Europe lui doit ainsi qu'à ses terribles coadjuteurs, *la peur de la liberté*.

Qui a gâté la révolution se demande notre grand historien Michelet ? et il répond :

Marat et Robespierre !... (1)

et les senteurs du sang, dit Lamartine, infectaient l'air !... Les chiens aussi affamés que les hommes, allaient léchant le sang que restituait la terre !... Est-ce qu'il y a d'édifice social cimenté avec le sang, les larmes et les détritus de cadavres ? Les sociétés s'édifient avec Dieu au faîte, la morale au centre, et la religion pour base ! Tout le reste n'est que folie, ou crime.

(1) M. Michelet . « — Qui a amené la Révolution ? — Voltaire et « Rousseau. — Qui a perdu le roi ? — La reine. — Qui a commencé « la Révolution ? — Mirabeau. — Qui a gâté la Révolution ? — *Marat* « *et Robespierre.*»

M. Mignet : « La Convention dura trois années, du 20 septembre « 1790 au 26 octobre 1793 ; pendant cette longue et terrible époque, « la violence de la situation changea la Révolution en une guerre et « l'assemblée en un champ de bataille. Chaque parti veut établir sa « domination par la victoire, et l'assurer en fondant son système. Le « parti girondin l'essaya et périt ; le parti de Robespierre l'essaya et « périt ; on ne put que vaincre ; on ne put pas fonder. Le propre « d'une pareille tempête était de renverser quiconque cherchait à « s'asseoir ; tout fut provisoire, et la domination et les hommes, et « les systèmes, parce qu'il n'y avait qu'une chose réelle et possible : la « guerre. »

M. Thiers : « Lorsqu'après un long sommeil un peuple se réveille,

CHAPITRE VIII.

Un vilain homme a dit : « Si je tenais la vérité dans ma main je ne l'ouvrirais pas. » (1).

Si la Providence avait placé la vérité dans les cryptes de notre cœur, nous irions l'en extraire avec ravissement pour en doter nos semblables, dût cette vérité nous conduire devant le prince des prêtres, ou devant l'aréopage, comme Jésus et Socrate !

Justum et tenacem propositi virum,
Impavidum ferient ruinæ.

(HORACE.)

« ce réveil a lieu d'abord dans les classes les plus élevées, qui se sou-
« lèvent et recouvrent une partie du pouvoir ; le réveil est successif,
« l'ambition l'est aussi, et gagne jusqu'aux dernières classes, et la
« masse se trouve ainsi en mouvement.

« Bientôt satisfaites de ce qu'elles ont obtenu, les classes éclairées
« veulent s'arrêter, mais elles ne le peuvent et sont incessamment
« foulées par celles qui les suivent ; celles qui s'arrêtent, fussent-elles
« les avant-dernières, sont pour les dernières une aristocratie, et
« dans cette lutte des classes se roulant les unes sur les autres, le
« simple bourgeois finit par être appelé aristocrate par le manou-
« vrier, et poursuivi comme tel · les constituants sont donc ces pre-
« miers hommes de bien qui, secouant l'esclavage, tentent un ordre
« juste, l'essaient sans effroi, accomplissent même cette immense
« tâche, mais succombent en voulant engager les uns à céder quelque
« chose, les autres à ne pas tout désirer. »

(1) Fontenelle. Il a bien dit aussi, l'égoïste, que « pour être heu-
» reux il fallait avoir un mauvais cœur, et un bon estomac. » C'est
un grand malheur que les hommes de lettres ne veuillent pas réflé-
chir plus longtemps leurs pensées. Ils font un mal incroyable à la
société dont ils sont les enseigneurs.

Si Dieu donne la paix à la terre, dans dix ans la peine de mort sera abolie !

Mais en attendant cette grande munificence de Dieu, cette réhabilitation de l'humanité, tout en conservant la peine de mort, jusqu'à ce qu'on sache bien qu'elle n'est pas nécessaire, jusqu'à ce qu'il ait été mathématiquement démontré qu'elle est nuisible, il serait en harmonie avec la religion, qui, *elle, est la grande nécessité,* de ne pas mettre une multitude *de morts dans la mort.*

L'article 13 de la constitution de l'an IV, était admirable.

« Tout traitement qui aggrave la peine déter-
« minée par la loi, est un crime. »

La loi pénale française ne porte ni dans son esprit ni dans sa lettre, le caractère *des plaisirs* de *Caligula.* Cette bête féroce disait à ses bourreaux :

« *Frappez de manière à ce que l'on se sente mourir.* »

C'était le luxe de l'atrocité. La loi française ne commande que la mort, *et non la douleur continue après le coup de la mort* ! La guillotine, inventée *par humanité,* dit-on, est un supplice d'une cruauté extrême. En dehors de son appareil, de ses lenteurs, de ses apprêts, il manque entièrement de pitié, de charité et d'humanité. Voyez quelle différence en Angleterre ! Le patient marche sur une trappe qui s'entr'ouvre ; on baisse le bonnet du patient et tout est dit. Dans la pendaison, l'asphyxie est continue et sans souffrance. Nous en avons acquis la certitude par des hommes qui ont été pendus. Il n'y a aucune souffrance dans le *garrot*, et la pensée est entièrement absente dans ces deux supplices. Mais il y a certainèment *agonie douloureuse pendant le passage du couteau*, et horrible souffrance après la décapitation !

Après que la hache a séparé la tête du tronc (1), « *l'insufflation continuerait la vie jusqu'à l'inanition,* » disent les hommes de l'art, et nous lisons dans Bichat des choses fort peu rassurantes : Un veau a couru longtemps après la décapitation. Un soldat a donné plusieurs coups de sabre après que sa tête eut été détachée du corps. Mille volatiles marchent et volent longtemps après la décapitation, et Caligula, au cirque, s'amusait à enlever la tête à des autruches qui marchaient jusqu'au bout de la barrière !... Cet homme avait l'atrocité dans la tête autant que dans le cœur !

Il ne faut point, dans aucun cas, que la colère de la société surenchérisse *sur l'atrocité des meurtriers.*

---

(1) « Je suis convaincu que si l'air circulait encore régulièrement
« par les organes de la voix qui n'auraient pas été détruites, ces têtes
« parleraient. »   (SOEMMERING.)

GUILLOTIN DEVANT LA COMMISSION.

— Commission de médecins ayant à examiner si l'on souffre après l'exécution.

— Le citoyen Cabanis, rapporteur de la commission. (1) ·

— Ses conclusions :

On souffre !!!..

Tout cela est effrayant à penser, horriblement cruel à dire. Peut-être que la religion, au nom de Dieu qu'elle représente sur la terre, devrait intervenir, et demander que le patient ne souffrît que dans *sa vie* et non dans une mort menteuse !

CHAPITRE IX.

CONTINUATION DE LA GUILLOTINE.

Il y a autre chose encore : ce sont les accidents effrayants de ce supplice !

Personne, assurément, en France, ne veut rien

---

(1) Les expériences furent faites sur des lapins Cabanis suivait l'opération avec une attention dont rien ne put distraire l'application. Il vit qu'après que la tête du lapin eût été séparée, ce pauvre animal grattait le cou et cherchait la tête !

ajouter à l'égorgement du patient, au contraire, on
fait tout ce qu'on peut pour adoucir les angoisses
du dernier quart d'heure ! Ce quart d'heure où la
salive blanchit les commissures de la bouche ; où le
patient vieillit de 30 ans, quand la lèvre se contracte, que l'œil se dilate, que les joues se creusent,
que la face s'allonge, et que la prostration est complète ! Mais personne ne peut répondre des accidents de la mécanique !

Abhorrescere à sanguine !

   « Dans le midi, vers la fin du mois de septembre
« dernier, nous n'avons pas bien présents à l'esprit
« le lieu, la journée, le nom du condamné, mais
« nous les retrouverons si l'on conteste le fait, et
« nous croyons que c'est à Pamiers ; vers la fin de
« septembre donc, on vient trouver un homme dans
« sa prison, où il jouait tranquillement aux cartes,
« on lui signifie qu'il faut *mourir dans deux heures*,
« ce qui le fait trembler de tous *ses membres ;* car,
« depuis dix mois qu'on l'oubliait, il ne comptait
« plus sur la mort; on le rase, on le tond, on le gar-
« rotte, on le confesse, puis on le brouette entre
« quatre gendarmes et à travers la foule, au lieu de
« l'exécution. Jusqu'ici rien que de simple. C'est
« comme cela que cela se fait. Arrivé à l'échafaud,
« le bourreau le prend au prêtre, l'emporte, le fi-
« celle sur la bascule, *l'enfourne*, je me sers ici du

« mot ; puis il lâche le couperet. Le lourd triangle
« de fer se détache avec peine, tombe en caho-
« tant dans ses rainures, et voici l'horrible qui com-
« mence, *on entaille l'homme sans le tuer. L'homme*
« *pousse un cri affreux.* Le bourreau, déconcerté,
« relève le couperet et le laisse retomber. *Le cou-*
« *peret mord le cou du patient une seconde fois, mais*
« *ne le tranche pas. Le patient hurle, la foule aussi.*
« Le bourreau rehisse encore le couperet, espérant
« mieux du troisième coup. Point. *Le troisième coup*
« fait jaillir un *troisième ruisseau de la nuque* du
« condamné, mais ne fait pas tomber la tête. Abré-
« geons. Le couteau remonta et retomba cinq fois.
« *Cinq fois il entama le condamné,* cinq fois le con-
« damné hurla sous le coup et secoua sa tête vivante
« en criant grâce ! Le peuple indigné prit des pierres,
« et se mit dans sa justice à lapider le bourreau. Le
« bourreau s'enfuit vers la guillotine et s'y tapit
« derrière les chevaux des gendarmes ; mais vous
« n'êtes pas au bout : le supplicié, se voyant seul
« sur l'échafaud s'était redressé sur la planche, et
« là, *debout, effroyable, ruisselant de sang,* soute-
« nant à demi coupée sa tête sur son épaule, il de-
« mandait avec de faibles cris qu'on vînt le déta-
« cher. La foule, pleine de pitié, était sur le point
« de forcer les gendarmes et de venir à l'aide du
« malheureux *qui avait subi cinq fois son arrêt* de

« mort. C'est en ce moment qu'un valet de bourreau,
« jeune homme de vingt ans, monte sur l'échafaud,
« dit au patient de se tourner pour qu'il le délie, et
« profitant de la posture du mourant qui se livrait à
« lui sans défiance, saute sur son dos, *et se met à lui*
« *couper péniblement ce qui restait de cou avec je ne*
« *sais quel couteau de boucher. Cela s'est fait ! Cela*
« *s'est vu ! oui !*

(Victor Hugo.)

L'acide prussique foudroie !... Autre chose si l'on
veut, mais pourquoi conserver un instrument qui,
si souvent, ne répond pas aux exigences de la société ! Oh ! oui, la religion devrait essayer, de toutes ses
forces, de toute sa puissance, de changer un mode
de supplice qui n'est pas l'expression morale de la
loi, et qui répugne par ses inconvénients à tous les
cœurs, à toutes les consciences.

« A Dijon, il y a trois mois, on a mené au sup-
« plice une femme. (Une femme !) Cette fois encore,
« le couteau du docteur Guillotin a mal fait son ser-
« vice ; la tête n'a pas été tout-à-fait coupée. Alors
« les valets de l'exécuteur se sont attelés aux pieds
« de la femme, et à travers les hurlements de la
« malheureuse, et à force de tiraillements et de sou-
« bresauts, ils ont séparé la tête du corps par arra-
« chement. »

(Victor Hugo.)

Trois cents candidats se sont présentés pour un office de bourreau, dit-on !

Et cependant :

Si le cri de sept cent millions de consciences ! si la parole de Moïse, de Jésus, de Socrate, d'Isaïe, de Samuël et d'Epictète ! Si la croyance de Fénelon, de saint Vincent-de-Paul, de Newton, de Copernic et de Képler ! Si les merveilles de la création, le miracle de la pensée humaine, témoignent *que Dieu est,* ET IL EST, quelle épouvantable tempête doit surgir dans les cœurs qui ont condamné un innocent !...

Cependant, ils ont erré dans toute l'innocence de leur cœur, ces juges de la terre !... Ils ont condamné en croyant au crime, eux !... Ils ont la consolation de n'avoir fait le mal que pour obéir à la loi, et égarés par l'erreur !... Mais quelle consolation reste-t-il à la société qui maintient « la possibilité de l'erreur ? »

Les juges de Calas ont disparu de la vie par d'étranges sentiers ! (1)

(1) Lorsque l'innocence de Calas fut reconnue, il y eut dans toute la France un mouvement d'horreur que Louis XV partagea Il réprimanda le président avec sévérité Celui-ci lui répondit : « Il n'y a si « bon cheval qui ne bronche ! — Oui, répondit le roi, mais toute une « écurie ! » Ils bronchèrent tous ces juges, et Calas fut roué.

Calas avait les jambes tellement enflées qu'il ne pouvait se mouvoir

Que d'innocents égorgés !... se sont présentés devant Dieu mutilés et criant vengeance contre la terre !...

N'y eût-il, contre la peine de mort, que la possibilité de supplicier un innocent, il faudrait abolir cette peine.

CHAPITRE X.

UN DRAME DANS UN DRAME.

(LES MYOSOTIS DE QUELQU'UN.)

> « Tu veux donc être plus cruel que la mort ;
> « tu n'empêcheras pas nos têtes de s'embrasser
> « tout à l'heure dans ton panier. »
>
> (DANTON.)

La nuit se faisait insensiblement, et comme elle se fait à Paris, resplendissante de lumière, pleine de bruit et d'agitation ; les hommes au travail dur se retiraient courbés et fatigués du long labeur d'une journée de peine ! Un autre monde commençait la journée à l'heure où la journée finit pour les pauvres

d'aucune manière. Il fallut faire des fers exprès pour ses jambes aussi grosses que son corps Comment, dans cet état, pouvait-il pendre son fils, jeune homme plein de force et de vigueur.

(*Note de l'auteur.*)

de la terre ! Et tandis qu'une des *causes du crime et de l'échafaud*, les filles folles étalaient leur luxe insolent au milieu des lumières qui inondaient les vastes boulevards, ces femmes pour lesquelles on assassine, on vole, qui assassinent et volent elles-mêmes, grandes prêtresses du vice et du crime, qui, sur leurs équipages luxueux, éclaboussent l'honnête mère de famille ; ces phrynés éhontées, dont la mission est de pervertir la jeunesse, d'affoler l'âge mûr et d'exploiter la vieillesse ; tandis que tout s'éveillait pour la vanité, pour les plaisirs, deux hommes marchaient à pas pressés. Ils allaient, comme poussés par un ressort dont la pression semblait être douloureuse ! Enfin, tournant à gauche, ils pénétrèrent dans un faubourg ; puis, tournant à droite, ils longèrent une petite rue, et là leurs pas devinrent moins rapides ; ils boutonnèrent jusqu'au dernier bouton de leur redingote, enfoncèrent fortement leurs gants, comme faisait Murat avant de charger, et côte à côte ils arrivèrent à une porte !

« Voyons, dit l'un, faisons comme *lui : bien vite.* » Celui-là se nommait Henry, et il sonna bruyamment ; une porte s'ouvrit, et le sonneur dit à son ami : « C'est moi qui ai sonné, c'est à toi à entrer en ligne. Tiens, voilà la chose !... » et il lui remet un pli. Nouvelle porte, et ce fut encore à Henry de sonner ; et quand cette seconde porte fut ouverte, ils marchèrent dans une allée étroite, humide et sombre, et à la clarté vacillante d'une chandelle, ils arrivèrent dans une cuisine. *Un homme, car c'était bien un homme!...* était assis devant une petite table, et mangeait!... Autour de lui, ce n'étaient que des fleurs d'une remarquable beauté!... surtout des myosotis, des *ne m'oubliez pas*. Le second visiteur, Ernest, posa un pli sur la table, et les deux amis reculèrent jusqu'à la muraille.

L'ami des *ne m'oubliez pas* rompit le cachet et lut rapidement ces mots :

LE MINISTRE DE L'INTÉRIEUR,

« Ordre de causer! »

Cet homme se leva ; plaça la chaise sur laquelle il était assis devant lui, et attendit les questions.

— Dulaure a écrit, dit Henry, que Louis XVI (1) arriva ivre sur l'échafaud.

(1) TESTAMENT DÉ LOUIS XVI.

« Au nom de la très Sainte-Trinité, du Père, du Fils et du Saint-« Esprit.

« Aujourd'hui, vingt-cinquième jour de décembre 1792, moi, « Louis XVI du nom, roi de France, étant depuis plus de quatre mois « enfermé avec ma famille dans la tour du Temple à Paris, par ceux « qui étaient mes sujets, et privé de toute communication quelconque, « depuis le 11 du courant, même avec ma famille ; de plus, impliqué « dans un procès dont il est impossible de prévoir l'issue, à cause des « passions des hommes, et dont on ne trouve aucun prétexte ni moyen « dans aucune loi existante ; n'ayant que Dieu pour témoin de mes « pensées, et auquel je puisse m'adresser, je déclare ici en sa pré-« sence mes dernières volontés et mes sentiments :

3

L'homme aux myosotis. — *Non, il m'est arrivé
sain de corps et d'esprit ; il est vrai qu'il a fondé sur
mes aides, mais sur une de mes observations, il s'est
soumis.*

« Je laisse mon âme à Dieu mon créateur ; je le prie de la recevoir
« dans sa miséricorde, de ne pas la juger d'après ses mérites, mais
« par ceux de notre seigneur Jésus-Christ, qui s'est offert en sacrifice
« à Dieu son père, pour nous autres hommes, quelque indignes que
« nous en fussions, et moi le premier.

« Je meurs dans l'union de notre sainte mère l'Église catholique,
« apostolique et romaine, qui tient ses pouvoirs par une succession
« non interrompue de saint Pierre, auquel Jésus-Christ les avait
« confiés. Je crois fermement et je confesse tout ce qui est contenu
« dans le symbole et les commandements de Dieu et de l'Église, les
« sacrements et les mystères, tels que l'Église catholique les enseigne,
« et les a toujours enseignés. Je n'ai jamais prétendu me rendre juge
« dans les différentes manières d'expliquer les dogmes qui déchirent
« l'Église de Jésus-Christ ; mais je m'en suis toujours rapporté et
« m'en rapporterai toujours, si Dieu m'accorde vie, aux décisions
« que les supérieurs ecclésiastiques, unis à la sainte Église catho-
« lique, donnent et donneront conformément à la discipline de l'E-
« glise, suivie depuis Jésus-Christ.

« Je plains de tout mon cœur nos frères qui peuvent être dans
« l'erreur ; mais je ne prétends pas les juger ; je ne les aime pas moins
« tous en Jésus-Christ, suivant ce que la charité chrétienne nous en-
« seigne. Je prie Dieu de me pardonner tous mes péchés ; j'ai cherché
« à les connaître scrupuleusement, à les détester et à m'humilier en
« sa présence ; ne pouvant me servir du ministère d'un prêtre catho-
« lique, je prie Dieu de recevoir la confession que je lui ai faite, et
« surtout le repentir profond que j'ai d'avoir mis mon nom (quoique
« cela fût contre ma volonté) à des actes qui peuvent être contraires
« à la discipline et à la croyance de l'Église catholique, à laquelle je
« suis toujours resté sincèrement uni de cœur. Je prie Dieu de rece-
« voir la ferme résolution où je suis, s'il m'accorde vie, de me servir,
« aussitôt que je le pourrai, du ministère d'un prêtre catholique,
« pour m'accuser de tous mes péchés, et recevoir le sacrement de
« pénitence.

HENRY. — Est-il vrai qu'on a refusé à Danton le baiser d'adieu qu'il offrait à Camille Desmoulins? »

L'HOMME AUX MYOSOTIS. — Oui ! il fallait faire vite pour eux-mêmes et pour les autres !...

« Je prie tous ceux que je pourrais avoir offensés par inadvertance, « car je ne me rappelle pas l'avoir fait sciemment comme offense à « personne, ou à ceux à qui j'aurais pu avoir donné de mauvais « exemples, ou des scandales, de me pardonner le mal qu'ils croient « que je peux leur avoir fait.

« Je prie tous ceux qui ont de la charité d'unir leurs prières aux « miennes, pour obtenir le pardon de mes péchés. Je pardonne de « tout mon cœur à ceux qui se sont faits mes ennemis, sans que je « leur en aie donné aucun sujet, et je prie Dieu de leur pardonner, de « même qu'à ceux qui, par un faux zèle, ou par un zèle mal entendu, « m'ont fait beaucoup de mal.

« Je recommande à Dieu : ma femme, mes enfants, ma sœur, « mes tantes, mes frères, et tous ceux qui me sont attachés par les « liens du sang, ou par quelqu'autre manière que ce puisse être ; je « prie Dieu particulièrement de jeter des yeux de miséricorde sur ma « femme, mes enfants et ma sœur qui souffrent depuis longtemps avec « moi, et de les soutenir par sa grâce, s'ils viennent à me perdre, et « tant qu'ils resteront dans ce monde périssable.

« Je recommande mes enfants à ma femme ; je n'ai jamais douté « de sa tendresse maternelle pour eux ; je lui recommande surtout « d'en faire de bons chrétiens et d'honnêtes hommes, de ne leur faire « regarder les grandeurs de ce monde, s'ils sont condamnés à les « éprouver, que comme des biens dangereux et périssables, et de « tourner leurs regards vers la seule gloire solide et durable de l'É- « ternité. Je prie ma sœur de vouloir bien continuer sa tendresse à « mes enfants, et de leur tenir lieu de mère s'ils avaient le malheur « de perdre la leur.

« Je prie ma femme de me pardonner tous les maux qu'elle souffre « pour moi et les chagrins que je pourrais lui avoir donnés dans le « cours de notre union, comme elle peut être sûre que je ne garde « rien contre elle, si elle croyait avoir quelque chose à se reprocher.

« Je recommande bien vivement à mes enfants, après ce qu'ils « doivent à Dieu, qui doit marcher avant tout, de rester unis entre

Ernest. — La secousse morale est-elle forte chez vous, quand la tête tombe ?

L'homme aux myosotis. — Quand la secousse des planches rend le coup, je souffre !...

« eux, soumis et obéissants à leur mère, et reconnaissants de tous les
« soins et les peines qu'elle se donne pour eux, et en mémoire de
« moi, je les prie de regarder ma sœur comme une seconde mère.

» Je recommande à mon fils, s'il avait le malheur de devenir roi,
« de songer qu'il se doit tout entier au bonheur de ses concitoyens ;
« qu'il doit oublier toute haine et tout ressentiment, et nommément
« tout ce qui a rapport aux malheurs et aux chagrins que j'éprouve ;
« qu'il ne peut faire le bonheur de ses sujets qu'en régnant suivant
« les lois, mais en même temps qu'un roi ne peut les faire respecter
« et faire le bien qui est dans son cœur qu'autant qu'il a l'autorité né-
« cessaire, et, qu'autrement, étant lié dans ses opérations et n'inspi-
« rant point de respect, il est plus nuisible qu'utile.

« Je recommande à mon fils d'avoir soin de toutes les personnes
« qui m'étaient attachées, autant que les circonstances où il se trou-
« vera lui en donneront les facultés, de songer que c'est une dette
« sacrée que j'ai contractée envers les enfants ou les parents de ceux
« qui ont péri pour moi, et ensuite de ceux qui sont malheureux
« pour moi. Je sais qu'il y a plusieurs personnes, de celles qui m'é-
« taient attachées, qui ne se sont pas conduites envers moi comme
« elles le devaient, et qui ont même montré de l'ingratitude; mais
« je leur pardonne (souvent, dans les moments de trouble et d'effer-
« vescence, on n'est pas maître de soi), et je prie mon fils, s'il en
« trouve l'occasion, de ne songer qu'à leur malheur.

« Je voudrais pouvoir témoigner ma reconnaissance à ceux qui
« m'ont montré un attachement véritable et désintéressé. D'un côté,
« si j'étais sensiblement touché de l'ingratitude et de la déloyauté de
« gens à qui je n'avais jamais témoigné que des bontés, à eux, à
« leurs parents ou amis, de l'autre, j'ai eu de la consolation à voir
« l'attachement et l'intérêt gratuit que beaucoup de personnes m'ont
« montrés, je les prie d'en recevoir mes remercîments. Dans la situa-
« tion où sont encore les choses, je craindrais de les compromettre si
« je parlais plus explicitement; mais je recommande spécialement à
« mon fils de chercher les occasions de pouvoir les reconnaître.

ERNEST. — Charlotte Corday rougit-elle profondément ?

L'HOMME AUX MYOSOTIS. — Ce n'est pas moi qui l'ai souffletée.

HENRY. — De tant de victimes, quelles sont celles qui vous ont le plus impressionné ?

L'HOMME AUX MYOSOTIS. — Elle ! (1)

ERNEST, bas à Henry. — Le bourreau qui viola les filles de Séjan sous l'œil de Caligula, qui s'es-

« Je croirais cependant calomnier les sentiments de la nation, si je
« ne recommandais ouvertement à mon fils MM. de Chamilly et Hue,
« que leur véritable attachement pour moi avait portés à s'enfermer
« avec moi dans ce triste séjour, et qui ont pensé en être les malheu-
« reuses victimes. Je lui recommande aussi Cléry, des soins duquel
« j'ai eu tout lieu de me louer depuis qu'il est avec moi. Comme c'est
« lui qui est resté avec moi jusqu'à la fin, je prie Messieurs de la
« Commune de lui remettre mes hardes, mes livres, ma montre, ma
« bourse, et les autres petits effets qui ont été déposés au conseil de
« la Commune.

« Je pardonne encore très-volontiers à ceux qui me gardaient, les
« mauvais traitements et les gênes dont ils ont cru devoir user envers
« moi. J'ai trouvé quelques âmes sensibles et compatissantes ; que
« celles-là jouissent dans leur cœur de la tranquillité que doit leur
« donner leur façon de penser.

« Je prie MM. Malesherbes, Tronchet et de Sèze, de recevoir ici
« tous mes remercîments et l'expression de toute ma sensibilité ,
« pour tous les soins et les peines qu'ils se sont donnés pour moi.

« Je finis en déclarant devant Dieu, et prêt à paraître devant LUI,
« que je ne me reproche aucun des crimes qui sont avancés contre
« moi.

« Fait double, à la Tour du Temple, le 25 décembre 1792.

« *Signé* LOUIS. »

(1) Charlotte Corday.

sayait au crime, ce bourreau qui leur trancha la tête, mourut d'amour pour elles, dit-on.

Henry : — Est-ce la seule ?

— Oh! non! fit l'homme aux myosotis, » et il ne put maîtriser un rapide frémissement.

Ernest : — Causez.

Lui : — Mme Roland!

Ces mots furent à peine prononcés, et comme soulagé d'un poids immense, il ajouta : — Les Girondins m'ont fait beaucoup souffrir! la reine! (1)

(1)   TESTAMENT DE LA REINE

OU LETTRE A MADAME ÉLISABETH.

» Ce 16 octobre, à 4 heures et demie du matin.

» C'est à vous, ma sœur, que j'écris pour la dernière fois. Je viens » d'être condamnée, non pas à une mort honteuse, elle ne l'est que « pour les criminels, mais à aller rejoindre votre frère. Comme lui « innocent, j'espère montrer la même fermeté que lui, dans ces der- « niers moments. Je suis calme comme on l'est quand la conscience « ne reproche rien. J'ai un profond regret d'abandonner mes pauvres « enfants ; vous savez que je n'existais que pour eux; et vous, ma « bonne et tendre sœur, vous qui avez par votre amitié tout sacrifié « pour être avec nous, dans quelle position je vous laisse? J'ai appris « par le plaidoyer même du procès, que ma fille était séparée de « vous. Hélas! la pauvre enfant, je n'ose pas lui écrire ; elle ne re- « cevrait pas ma lettre; je ne sais pas même si celle-ci vous parvien- « dra. Recevez pour eux ici ma bénédiction. J'espère qu'un jour, « lorsqu'ils seront plus grands, ils pourront se réunir avec vous, et « jouir en entier de vos tendres soins. Qu'ils pensent tous deux à ce « que je n'ai cessé de leur inspirer ; que les principes et l'exécution « exacte de ses devoirs sont la première base de la vie ; que leur « amitié et leur confiance mutuelle en seront le bonheur. Que ma « fille sente qu'à l'âge qu'elle a, elle doit aider son frère par les con- « seils que l'expérience qu'elle aura de plus que lui et son amitié

— Et de plus? ajouta Ernest.

— La princesse Elisabeth; ici l'homme aux myosotis se courba sur sa chaise, et le dossier craqua et se rompit! il ajouta brièvement : — « Le père de notre roi; » et il tira ce terrible tricorne qu'apercevaient de si loin ceux qui marchaient à la mort !

Henry : — Comment Lacenaire a-t-il attendu le coup pendant vingt-neuf secondes ?

L'homme aux myosotis détacha une petite clé appendue à un clou, ouvrit une porte, marcha vers

« pourront lui inspirer. Que mon fils, à son tour, rende à sa sœur
« tous les soins, les services que l'amitié peut inspirer; qu'ils sentent
« enfin tous les deux que, dans quelque position où ils pourront se
« trouver, ils ne seront vraiment heureux que par leur union. Qu'ils
« prennent exemple de nous. Combien dans mon malheur notre
« amitié nous a donné de consolations ; et, dans le bonheur, on jouit
« doublement, quand on peut le partager avec un ami, et où en
« trouver de plus tendre, de plus cher que dans sa propre famille ?
« Que mon fils n'oublie jamais les derniers mots de son père que je
« lui répète expressément: « Qu'il ne cherche jamais à venger notre
« mort. » J'ai à vous parler d'une chose bien pénible à mon cœur. Je
« sais combien cet enfant doit vous avoir fait de la peine: pardonnez-
« lui, ma chère sœur, pensez à l'âge qu'il a, et combien il est facile
« de faire dire à un enfant ce qu'on veut, et même ce qu'il ne com-
« prend pas; un jour viendra, j'espère, où il ne sentira que mieux tout
« le prix de vos bontés pour tous deux, Il me reste encore à vous
« confier mes dernières pensées. J'aurais voulu les écrire dès le com-
« mencement du procès, mais outre qu'on ne me laissait pas écrire,
« la marche a été si rapide, que je n'aurais réellement pas eu le temps.
« Je meurs dans la religion catholique, apostolique et romaine, dans
« celle de mes pères, dans celle où j'ai été élevée, et que j'ai toujours
« professée. N'ayant aucune consolation spirituelle à attendre, ne sa

une espèce de remise où les deux visiteurs le sui-
virent. Arrivés là, l'homme dit : — Regardez ! c'est
la même guillotine de 93 ; *elle a coupé* 4,227 têtes
seulement sous la Terreur ; les écrous sont usés,
voilà pourquoi Lacenaire a attendu !

« La guillotine est fatiguée !... »

Miserere Deus !.. Cet homme, c'était *le bourreau !*
c'était Sanson ! Si l'on disait ceci aux Apachez, aux
Chasseurs de chevelures, aux Sauvages de la mer
du Sud, accroupis devant le feu de leurs bivouacs, ils

« chant pas s'il existe encore ici des prêtres de cette religion, et même
« le lieu où je suis les exposerait trop, s'ils y entraient une fois, je
« demande sincèrement pardon à Dieu , de toutes les fautes que j'ai
« pu commettre, depuis que j'existe. J'espère que dans sa bonté il
« voudra bien recevoir mes derniers vœux, ainsi que ceux que j'ai
« faits depuis longtemps pour qu'il veuille bien recevoir mon âme
« dans sa miséricorde et sa bonté. Je demande pardon à tous ceux
« que je connais, et à vous ma sœur, en particulier, de toutes les pei-
« nes que, sans le vouloir, j'aurais pu vous causer. Je pardonne à tous
« mes ennemis le mal qu'il m'ont fait. Je dis ici adieu à mes tantes,
« à tous mes frères et sœurs. J'avais des amis ; l'idée d'en être séparée
« pour jamais , et leurs peines, sont un des plus grands regrets que
« j'emporte en mourant ; qu'ils sachent, du moins, que jusqu'à mon
« dernier moment, j'ai pensé à eux. Adieu, ma bonne et tendre sœur;
« puisse cette lettre vous arriver ! Pensez toujours à moi. Je vous
« embrasse de tout mon cœur ainsi que mes pauvres et chers enfants.
« Mon Dieu ! qu'il est déchirant de les quitter pour toujours ! Adieu !
« adieu ! je ne vais plus m'occuper que de mes devoirs spirituels.
« Comme je ne suis pas libre dans mes actions , on m'amènera peut-
« être un prêtre, mais je proteste ici que je ne lui dirai pas un mot, et
« que je le traiterai comme un être absolument étranger.

« *Signé :* MARIE-ANTOINETTE. »

béniraient leurs dieux d'être sauvages!... La guillotine est fatiguée!...

CHAPITRE XI.

UNE INJUSTICE, UN PRÉJUGÉ MALHEUREUX!

Ceux qui, comme nous, se sont armés pour réclamer l'inviolabilité de la vie humaine; la noble
phalange des grandes intelligences et des grands
cœurs; ceux qui ont vu, dans la peine de mort, un
grand malheur pour la société, étouffant mal l'horreur des peines atroces, ont confondu trop souvent
les administrateurs de la justice avec la pénalité. Ni
les juges, ni les jurés, ni la force publique, n'ap-
pètent le sang! Personne, parmi tout ce monde
éclairé, n'est complice de la pénalité. Le président
interroge, tâche de faire la lumière; les procureurs
invoquent la peine prescrite par la loi; les jurés déclarent l'existence du fait, ou la non-existence, et
le président prononce la peine prescrite par la loi,
loi que les juges n'ont pas faite, et qu'ils subissent
comme tout le monde.

CHAPITRE XII.

ÉCLOSION DU CRIME, SA CROISSANCE, PÉRIPÉTIE.

« Que veux-tu? Voilà mon histoire, à moi : Je

« suis fils d'un bon pègre ; c'est dommage que
« Charlot (1) ait pris la peine un jour de lui atta-
« cher sa cravate ; c'était quand régnait la potence,
« par la grâce de Dieu. *A six ans*, je n'avais plus
« ni père ni mère ; l'été, je faisais la roue dans la
« poussière aux bords des routes, pour qu'on me
« jetât un sou par la portière des chaises de poste ;
« l'hiver, j'allais pieds nus dans la boue, en souf-
« flant dans mes doigts tout rouges ; on voyait mes
« cuisses à travers mon pantalon. *A neuf ans*, j'ai
« commencé à me servir de mes lonches (2). De
« temps en temps, je vidais une fouillouse (3) ; je
« filais une pelure (4). *A dix ans*, j'étais un mar-
« lou (5) ; puis j'ai fait des connaissances. *A dix-*
« *sept ans*, j'étais un grinche (6) ; je forçais une bou-
« tanche, je faussais une tournante (7). On m'a pris.
« J'avais l'âge ; on m'a envoyé ramer dans la petite
« marine (8). Le bagne, c'est dur : coucher sur
« une planche, boire de l'eau claire, manger du
« pain noir, traîner un imbécile de boulet qui ne
« sert à rien, des coups de bâton et des coups de

(1) Le bourreau.
(2) Mes mains.
(3) Une poche.
(4) Je volais un manteau.
(5 Un filou.
(6) Un voleur.
(7) Je forçais une boutique, je faussais une clef.
(8) Aux galères.

« soleil ; avec cela on est tondu, et moi qui avais de
« si beaux cheveux châtains !... N'importe, j'ai fait
« mon temps ; quinze ans, cela s'arrache ! J'avais
« trente-deux ans : un beau matin, on me donna
« une feuille de route et 66 fr. que je m'étais amas-
« sés dans quinze ans de galères, en travaillant seize
« heures par jour, trente jours par mois, et douze
« mois par année. C'est égal, je voulais être honnête
« homme avec mes 66 fr., et j'avais de plus beaux
« sentiments sous mes guenilles qu'il n'y en a sous
« une serpillière de ratichon (1). Mais que les diables
« soient avec le passe-port ! il était jaune, et on
« avait écrit dessus : *Forçat libéré.* Il fallait mon-
« trer cela partout où je passais, et le présenter
« tous les huit jours au maire du village où l'on me
« forçait de tapiquer (2).

  « La belle recommandation : un galérien ! Je fai-
» sais *peur,* et les petits enfants se sauvaient, et l'on
« fermait les portes; personne ne voulait me donner
« d'ouvrage. Je mangeai mes 66 fr., *et puis il fallut*
« *vivre.* Je montrai mes bras bons au travail, on
« ferma les portes J'offris ma journée *pour quinze*
« *sous, pour dix sous, pour cinq sous.* Point ; *que*
« *faire?* Un jour, *j'avais faim ;* je donnai un coup de
« coude dans le carreau d'un boulanger ; j'empoi-

(1) Une soutane d'abbé.
(2) Habiter.

« gnai *un pain,* et le boulanger m'empoigna. Je ne
« mangeai pas le pain, et j'eus les galères à perpé-
« tuité, avec trois lettres *de feu* sur l'épaule : je te
« les montrerai, si tu veux. On appelle cette justice-
« là *la récidive.* Me voilà donc *cheval de retour* (1).
« On me remit à Toulon, cette fois avec les bonnets
« verts (2). Il fallait m'évader. Pour cela, je n'avais
« que trois murs à percer, deux chaînes à couper, et
« j'avais un clou. Je m'évadai : on tira le canon
« d'alerte ; car, nous autres, nous sommes comme
« les cardinaux de Rome, habillés de rouge, et on
« tire le canon quand nous partons. Leur poudre
« alla aux moineaux. Cette fois, pas de passe-port
« jaune, mais pas d'argent non plus. Je rencontrai
« des camarades qui avaient aussi fait leur temps ou
« cassé la ficelle. Leur coire (3) me proposa d'être
« des leurs ; on faisait la grande *soulasse* sur le
« trimar (4). J'acceptai, et je me mis *à tuer pour
« vivre.* C'était tantôt une diligence, tantôt une
« chaise de poste, tantôt un marchand de bœufs à
« cheval. On prenait l'argent ; on laissait aller au
« hasard la bête ou la voiture, et l'on enterrait
« l'homme sous un arbre, en ayant soin que les

(1) Ramené au bagne.
(2) Les condamnés à perpétuité.
(3) Leur chef.
(4) On assassinait sur les grands chemins.

« pieds ne sortissent pas ; et puis, l'on dansait sur
« la fosse, pour que la terre ne fût pas fraîchement
• remuée. J'ai vieilli comme cela, gîtant dans les
« broussailles, dormant aux belles étoiles, braqué
« de bois en bois, mais du moins libre et à moi.
« Tout a une fin, et autant celle-là qu'une autre.
« Les marchands de lacets (1), une belle nuit, nous
« ont pris au collet. Mes fanandels (2) se sont sau-
« vés ; mais moi, le plus vieux, je suis resté sous la
« griffe de ces chats à chapeaux galonnés. On m'a
« amené ici. J'avais déjà passé par tous les échelons
« de l'échelle, excepté *un*. Avoir volé un mouchoir
• ou tué un homme, c'était tout un pour moi désor-
« mais : il y avait encore une récidive à m'appli-
« quer, je n'avais plus qu'à passer par le *fau-
« cheur* (3). Mon affaire a été courte ; ma foi, je
« commençais à vieillir et à n'être plus bon à rien ;
« mon père avait épousé la veuve (4), moi je me
« retire à l'abbaye de monte-à-regret (5). »

(VICTOR HUGO.)

Laissons au fait toute sa sauvage énergie !. . Bâ-
tissons les fondements du LIVRE DE LA MORT... Ne
commentons pas.

(1) Les gendarmes.
(2) Camarades.
(3) Le bourreau.
(4) A été pendu.
(5) La guillotine.

CHAPITRE XIII.

« *Gloria in excelsis Deo, et in terrâ pax*
« *hominibus bonæ voluntatis.* »

« Gloire à Dieu dans le ciel : et paix sur la terre
« aux hommes de bonne volonté. »

Hélas ! les justes sur la terre n'ont pas de paix
dans l'accomplissement de leurs missions !

Quelle paix les hommes ont-ils laissée au Christ,
à Socrate, à Jeanne d'Arc ! à tout ce qui a été saint
et grand ! à tout ce qui a eu de la vertu dans le
cœur, du génie dans la tête !

Mais ils ont marché dans une autre espérance
que la paix de la terre ! et ils ont péri sur la terre !
mais qu'importe à qui a le ciel ?

Reprenons : — « Mettre aux fers un citoyen
« romain, c'est un crime ; le battre de verges, c'est
« un attentat ; le faire mourir, c'est presque un par-
« ricide. »   (CICÉRON. *De Suppliciis.*)

1834. *A S. M. Louis-Philippe I*, *Roi des Français.*

« En n'admettant pas, avec les partisans de la
« peine de mort, que le criminel soit un insensé,
« alors même, existe-t-il quelque chose, dans le
« cercle immense des choses humaines, de plus
« subversif que le droit que prend la société dans
« sa peur et dans sa juste indignation, d'immoler
« un criminel ? Comment un crime *privé* autoriserait-

« il un égorgement *public?* Ce qui est forfait chez
« *l'individu*, peut-il être vertu chez les *masses?*
« Non, Sire, mille fois non ; le sang de l'homme
« est toujours le sang de l'homme, et le couteau
« intelligent de l'assassin, ou la hache légale que la
« société croit nécessaire, est toujours la dernière
« raison de l'oubli de Dieu ! Quoi, l'assassin sera
« réputé atroce, et il est atroce, en répandant le
« sang d'un homme, et la société pourra, religieuse
« et sans trouble, répandre le sang de cet assassin
« dans un effroyable appareil.

« Si la société n'avait eu au service de sa con-
« servation que la peine de mort, jamais elle
« ne se fut constituée ; si au faîte de sa raison d'être
« ne planait la sainteté de Dieu, la vitalité de la
« morale et l'attache de la famille, l'édifice croule-
« rait à chaque minute, et une *des mille raisons* de
« sa chute serait, avec la guerre, le duel et le sui-
« cide, cette même peine de mort. »

Discours sur l'Abolition de la peine de mort.

(Th.-Auguste Mendez.)

« Dans les États modérés, un bon législateur s'at-
« tachera moins à punir les crimes qu'à les préve-
« nir ; il s'appliquera plus à donner des mœurs qu'à
« infliger des supplices. »

(Montesquieu.)

CHAPITRE XIV.

NOIR CALCUL !

« Pour placement et déplacement de la
« guillotine...................... 50 f. »

« Pour course en voiture du Palais de
« Justice à la Grève............... 6 »

« Pour avoir fait aiguiser le couteau à
« neuf et réparations amicales....... 2 »

« Une chandelle pour graisser la rainure. » 30

« Pour le son dans le sac............. » 20

« A Monsieur, pour son droit........ 200 »

« Au premier valet......... .... 20 »

« Le corps entier.................. 60 »

« 338 50

« JULES JANIN (1) »

« Si les gouvernements veulent détruire en-
« tièrement ce genre affreux de mélancolie, pré-
« server la vie des citoyens, rendre enfin toute
« sécurité à la société, je pense fermement qu'il
« faut qu'ils se résignent à abolir ou le supplice,
« ou sa publicité ; car la vue de ce fatal instru-
« ment suffira toujours pour réveiller, pour en-
« courager, pour corroborer un instinct patholo-
« gique de destruction. »

PIERQUIN.

Revenons à la nécessité qu'il y aurait à changer le mode de supplice employé en France, en attendant l'abolition de la peine de mort.

Pour nous, rien ne nous dissuadera que le décapité ne vive après la décapitation ; qu'il ne pense, qu'il ne sente, qu'il n'entende. *Weikard a vu*

_____

(1) Nous croyons que M. Janin se trompe de 38 fr. 50.

se mouvoir, comme pour parler, les lèvres d'un *homme décapité,* et le décapité parlerait, si les organes de la voix n'étaient pas détruits, dit Sœmmering. Charlotte Corday a rougi sous le soufflet, et les yeux de Mme Élisabeth se sont levés une dernière fois vers le Ciel, où elle allait !...

N'y eut-il que doute, il faudrait s'abstenir : Qu'importe à la société, qui veut la peine de mort, que ce soit par la corde, ou par le fer.

OElsner dit : « *qu'aussi longtemps que le cerveau conserve sa force vitale, le supplicié a le sentiment de son existence.* » Et Pierquin ajoute : « *et le sentiment de sa fin prochaine.* » Le décapité n'est pas mort, il sait et sent qu'il vit, et il sent qu'il va mourir.

« Il est cependant aisé de démontrer à quiconque
« possède quelques légères connaissances de la con-
« struction et des forces vitales de notre corps, que le
« sentiment n'est pas entièrement détruit par ce
« supplice. Ce que nous avançons est fondé, non
« sur des suppositions, mais sur des faits :

« 1° Le siége du sentiment est dans le cerveau.

« 2° Les opérations de cette conscience peuvent
« s'effectuer, quoique l'afflux du sang au cerveau
« soit suspendu, faible ou partiel : *Donc la guillo-*
« *tine doit être un genre de mort horrible.*

« Dans la tête séparée du tronc, *le sentiment, la*

4

« *personnalité, le moi, reste vivant pendant quel-*
« *que temps , et ressent l'arrière-douleur dont le*
« *cou est affecté.* »   (Soemmering.)

La tête conserve la chaleur ! !! ...

« Une autre considération se présente à mon es-
« prit, c'est que la guillotine frappe à l'endroit le
« plus sensible du corps, à cause des nerfs qui y
« sont répandus et réunis. Le cou renferme tous les
« nerfs des branches supérieures, les branches de
« tous les nerfs des viscères, et enfin la moëlle épi-
« nière qui est la source même des nerfs qui appar-
« tiennent aux membres inférieurs. Par conséquent,
« la douleur du brisement *ou déchirement du cou*
« *doit être la plus violente, la plus sensible, la plus*
« *déchirante qu'il soit possible d'éprouver.* Il faut
« connaître ces nerfs, il faut les avoir vus pour se
« faire une idée de *la violence de ces douleurs,* et si
« elles ne continuent que pendant quelques heures,
« ce qui n'est pas du tout probable, selon ce que
« nous avons dit plus haut, il restera toujours la
« question de savoir si sa courte durée peut com-
« penser *l'intensité horrible de la souffrance.* »

(Soemmering.)

Le docteur Leving a grand nombre de fois fait l'expérience d'irriter
la partie de la moëlle qui restait attachée à la tête après sa séparation,
et les convulsions de la tête devenaient horribles
D'autres ont entendu le grincement des dents ! ! ! (*Note de l'Auteur.*)

CHAPITRE XV.

קדושה KÉDOUSCHA (1).

Saint, saint, saint est le Seigneur des armées.
Sanctus, sanctus, sanctus Dominus Deus sabaoth.

On sent le besoin de s'abîmer en Dieu, quand
on écrit de semblables pages!

PEINE DE MORT.

« Cette profusion inutile de supplices, *qui n'a*
« *jamais* rendu les hommes meilleurs, m'a poussé
« à examiner *si la peine de mort est véritablement*
« *utile et juste,* dans un gouvernement bien orga-
« nisé: Quel peut être ce droit que les hommes se
« donnent d'égorger leurs semblables? Ce n'est cer-
« tainement pas celui sur lequel sont fondées la sou-
« veraineté et les lois. Les lois ne sont que la somme
« des portions de liberté de chaque particulier, les
« plus petites que chacun ait pu céder. Elles repré-
« sentent la volonté générale, qui est l'assemblage
« de toutes les volontés particulières. Or, qui a ja-
« mais voulu donner aux autres hommes le droit de
« lui ôter la vie! Comment, dans les plus petits
« sacrifices de la liberté de chacun, peut se trouver
« compris celui de la vie, le plus grand de tous les
« biens? Et si cela était, comment concilier ce prin-

(1) « Kadosch, kadosch, kadosch adonaï Zebaoth. » (Traduction
hébraïque.) Saint! saint! trois fois saint est l'éternel Zebaoth.

« cipe avec cette autre maxime : que l'homme
« n'a pas le droit de tuer lui-même, *puisqu'il a dû*
« *l'avoir, s'il a pu le donner à d'autres ou à la so-*
« *ciété* (1).

« La peine de mort n'est autorisée par aucun
« droit. Elle ne peut être qu'une guerre de la na-
« tion contre un citoyen dont on regarde la des-
« truction comme utile et nécessaire à la conserva-
« tion de la société. Si donc je démontre que, dans
« l'état ordinaire de la société, la peine de mort
« d'un citoyen n'est ni utile, ni nécessaire, j'aurai
« gagné la cause de l'humanité. Je dis dans l'état
« ordinaire, car la mort d'un citoyen peut être né-
« cessaire en un cas, et c'est lorsque privé de sa
« liberté, il peut troubler la tranquillité de la na-
« tion, quand son existence peut produire une ré-
« volution dans la forme du gouvernement établi.
« Ce cas ne peut avoir lieu que lorsqu'une nation
« perd ou recouvre sa liberté, ou dans les temps
« d'anarchie, lorsque les désordres même tiennent
« lieu de lois. Mais pendant le règne tranquille de
« la législation, et sous une forme de gouvernement
« approuvée par les vœux réunis de la nation, dans
« un état défendu contre les ennemis, et soutenu
« au dedans par la force, et par l'opinion plus effi-

(1) Cette pensée est diffuse, mais profonde : du reste, tout ce qui
suit a vieilli, et n'a plus de sens pour nous.   (*Note de l'Auteur.*)

« cace que la force même ; où l'autorité est tout
« entière dans les mains du souverain, où. les ri-
« chesses ne peuvent acheter que des plaisirs, et
« non du pouvoir, *il ne peut y avoir aucune néces-*
« *sité d'ôter la vie à un citoyen.*

« Quand l'expérience de tous les siècles ne prou-
« verait pas que la peine de mort n'a jamais em-
« pêché les hommes déterminés de nuire à la so-
« ciété ; quand l'exemple des Romains, quand
« vingt années du règne de l'impératrice de Russie,
« Élisabeth donnant aux pères des peuples un
« exemple plus beau que celui des plus brillantes
« conquêtes ; quand tout cela, dis-je, ne persua-
« derait pas les hommes, à qui le langage de la rai-
« son est toujours suspect, et qui se laissent plutôt
« entraîner à l'autorité, il suffirait de consulter la
« nature de l'homme, pour sentir cette vérité.

« Ce n'est pas l'intensité de la peine qui fait le
« plus grand effet sur l'esprit humain, *mais sa du-*
« *rée,* parce que notre sensibilité est plus facile-
« ment et plus durablement affectée par des im-
« pressions faibles, mais répétées, que par un
« mouvement violent, mais passager. L'empire de
« l'habitude est universel sur tout être sensible, et
« comme c'est elle qui enseigne à l'homme à parler,
« à marcher, à satisfaire ses divers besoins, ainsi
« les idées morales se gravent dans l'esprit humain

« par des impressions répétées. La mort d'un scé-
« lérat sera par cette raison un frein moins puis-
« sant du crime, que le long et durable exemple
« d'un homme privé de sa liberté, *et devenu un ani-*
« *mal de service* pour réparer, par les travaux de
« toute sa vie, le dommage qu'il a fait à la société.

« Ce retour fréquent du spectateur sur lui-même :
« *Si je commettais un crime, je serais réduit toute*
« *ma vie à cette malheureuse condition*, fait une
« bien plus forte impression que l'idée de la mort
« que les hommes voient toujours dans un lointain
« obscur. La terreur que cause l'idée de la mort, a
« beau être forte, elle ne résiste pas à l'oubli si
« naturel à l'homme, même dans les choses les plus
« essentielles, surtout quand cet oubli est appuyé
« par les passions. Règle générale : Les impres-
« sions violentes surprennent et frappent, mais leur
« effet ne dure pas. Elles sont capables de pro-
« duire ces révolutions qui font tout à coup, d'un
« homme vulgaire, un Spartiate ou un Ro-
« main ; mais dans un gouvernement tranquille et
« libre, elles doivent être plus fréquentes que
« fortes.

« La peine de mort infligée à un criminel n'est,
« pour la plus grande partie des hommes, qu'un
« spectacle ou un objet de compassion ou d'indi-
« gnation. Ces deux sentiments occupent l'âme des

« spectateurs, bien plus que la terreur salutaire que
« la loi prétend inspirer. Mais pour celui qui est
« témoin d'une peine continuelle et modérée, le
« sentiment de la crainte est le dominant, parce-
« qu'il le sent. Dans le premier cas, il arrive au
« spectateur du supplicié, la même chose qu'au
« spectateur d'un drame, l'homme violent et in-
« juste retourne à ses injustices.

  « Afin qu'une peine soit juste, elle ne doit avoir
« que le degré d'intensité qui suffit pour éloigner
« les hommes du crime. Or, je dis qu'il n'y a point
« d'homme, qui, avec un peu de réflexion, puisse
« balancer entre le crime, quelque avantage qu'il
« s'en permette, et la perte entière et perpétuelle
« de sa liberté ; donc la peine d'un *esclavage* per-
« pétuel a tout ce qu'il faut pour détourner du
« crime l'esprit le plus déterminé, aussi bien que la
« peine de mort ; j'ajoute qu'elle produira cet effet
« encore plus sûrement. Plusieurs hommes envi-
« sagent la mort d'un œil ferme et tranquille, les
« uns par le fanatisme, d'autres par cette vanité qui
« nous accompagne au delà même du tombeau,
« d'autres par un dernier désespoir qui les pousse
« à sortir de la misère, ou à cesser de vivre.

  « Mais le fanatisme et la vanité abandonnent le
« criminel dans les chaînes, sous les coups, dans
« une cage de fer, et le désespoir ne termine pas ses

« maux, mais les commence. Notre nature résiste plus
« à la violence et aux dernières douleurs qui ne sont
« que passagères, qu'au temps et à la continuité de
« l'ennui, parce que dans le premier cas, elle peut,
« en se rassemblant, pour ainsi dire, tout en elle
« même, repousser la douleur qui l'affaiblit!... et
« dans le second, tout son ressort ne suffit pas pour
« résister à des maux dont l'action est longue et
« continue. Dans une nation où la peine de mort est
« employée, tout exemple de punition suppose (1)
« un nouveau crime, au lieu que l'esclavage per-
« pétuel d'un seul homme donne des exemples frap-
« pants et durables. S'il est important que les
« hommes aient souvent sous les yeux les effets du
« pouvoir des lois, il est nécessaire qu'il y ait sou-
« vent des criminels punis du dernier supplice.
« Ainsi la peine de mort suppose des crimes fré-
« quents, c'est-à-dire que, pour être utile, il faut
« qu'elle ne fasse pas toute l'impression qu'elle de-
« vrait faire. On me dira qu'un esclavage perpétuel
« est une peine aussi douloureuse que la mort, et
« par conséquent aussi cruelle. Je réponds qu'en
« rassemblant en un point tous les moments mal-
« heureux de la vie d'un esclave, sa peine serait,
« peut-être, encore plus terrible que le supplice le

(1) Suppose est employé ici pour exige.

« plus grand, mais les moments sont répandus sur
« toute la vie, au lieu que la peine de mort exerce
« toute sa force dans un court espace de temps.
« C'est un avantage de la peine de l'esclavage pour
« la société, qu'elle effraie plus celui qui en est le
« témoin, que celui qui la souffre, parce que le pre-
« mier considère la somme de tous les moments
« malheureux, et le second est distrait de l'idée de
« son malheur futur par le sentiment de son mal-
« heur présent. Tous les maux s'agrandissent dans
« l'imagination, et celui qui souffre trouve des res-
« sources et des consolations que les spectateurs de
« ces maux ne connaissent point, et ne peuvent croire,
« parce que ceux-ci jugent d'après leur propre
« sensibilité, de ce qui se passe dans un cœur de-
« venu insensible par l'habitude du malheur. Je
« sais que c'est un art difficile et que l'éducation
« seule peut donner, que de développer les senti-
« ments de son propre cœur. Mais quoique les scé-
« lérats ne puissent rendre compte de leurs prin-
« cipes, ces principes ne les conduisent pas moins.
« Or, voici à peu près le raisonnement que fait un
« voleur ou un assassin, qui n'est détourné du crime
« que par la potence ou par la roue. Quelles sont
« donc ces lois qu'on veut que je respecte, et qui
« mettent une si grande différence entre moi et un
« homme riche ? Il me refuse un léger secours que

« je lui demande, et il me renvoie à un travail qu'il
« n'a jamais connu. Qui les a faites ces lois? les
« riches et les grands, qui n'ont jamais daigné en-
« trer dans la chaumière du pauvre, et qui ne lui
« ont jamais vu partager un morceau de pain moisi
« à ses enfants affamés et à leur mère, éplorée !
« Rompons ces conventions funestes au plus grand
« grand nombre, et utiles à quelques tyrans. Atta-
« quons l'injustice dans sa source. Je retournerai à
« mon indépendance naturelle, je vivrai libre et
« heureux des fruits de mon industrie et de mon
« courage. Il arrivera peut-être un temps de dou-
« leur et de repentir ; mais ce temps sera court, et
« pour un jour de peine j'aurai plusieurs années de
« plaisirs et de liberté. Roi d'un petit nombre
« d'hommes déterminés comme moi, je corrigerai
« les méprises de la fortune, et je verrai ces tyrans
« pâlir à la vue de celui que leur faste insultant met-
« tait au dessous de leurs chevaux et de leurs chiens.

« Alors la religion se présentant à l'esprit du scé-
« lérat qui abuse de tout, lui mettant devant les
« yeux un repentir facile et une espérance presque
« assurée d'une félicité éternelle, achèvera de dimi-
« nuer pour lui l'horreur de la dernière tragédie (1).

« Mais celui qui voit un grand nombre d'années,

(1) Ce paragraphe n'est ni pensé, ni senti.   (Note de l'Auteur.)

« 'ou même tout le cours de sa vie, se passer dans la
« servitude et dans la douleur, esclave de ces mêmes
« lois dont il est protégé, et cela sous les yeux de
« ses concitoyens, avec lesquels il vit actuellement
« libre et en société, fait une comparaison utile de
« tous ces maux, de l'incertitude des succès du
« crime et de la liberté du temps pendant lequel il
« en goûterait les fruits, avec les avantages qu'il
« peut s'en permettre. L'exemple continuellement
« présent des malheureux qu'il voit victimes de leur
« imprudence, le frappe plus que celui du supplice
« qui l'endurcit, au lieu de le corriger.

« La peine de mort est encore un mal pour la so-
« ciété, par l'exemple d'atrocité qu'elle donne. Si
« les passions ou la nécessité de la guerre ont en-
« seigné aux hommes à répandre le sang humain,
« au moins *les lois dont le but est d'inspirer la dou-*
« *ceur et l'humanité, ne doivent pas multiplier les*
« *exemples de la barbarie, exemples d'autant plus*
« *horribles, que la mort légale est donnée avec plus*
« *d'appareil et de formalités.*

« *Il me paraît absurde que les lois qui ne sont que*
« *l'expression de la volonté publique, laquelle dé-*
« *teste et punit l'homicide, en commettent un elles-*
« *mêmes, et que, pour détourner les citoyens du*
« *meurtre, elles ordonnent un meurtre public.*

« Quelles sont les lois vraies et utiles? Celles que

« tous proposeraient et voudraient observer dans
« les moments auxquels se tait l'intérêt dont la voix
« est toujours écoutée, ou lorsque cet intérêt parti-
« culier se combine avec l'intérêt général : *Or,*
« *quels sont les sentiments naturels des hommes sur*
« *la peine de mort? Nous pouvons les découvrir dans*
« *l'indignation et le mépris avec lesquels on regarde*
« *le bourreau, qui n'est cependant qu'un exécuteur*
« *innocent de la volonté publique, un bon citoyen*
« *qui contribue au bien général, un défenseur né-*
« *cessaire de la sûreté de l'État au-dedans, comme*
« *un valeureux soldat contre les ennemis du dehors.*
« Quelle est donc l'origine de cette contradiction,
« et pourquoi ce sentiment *d'horreur* est-il ineffa-
« çable dans l'homme, malgré tous les efforts de sa
« raison? C'est que dans une partie reculée de
« notre âme, où les formes originelles se sont mieux
« conservées, nous retrouvons un sentiment qui
« nous a toujours dicté que notre vie n'est au pou-
« voir légitime de personne, que de la nécessité qui
« régit l'univers.

« Que doivent penser les hommes, en voyant des
« sages magistrats et des ministres sacrés de la
« justice, faire traîner un coupable à la mort, en
« cérémonie, avec indifférence et tranquillité ; et
« tandis que, dans l'attente du coup fatal, le mal-
« heureux est en proie aux convulsions et aux der-

« nières angoisses, le juge (1) qui vient de le
« condamner, quitte son tribunal pour goûter les
« plaisirs et les douceurs de la vie, et peut-être
« s'applaudir en secret de son autorité ? Ah ! diront-
« ils, ces lois, ces formes cruelles et réfléchies ne
« sont que le manteau de la tyrannie ; elles ne sont
« qu'un langage de convention, un glaive propre à
« nous immoler avec plus de sécurité, comme des
« victimes dévouées en sacrifice à l'idole infatigable
« du despotisme. L'assassinat qu'on nous représente
« comme un crime horrible, nous le voyons prati-
« quer froidement et sans 'remords. Autorisons-
« nous de cet exemple ! La mort violente nous
« paraissait une scène terrible dans les descriptions
« qu'on nous en faisait, mais nous voyons que c'est
« une affaire d'un moment. Ce sera moins encore
« dans celui qui, en allant au-devant d'elle, s'é-
« pargnera presque tout ce qu'elle a de doulou-
« reux.

« Tels sont les funestes paralogismes qu'ont, au

(1) Nous avons déjà protesté, dans le corps de cet ouvrage, contre
ce préjugé malheureux de rendre passibles les magistrats de l'atrocité
des législations. Les magistrats sont presque, sans exception, des
citoyens intègres et vertueux, pleins de religiosité et de savoir,
vivant de la vie du foyer, au sein de leur famille; hommes d'ordre,
de paix et d'étude, ils obéissent aux lois, dont ils ont le dépôt sacré,
ils prêtent une langue à ces lois, mais ne sont pas les auteurs de ces
lois. Nous nous honorons très fort d'avoir toujours compté parmi nos
amis des membres de la haute magistrature.

« moins confusément, les hommes disposés au
« crime, sur lesquels l'abus de la religion peut plus
« que la religion même. Si l'on m'oppose que pres-
« que tous les siècles et toutes les nations ont dé-
« cerné la peine de mort contre certains crimes, je
« réponds que cet exemple n'a aucune force contre
« la vérité à laquelle on ne peut opposer de pres-
« cription. L'histoire des hommes est une mer im-
« mense d'erreurs, où l'on voit surnager çà et là,
« et à de grandes distances entre' elles, un petit
« nombre de vérités mal connues.

« Presque toutes les nations ont eu des sacrifices
« humains. Je puis me prévaloir avec bien plus
« de raison de l'exemple de quelques sociétés qui se
« sont abstenues d'employer la peine de mort,
« quoique pendant un court espace de temps; car
« c'est la nature et le sort des grandes vérités que
« leur durée n'est qu'un éclair en comparaison de la
« longue et ténébreuse nuit qui enveloppe l'huma-
« nité. Ces temps fortunés ne sont pas arrivés en-
« core, où la vérité sera, comme l'a été jusqu'à pré-
« sent l'erreur, le partage du plus grand nombre. Je
« sens que la voix d'un philosophe est trop faible
« pour s'élever au-dessus du tumulte et des cris de
« tant d'hommes asservis aux préjugés d'une cou -
« tume aveugle. Mais le petit nombre de sages ré-
« pandus sur la terre m'entendront et répondront du

« fond de leur cœur. Et si cette vérité que tant
« d'obstacles éloignent des princes, malgré eux,
« peut parvenir jusqu'à leur trône, qu'ils sachent
» qu'elle y arrive avec les vœux secrets de tous les
« hommes; que le souverain qui l'accueillera sache
» que sa gloire effacera celle des conquérants, et
« que l'équitable postérité placera ses pacifiques
« trophées au-dessus de ceux des Titus, des Anto-
« nin et des Trajan. »

(BECCARIA.)

CHAPITRE XVI.

LES PRÉDESTINÉS DE L'ÉCHAFAUD.

> « Pourquoi arrive-t-il qu'il n'y a presque per-
> « sonne d'exécuté que les pauvres? Cela prouve
> « entre autres choses que leur condition est
> « misérable. Élevés sans mœurs, et jetés dans
> « le monde sans espoir, ils sont les victimes
> « marquées de la barbarie légale. »
> (THOMAS PENN.)

> « *Res est sacra miser.* »   (VIRG.)

Reprenons l'enfant de sept ans, de Victor Hugo.
A sept ans, cet enfant faisait la roue sur les bords
des routes pour avoir un sou. L'hiver, pieds nus,
avec un lambeau de pantalon qui laissait voir les
cuisses, il allait gueuser un morceau de pain, de ce
pain que les domestiques ramassent pour les chiens

de basse-cour. *A neuf ans*, il était *filou; à dix-sept ans, il avait l'âge*, il était au bagne ; *à cinquante-deux*, il était content de mourir sur l'échafaud. Forçat libéré, consigné dans un village, il montre ses bras, la richesse que Dieu donne à l'homme, la seule qui soit sainte et bonne! Il offre sa journée *pour quinze sous, pour dix sous, pour cinq sous ;* les enfants des riches se sauvent devant le forçat libéré, les portes se ferment, et quitter le village assigné, c'est être en rupture de ban!... Mettez la vertu elle-même aux prises avec une semblable malédiction, et la vertu deviendra le crime!... Quand l'argent du bagne, 66 fr. gagnés en quinze ans de travaux forcés, seize heures tous les jours et douze mois par an, est épuisé, la faim se fait sentir, l'estomac s'affaiblit, la fièvre commence. Qu'auraient fait Fénelon et Saint-Vincent-de-Paul? *Trois choses. se coucher par terre, bénir Dieu, et accepter la mort par la faim, tant que la lumière de la raison et la lumière de la conscience les eussent laissés hommes !* Mais quand cette faim aurait produit son effet physique, la calenture, le délire, la démence, ils auraient fait deux *choses* encore, ils seraient devenus meurtriers d'eux-mêmes, *ils se seraient suicidés* s'il leur fut resté une dernière lueur d'intelligence, et si cette dernière lueur eût été éteinte, le plus fort des deux aurait étranglé l'autre et l'aurait dévoré, ainsi que les mères de Jérusalem, de Paris et de Sancerre dévorèrent leurs enfants !... Ainsi que dans mille naufrages, le sort a décidé lequel serait mis à mort et dévoré, ce qui est arrivé à un proche parent de celui qui écrit ces lignes.

Si, à sept ans, la société religieuse et prudente s'était emparé du pauvre orphelin qui n'avait ni pain, ni abri, ni souliers, ni habits, pieds nus et tête nue, qu'on eût remis cette âme dans les mains d'un prêtre, il aurait su prier, lire, écrire et chiffrer, et ce prêtre lui eût enseigné que l'homme sur la terre n'a droit

« Qu'à prier et à travailler, » et il eût prié et travaillé.

Cet enfant a été ce qu'il devait être infailliblement, et ce que tout autre aurait été à sa place.

Descendons dans la conscience humaine !!... Ouvrons l'histoire, cette grande mémoire des siècles, et disons-le bien haut dans une conviction profonde!... Il n'y a qu'un crime réel, celui qui laisse le cœur des hommes sans pitié, sans remords devant la vengeance légale : c'est le crime pour le vol !... le sang versé pour de l'argent ! Eh bien ! voyez sur quelles têtes tombe la colère sociale ; quelles têtes roulent sur l'échafaud, et vous aurez pitié, car le grand pourvoyeur de l'échafaud, c'est le malheur, c'est la misère, c'est l'ignorance !... Ne dirait-on pas que le

couperet du bourreau est le luxe de la misère?...
Voyez de quelles classes sortent les criminels dont
nous parlons, et si la vérité est tout entière dans
l'émission de notre pensée, pitié, pitié pour ceux
que la misère et l'ignorance privent des lumières
de la conscience et des lumières de l'intelligence !
Pitié pour ceux qui jouent la vie de la terre et la vie
du ciel, leur corps et leur âme, l'honneur et le repos
de leurs familles, pour un lucre sans jouissance, sans
espoir de lendemain, dans l'abîmement des remords,
dans le trouble incessant de la pensée, dans les agitations de la crainte, dans la désespérance du ciel !
Pitié, pitié, et, comme nous, ne voyez qu'une démence dangereuse, dont la société peut se sauvegarder sans en appeler au bourreau.

Nous citerons cent fois ce passage de Thomas
Penn : « Pourquoi arrive-t-il qu'il n'y a presque
« personne d'exécuté que les pauvres? Cela prouve
« entre autres choses que leur condition est misé-
« rable. Elevés sans mœurs, et jetés dans le monde
« sans espoir, ils sont les victimes marquées du vice
« et de la barbarie légale. »

« *Cognovi quia faciet Dominus judicium inopis,*
« *vindictam pauperum.* » « Je sais que le Seigneur
« défendra la cause des faibles et qu'il vengera les
« pauvres. » (*Psaume* 139.)

C'est parce que nous le savons tous, qu'il faut une

pitié incommensurable pour ceux que l'affollement des misères de la terre, pour ceux que l'affollement de l'ignorance rendent criminels !

Tant qu'il y aura un homme vertueux sur la terre, il faudra se demander pourquoi tous les hommes ne sont pas vertueux ; il en faudra chercher la cause, et la cause trouvée, il faudra détruire cette cause, mais non pas détruire les hommes. !

Ce sont donc des classes pauvres et malheureuses que sortent généralement les criminels. Nul ne peut sans athéisme ou irréligion, accuser, incriminer le malheureux d'être malheureux ; nul n'a le droit de faire rougir le malheur et l'ignorance, quand c'est trop déjà à la société de permettre ce malheur et cette ignorance ! Si c'est la misère, et l'ignorance, sa sœur obligée, qui sont la cause efficiente de presque tous les crimes, faites que les lois, les institutions, détruisent la misère et l'ignorance ! On le doit, on le peut !

La société est un dictateur à qui tout doit être invinciblement permis, sans contrôle, sans opposition, pourvu que la société ne veuille que ce qui est en harmonie avec la nature de l'homme ! La religion, l'humanité, la charité, la solidarité ; et c'est dans ce sens seulement que le *salus populi suprema lex esto* est une vérité !

Vous prélevez l'impôt de la guerre, vous préle-

vez l'impôt du sang, *prélevez l'impôt de Dieu, pré-*
levez un impôt spécial, forcé, obligatoire, le seul
contre lequel les contribuables ne murmureront
point. Douze, quinze, vingt millions! Forcez les
hommes à être ce qu'ils sont naturellement, bons
et aimants, ce que Dieu veut qu'ils soient ; assurez
le pain et l'éducation aux enfants, donnez le travail
aux pauvres, contraignez-les au travail par des lois
rigoureuses ; pas de sensiblerie, pas d'arguties, pas
de mensonges politiques et sociaux ; forcez le citoyen à travailler, la société est maîtresse absolue
de ses enfants, quand elle n'exige d'eux que ce
que Dieu ordonne : la prière et le travail, et de
cette dualité sortiront la santé physique et la santé
morale des peuples.

Faites une guerre acharnée à la paresse et au vice,
qui frayent la route de l'échafaud! Une fois que la
société a mis l'homme dans sa condition naturelle,
qu'elle a reconnu ses droits de création, *ses droits*
à elle surgissent aussi. Il faut obéissance à la société, et la société doit, une verge à la main, exiger que nul ne se révolte contre ses arrêts. L'échafaud ne remédie à rien et gâte tout, et l'on verra
dans la suite de cet ouvrage que le sang appelle le
sang, selon l'expression de Napoléon, et que l'abîme
appelle l'abîme, selon la parole sainte!

On a tué depuis la nuit des temps ; nous défions

les légions de l'enfer d'inventer un supplice que les
hommes n'aient pas inventé.

On a tué avec une profusion effrayante ; et plus
on tue, plus on aura à tuer, parce que dans la boucherie vous n'égorgez pas la cause du crime ! et que,
pour châtiment de cette aberration sociale, il n'est
pas une exécution qui ne fasse, parmi les spectateurs, un assassin à une heure donnée ! Les hommes
qui ont le plus combattu pour le maintien de la peine
de mort, sont les premiers à le reconnaître (1) !

« Le peuple a faim, le peuple a froid. La
« misère le pousse au crime ou au vice, selon le
« sexe. Ayez pitié du peuple, à qui le bagne
« prend ses fils, et le lupanar ses filles. Vous avez
« trop de forçats, vous avez trop de prostituées.

« Que prouvent ces deux ulcères ? que le corps so-
« cial a un vice dans le sang. Vous voilà réunis en
« consultation au chevet du malade ; occupez-vous
« de la maladie. Cette maladie, vous la traitez mal.
« Étudiez-la mieux. Les lois que vous faites, quand
« vous en faites, ne sont que des palliatifs et des
« expédients. Une moitié de vos codes est routine,
« l'autre moitié empirisme.

« La flétrissure était une cautérisation qui gan-
« grénait la plaie ; peine insensée que celle qui,
« pour la vie, scellait et rivait le crime sur le crimi-

---

(1) Gall, lui-même.   (*Note de l'Auteur.*)

« nel!.qui en faisait deux amis, deux compagnons,
« deux inséparables !

« Le bagne est un vésicatoire absurde qui laisse
« résorber, non sans l'avoir rendu pire encore,
« presque tout le mauvais sang qu'il extrait. La
« peine de mort est une amputation barbare.

« Or, flétrissure, bagne, peine de mort : trois
« choses qui se tiennent. Vous avez supprimé la flé-
« trissure ; si vous êtes logiques, supprimez le reste.

« Le fer rouge, le boulet et le couperet, c'étaient
« les trois parties d'un syllogisme.

« Vous avez ôté le fer rouge ; le boulet et le cou-
« peret n'ont plus de sens. Farinace était atroce,
« mais il n'était pas absurde.

« Démontez-moi cette vieille échelle boiteuse
« des crimes et des peines, et refaites-la. Refaites
« votre pénalité, refaites vos codes, refaites vos
« juges. Remettez les lois au pas des mœurs.

« Messieurs, il se coupe trop de têtes par an en
« France. Puisque vous êtes en train de faire des
« économies, faites-en là-dessus.

« Puisque vous êtes en verve de suppression,
« supprimez le bourreau. Avec la solde de vos
« quatre-vingts bourreaux, vous paierez six cents
« maîtres d'école.

» Songez au gros du peuple : Des écoles pour les
« enfants, des ateliers pour les hommes.

« Savez-vous que la France est un des pays de
« l'Europe où il y a le moins de natifs qui sachent
« lire? Quoi! la Suisse sait lire, la Belgique sait
« lire, le Danemark sait lire, la Grèce sait lire,
« l'Irlande sait lire, et la France ne sait pas lire !
« c'est une honte.

« Allez dans tous les bagnes ; appelez autour de
« vous toute la chiourme. Examinez tous ces con-
« damnés de la loi humaine, calculez l'inclinaison
« de tous ces profils, tâtez tous ces crânes. Chacun
« de ces hommes tombés a au-dessous de lui son
« type bestial ; il semble que chacun d'eux soit le
« point d'intersection de telle ou telle espèce ani-
« male, avec l'humanité. Voici le loup cervier, voici
« le chat, voici le singe, voici le vautour, voici la
« hyène. Or, de ces pauvres têtes mal conformées,
« le premier tort est à la nature, sans doute le se-
« cond à l'éducation.

« La nature a mal ébauché, et l'éducation, mal
« retouché l'ébauche. Tournez vos soins de ce côté :
« une bonne éducation au peuple. Développez de
« votre mieux ces malheureuses têtes, afin que l'in-
« telligence qui est dedans puisse grandir.

« Les nations ont le crâne bien ou mal fait, selon
« leurs institutions. Rome et la Grèce avaient le
« front haut. Ouvrez le plus que vous pourrez l'an-
« gle facial du peuple. Quand la France saura lire,

« ne laissez pas sans direction cette intelligence que
« vous aurez développée : ce serait un autre dé-
« sordre. L'ignorance vaut encore mieux que la
« mauvaise science. Souvenez-vous qu'il y a un
« livre plus philosophique que le *Compère Mathieu ,*
« c'est l'*Écriture-Sainte.*

« Quoi que vous fassiez, le sort de la grande
« foule, de la multitude, de la majorité, sera tou-
« jours relativement pauvre, et malheureux et
« triste. A elle le dur travail, les fardeaux à pous-
« ser, les fardeaux à traîner, les fardeaux à porter.

« Examinez cette balance : toutes les jouissances
« dans le plateau du riche, toutes les misères dans
« le plateau du pauvre. Les deux parts ne sont-elles
« pas inégales? La balance ne doit-elle pas néces-
« sairement pencher, et l'État avec elle.

« Et maintenant, dans le lot du pauvre, dans le
« plateau des misères, jetez la certitude d'un avenir
« céleste, jetez l'aspiration au bonheur éternel, je-
« tez le paradis, contrepoids magnifique ! vous réta-
« blissez l'équilibre. La part du pauvre est aussi
« riche que la part du riche. C'est ce que savait Jé-
« sus, qui en savait plus long que Voltaire (1).

(1) Les philosophes du xviiie siècle, la guillotine de 93 et les insensés de cette époque, ont fait au monde un mal qui durera encore des
iècles, moralement et pathologiquement parlant. On le verra dans
e cours de cet ouvrage.

(Note de l'Auteur.)

« Donnez au peuple qui travaille et qui souffre,
« donnez au peuple, pour qui ce monde est mau-
« vais, la croyance à un meilleur monde fait pour
« lui. Il sera tranquille, il sera patient. La patience
« est faite d'espérance.

« Donc, ensemencez les villages d'évangiles. Une
« Bible par cabane; que chaque livre et chaque
« champ produisent à eux deux un travailleur mo-
« ral.

« La tête de l'homme du peuple, voilà la question.
« Cette tête est pleine de germes utiles. Employez,
« pour la faire mûrir et venir à bien, ce qu'il y a
« de plus lumineux et de mieux trempé dans la
« vertu. »

« Tel assassine sur les grandes routes qui, mieux
« dirigé, eût été le meilleur serviteur de la cité.
« Cette tête de l'homme du peuple, cultivez-la, dé-
« frichez-la, arrosez-la, fécondez-la, éclairez-la,
« moralisez-la, utilisez-la ; vous n'aurez pas besoin
« de la couper. »

(VICTOR HUGO.)

Il n'y a pas un seul homme sur mille, qui connaisse les lois dans nos gouvernements modernes.
Dans l'antiquité, tous les citoyens connaissaient
les lois, parce qu'ils les faisaient. Dans l'ignorance profonde de nos sociétés, on devrait au

moins faire pour les classes pauvres, ce qu'on fait pour les soldats : Un livret sorti des presses qui appartiennent à l'État, ne coûterait pas deux sous, et contiendrait le décalogue, et quelques lumineuses pensées qui retentiraient dans tous les cœurs.

LIVRET POUR LES CLASSES MALHEUREUSES.

AU NOM DE DIEU !

Celui qui travaille, aime et prie, obéit à la parole de Dieu, et peut compter sur Dieu !

L'œil de Dieu nous suit à chaque pas dans la vie, et voit toutes nos actions !

Ne tuez pas, ne volez pas, ne calomniez pas, ne prêtez pas faux témoignage.

Aimez-vous les uns les autres, entr'aidez-vous, secourez-vous.

Où est l'amour et l'affection, il n'y a pas de malheur.

Retirez-vous devers vos prêtres : la religion, c'est tout, et le reste n'est rien.

Le pain quotidien par le travail, et une bonne conscience : ne désirez pas autre chose, parce qu'autre chose, c'est le mensonge, le vice et le crime ! Vivez dans la famille.

L'homme est né pour souffrir ; c'est certainement la volonté de Dieu !... Ne nous révoltons pas contre cette volonté (1) !

Évitez la paresse, l'ivrognerie et l'envie.

La paresse conduit à l'ivrognerie, au vice, et l'ivrognerie et le vice à l'échafaud.

L'envie est une lâcheté, et les pauvres étant les soldats de Dieu, ils ne doivent pas être lâches. Laissez passer sans envie le fracas du riche : ce n'est que du bruit et du mensonge. Le riche a-t-il les bras plus forts, est-il plus grand, plus beau, mieux fait, plus courageux, aime-t-il plus ses enfants, a-t-il un autre Dieu que vous, n'a-t-il pas les mêmes souffrances, les mêmes besoins, les mêmes douleurs, la même mort !... Par cela seul que, vous êtes pauvres, qu'une plus grande tâche, qu'un plus grand travail vous sont échus, Dieu, dans sa justice éternelle, après ce rapide voyage de la vie, mesurera à chacun son salaire.

Nous sommes tous égaux devant Dieu !... Le plus honnête, est le plus grand; le plus charitable, le plus digne ! Soyez fiers de vos vestes et de vos blouses : c'est la décoration du travail. Lisez l'E-

---

(1) Il est plus que probable que l'Éternel a donné le malheur à l'homme dans l'espoir du bonheur. La vie n'est qu'une école pénible dont l'immortalité séra la récompense.

(PIERQUIN.)

criture-Sainte, c'est le livre de Dieu! Il vous en-
seignera tout ce que vous aurez besoin de savoir,
à honorer vos père et mère, à aimer votre prochain,
à vivre et à mourir!... Tout savoir, toute science,
est là, et rappelez-vous que rien n'est simple et
facile que de vivre avec Dieu et sa conscience.

Soyez bons!...

CHAPITRE XVII.

GALL.

(CONTRE LA SENSIBILITÉ DES PHILANTHROPES.)

Deux hommes partis de points bien différents, se
sont rencontrés dans une même pensée. L'un sor-
sait des immondices de la corruption romaine, et
disait à ses bourreaux :

« Frappez de manière à ce que l'on se sente
« mourir !... C'était Caligula !... »

L'autre sortait des profondeurs de la science, et
était, certes, un puissant physiologiste. Il dit : « que
« la peine de mort doit être aggravée, et qu'il faut
« enfin une mort lente et douloureuse pour corriger
« les criminels !... C'est Gall !.... »

Les philanthropes et les philosophes religieux, ont
n échafaud à eux, aussi ; et comme ils y clouent

les Tibère, les Néron, les Dominitien, les Caligula, les Ivan III, les Louis XI, les Henri VIII, les Philippe II, les Charles IX, la La Voisin, la Brinvilliers, Papavoine et Lacenaire, ils y clouent aussi les porte-drapeaux de l'atrocité, et ils ont une mort lente et douloureuse, et si lente et si douloureuse, qu'elle dure l'éternité de l'his-toire!... Ah! oui, M. Gall! si vous aviez plus pensé et moins dit, nous n'en aurions pas appelé aux cœurs de tous les pères, au cri puissant de la conscience humaine, qui vous répondent : vous mentez! vous mentez!

Si M. Gall eût eu un fils, que l'amour, que le fa-natisme religieux, ou le fanatisme politique, ou l'ivresse, une démence quelconque, eût rendu criminel, et qu'on lui eût dit : « Vous avez, « vous, *Gall*, vous physiologiste, réclamé de « longs et d'atroces supplices, comme sauvegarde « de la société! Eh bien! votre fils va subir un « long et atroce supplice, un des plus vieux sup-« plices! *il va être couché sur un tréteau, l'homme « de la chose va, un couteau à la main, creuser les • chairs de votre fils, dans cent endroits; puis, « quand cent trous arrondis avec savoir, avec « science, avec lenteur, auront été pratiqués, on « remplira ces trous d'huile, puis on y adaptera des « mèches, puis on allumera ces mèches, on fera une*

« *illumination de chair humaine, et votre fils mourra*
« *ainsi* : c'est un des mille supplices que ceux qui
« pensent comme vous ont inventé en Asie. »

Nous en appelons à tous les pères, nous en appelons à tous les bourreaux qui ont des enfants!
nous en appelons à toutes les prostituées qui sont
mères, nous en appelons à tous les usuriers dont le
cœur n'est plus qu'un viscère qui secrète le sang!
nous pourrions en appeler aux bêtes féroces, s'il y en
avait d'aussi féroces que l'homme, M. Gall n'ira-t-il
pas au nom de Dieu, au nom de l'humanité, embrasser les pieds du souverain; pour adoucir l'horreur du supplice de son enfant! supplice qu'aucun
souverain ne permettrait dans ses États, crai-
gnant d'y appeler la malédiction de Dieu, et
qu'en Europe aucun peuple n'accepterait!... Et
c'est cela que vous demandez, monsieur Gall!....
Oui, avec la chair d'autrui, n'est-ce pas? comme
Caligula! C'est mentir à Dieu, c'est mentir
à l'humanité, à la nature, à tous les pères, à toutes
les mères!

CHAPITRE XVIII.

GALL, GUILLOTIN ET MARAT.

Nous avons mis en regard Montesquieu et Ro-

bespierre, rapprochons Gall de Guillotin et de
Marat.

« Au milieu de l'agitation de la presse, l'Assem-
« blée nationale poursuivait ses travaux. Le docteur
« Guillotin, à une des séances, vint lire un long
« discours sur la réforme du Code pénal. Cette
« question préoccupait déjà les esprits, car l'an-
« cien échafaudage de la justice, venait de s'écrou-
« ler. L'orateur proposa un seul genre de supplice
« pour tous les crimes entraînant la peine de mort,
« et de substituer au bras du bourreau l'action
« d'une machine. Il vantait fort l'avantage de ce
« nouveau système d'exécution. « Avec ma ma-
« chine, dit gravement M. Guillotin, je vous fais
« sauter la tête d'un clin d'œil, et vous ne souffrez
« point. » L'Assemblée se mit à rire. Combien,
« parmi ceux qui avaient ri, devaient faire l'é-
« preuve de cette invention meurtrière ! La philan-
« thropie du docteur Guillotin eut du succès dans le
« monde ; mais les hommes destinés à former un
« jour le parti de la Montagne, étaient d'un autre
« avis ; il ne s'agissait pas tant, selon eux, de per-
« fectionner la peine de mort. Marat, dans *son*
« *plan de législation*, avait déjà fait entendre sur
« ce sujet le langage de la raison et de l'humanité.
« C'est une erreur de croire, disait-il, qu'on arrête
« toujours le méchant par la rigueur des supplices :

« leur image est sitôt effacée!... L'exemple des
« peines modérées n'est pas moins réprimant que
« celui des peines outrées (1), lorsqu'on n'en con-
« naît pas de plus grand. En rendant les crimes
« capitaux, on a prétendu augmenter la crainte du
« châtiment, et *on l'a réellement diminuée. Pre-*
« *mièrement, c'est donner un exemple passager*, et
« il en faudrait de permanents On a aussi manqué
« le but d'une autre manière. L'admiration qu'ins-
« pire le mépris de la mort que montre un héros ex-
« pirant, un malfaiteur souffrant avec courage,
« l'inspire aux scélérats déterminés..... Pourquoi
« donc continuer, contre les cris de la raison et les
« leçons de l'expérience, à verser sans besoin le
« sang d'une foule de criminels. Ce n'est pas assez
« de satisfaire à la justice, il faut encore corriger
« les coupables. S'ils sont incorrigibles, il faut tour-
« ner leur châtiment au profit de la société. »

(ALPHONSE ESQUIROS.)

Gall veut que le supplicié se sente souffrir; Guillotin invente la chose qui fait sauter la tête en un
clin d'œil, Marat proteste et ne veut pas de la
peine de mort!... Effrayant retour des choses de la
terre!... Ce furent ceux qui combattirent pour le

(1) C'est la pensée de Montesquieu et de Beccaria.

maintien de la peine de mort, et pour la guillotine,
que la guillotine a atteints les premiers!... Toujours
le taureau de Phalaris!...

Et Marat, qui ne voulait pas de la peine de mort,
bravant les consciences révoltées, demandait encore
cent cinquante mille têtes!!! O Guillotin, votre
philanthropie a coûté cher au monde!... Quand votre
exécrable chose tombe, savez-vous ce qu'elle fait?
elle prédispose au crime, et de plus, elle vicie
jusqu'à la santé publique : nous arriverons là.

CHAPITRE XIX.

MARAT FAIT ABSOUDRE UN VOLEUR.

La faim avait poussé un homme, vieux déjà et
couvert de haillons, à voler. Étant arrêté, il s'adresse
à Marat pour lui confier sa défense. Marat prend
la parole devant le tribunal, et s'exprime ainsi :

« Citoyens,

« Pour que la société ait le droit de condamner
« un homme, il faut qu'elle lui ait offert et garanti
« un sort préférable à l'état de nature. Autrement,
« si, ne tenant à l'ordre établi que par ses désavan—
« tages et ses rigueurs, il s'en affranchit violem—
« ment, cet homme ne fait que reprendre à la so-

« ciété les droits qu'il avait aliénés sans raison (1).
« — *Monsieur Marat! s'écria à ce début le prési-*
« *dent indigné, vous prétendez donc ici justifier le*
« *vol et l'assassinat?* — Je ne justifie rien, reprit
« celui-ci, continuant son discours ; mais je sou-
« tiens que, dans votre société injuste et partiale,
« vous ne partez point d'une base légitime pour
« réprimer les délits. S'il faut que, pour se mainte-
« nir, la société force ses membres à respecter l'or-
« dre établi, avant tout, elle doit les mettre à cou-
« vert des tentations du besoin. Quel sort chez
« vous, jusqu'ici, que celui du bas peuple. Il voit
« dans l'État une classe d'hommes heureux, dont il
« ne fait point partie ; il trouve la sûreté établie
« pour eux, et non pour lui ; il sent que leur âme
« peut s'élever, et que la sienne est contrainte
« de s'abaisser sans cesse. Que dis-je? travaux, pé-
« rils, privations, jeûnes, mépris, insultes, ou-
« trages de toute espèce, voilà le sort affreux qui
« l'attend. Oui, je le dis hautement en votre pré-
« sence : partout le gouvernement lui-même force
« les pauvres au crime, en leur ôtant les moyens
« de subsister. Il est tel pays, où, dès que la récolte
« manque, le laboureur se voit ruiné pour toujours ;

---

(1) **Marat, Robespierre, Saint-Just**, ont répété Beccaria, Montesquieu, Rousseau, en les outrant, et ne sont point restés dans la vérité
des difficultés sociales.　　　　　　　　*(Note de l'Auteur.)*

« s'il n'a de quoi payer les impôts dont il est acca-
« blé, on lui enlève impitoyablement jusqu'à la
« paille de son lit.

« Ainsi réduit à la mendicité par les exactions des
« traitants, révolté de la dureté des riches, écon-
« duit de toutes parts, et désespéré par le cri de ses
« enfants, qui lui demandent du pain, il n'a d'autre
« ressource que d'aller attendre les passants au coin
« d'un bois.

« Laissez-moi donc vous adresser, au nom de
« mon client, ce discours que les décisions du bar-
« reau repoussent, je le sais, mais auquel, je crois,
« la raison et le sens commun n'ont rien à répon-
« dre. Suis-je coupable? je l'ignore; mais ce que
« je n'ignore pas, c'est que je n'ai rien fait que je
« n'aie dû faire. Le soin de sa propre conservation
« est le premier des devoirs de l'homme; vous-
« mêmes n'en connaissez point au-dessus. Qui vole
« pour vivre, tant qu'il ne peut faire autrement,
« ne fait qu'user de ses droits. Vous m'imputez d'a-
« voir troublé l'ordre de la société; eh! que m'im-
« porte, à moi, cet ordre prétendu, qui toujours
« me fut si funeste? Que vous prêchiez la soumis-
« sion aux lois, vous à qui elles assurent la domi-
« nation sur tant de malheureux, le moyen d'en être
« surpris! Observez-les donc ces lois, puisque vous
« leur devez votre bien-être. Mais que dois-je à la so-

« ciété, moi qui ne la connais que par ses horreurs ? Et
« ne me dites pas que tous ses membres, jouissant des
« mêmes prérogatives, peuvent en tirer les mêmes
« avantages : le contraire n'est que trop évident.
« Comparez votre sort au nôtre ; tandis que vous
« coulez tranquillement vos jours au sein des dé-
« lices, du faste, des grandeurs, nous sommes ex-
« posés pour vous aux injures du temps, aux
« fatigues, à la faim; pour multiplier vos jouis-
« sances, ce n'est pas assez d'arroser la terre de
« notre sueur, nous l'arrosons encore de nos lar-
« mes : Qu'avez-vous donc fait pour être si heu-
« reux à nos dépens ! Infortunés que nous sommes,
« si du moins il y avait un terme à nos maux !
« Mais le sort du pauvre est irrévocablement fixé ;
« et sans quelque coup du hasard, la misère est le
« lot éternel du misérable. Qui ne connaît les avan-
« tages que la fortune assure à ses favoris? Ils ont
« beau n'avoir ni talents, ni mérite, ni vertus, tout
« s'aplanit devant eux au gré de leurs souhaits.
« C'est au riche que sont réservées les grandes
« entreprises, l'équipement des flottes, l'approvi-
« sionnement des armées, la gestion des revenus
« publics, le privilége exclusif de piller l'État; c'est
« au riche que sont réservées les entreprises lucra-
« tives, l'établissement des manufactures, l'arme-
« ment des vaisseaux, les spéculations de com-

« merce. Il faut de l'or pour amasser de l'or;
« quand il manque, rien n'y supplée. Même dans
« les classes les moins élevées, c'est pour l'homme
« aisé que sont les professions honnêtes, les arts de
« luxe, les arts libéraux ; mais c'est pour le pauvre
« que sont les métiers vils, les métiers périlleux,
« les métiers dégoûtants ; telle est l'aversion vouée
« à la pauvreté, qu'on la repousse de toutes parts,
« et que partout on encourage ceux qui n'ont pas
« besoin d'encouragement. Il fallait travailler, di-
« rez-vous; cela est bientôt dit ; mais le pouvais-
« je. Réduit à l'indigence par l'injustice d'un voisin
« puissant, en vain ai-je cherché un asile sous le
« chaume; arraché de la charrue par la cruelle
« maladie qui me consume, et à charge au maître
« que je servais, il ne me reste que la ressource de
« mendier mon pain ! Cette triste ressource même
« est venue à me manquer. Couvert de haillons et
« couché sur la paille, chaque jour j'étalais l'affli-
« geant spectacle de mes plaies; quel cœur s'est
« ouvert à la pitié? Désespéré par vos refus, man-
« quant de tout, et pressé par la faim, j'ai profité
« de l'obscurité de la nuit pour arracher d'un pas-
« sant un faible secours que la dureté me refusait ;
« et parce que j'ai usé des droits de la nature,
« vous m'envoyez au supplice ! Condamnez-moi,
« puisqu'il le faut, pour assurer vos injustes pos-

« sessions; au milieu des tourments que je vais
« endurer, mon unique consolation sera de repro-
« cher au Ciel de m'avoir fait naître parmi vous.
« Mais non, hommes justes, je vois couler vos lar-
« mes, je vous entends crier d'une commune voix :
« Qu'il soit absous ; oui, sans doute, il doit l'être.

« Il le fut. »

(ALPHONSE ESQUIROS.)

Jusqu'ici, et depuis le commencement du monde,
c'est le droit de la guerre, de la lance, du poing, de
la force qui a dominé et régné. Une ère nouvelle
va commencer. L'idée actuelle entre dans la vérité
de la condition humaine; la marche ascensionnelle
de l'esprit humain, a rendu sensible aux hommes
qu'ils avaient mieux à faire que de s'égorger les
uns les autres. Les débauches de la barbarie touchent à leur terme d'une part, et, de l'autre, les
débauches de l'esprit, non moins cruelles, ont régné, et ce règne de dévergondage intellectuel est
passé ! Les spirituelles sottises, les dangereuses dé-
clamations du xviii° siècle, de cette société qui se
suicidait, dans son ennui de toutes les corruptions,
ont été trouvées légères.

MANÉ. — THÉCEL. — PHARÈS.

Dieu est resté au milieu de son univers, au milieu de la conscience de l'humanité, et le monde

n'aspire plus qu'au règne de la paix, dont la conséquence immédiate sera le règne de la morale ! Encore quelques dernières convulsions de la barbarie,
encore quelques contractions galvaniques du principe ancien, et puis, selon la vaticination de Napoléon :

  « L'idée vaincra le sabre. »

Et quand l'idée aura vaincu le sabre, on harmo-
nisera les lois aux besoins de la réalité de la vie sociale ; on fera autant pour conserver la vie à
l'homme, qu'on a fait pour la lui arracher. Le tiers
des finances des États absorbé par la guerre, sera
reporté sur le soulagement des classes dénudées,
sur leur éducation morale, sur leur éducation intellectuelle.

Dans l'état de paix, les gouvernements pouvant apporter à l'administration intérieure, toutes
les forces réunies de leur volonté et de leurs moyens,
arriveront progressivement à donner aux pauvres les
deux grandes richesses réelles, qui sont leurs droits
de création : le travail fructueux et l'éducation relative; et, par là, disparaîtront l'antagonisme, l'avilis-
sement. la misère et l'ignorance, qui aiguisent seuls
le couteau de l'assassin et la hache du bourreau.

Mais cette heure qui s'annonce n'a pas encore
retenti. Le glas de la guerre, au contraire, vibre à
l'extérieur. Dans nos cités, dans nos campagnes,

les crimes prennent d'effrayantes proportions ! Pas un jour que Dieu fait qui ne soit attristé (1) par le récit d'un crime, de plusieurs crimes, de plusieurs exécutions !... Dans un petit nombre d'années, l'autorité, dans une statistique toute récente, a relevé le chiffre de tous les suicides, et il est épouvantable de dire que ce chiffre s'élève à plus de *soixante-onze mille*. Ces désordres, contraires à la nature de l'homme, comme on le verra à la suite de cet ouvrage, ont une cause, et cette cause il importe de la connaître pour la combattre. En attendant que les gouvernements puissent, par la paix, entrer dans toute la vitalité de la question, faisons appel aux hommes de bonne volonté ; à tous ceux qui se prosternent devant le Dieu de Moïse et de Jésus-Christ ; à ceux qui ont foi en la vie éternelle ; à tous ceux qui prient et aiment.

« Conspiration contre le crime et contre l'écha-« faud, par la religion et la charité. »

A VOS TENTES ISRAEL, OH !..... (2)

Les grands pourvoyeurs de l'échafaud sont l'ignorance et la misère.

---

(1) Le 27 juillet 1854, les journaux annonçaient plusieurs crimes à la fois. Un homme avait donné cinquante-quatre coups de couteau à une femme ; un fils avait tué son père, sa mère, sa sœur, dans un moment d'emportement ; un soldat avait éventré plusieurs sergents, etc., etc., etc.

(2) Mot d'ordre des tribus d'Israël.   (*Note de l'Auteur.*)

Détruisez l'ignorance et la misère, vous détruisez l'échafaud ; en détruisant l'échafaud, vous détruisez aussi l'exemple *du crime*, car de cet égorgement, sort toujours quelqu'un prédisposé à verser le sang, comme nous le prouverons ailleurs. Vous agrandissez la dignité humaine, vous travaillez à la santé publique, et vous faites disparaître du milieu de la terre *cette terrible conception des crimes de la terre* :

LE BOURREAU !...

Que l'exemple de cette vaste moralisation immédiate sorte des flancs de cette cité qui s'énorgueillit si fort d'être la tête et le cœur de l'Europe ; et, par l'association, cette œuvre immense est de toutes les choses faciles la plus facile !...

Il y a à Paris trois cent mille hommes qui, sans déranger l'assiette de *leurs habitudes, de leurs plaisirs, de leur personnalité, de leurs goûts, sans qu'il en coûte le moindre rétrécissement à l'ensemble de leur mollesse et de leur sybaritisme*, peuvent offrir à *Dieu*, avant ou après leur prière, et l'offrir comme l'encens le plus agréable à sa Divinité, *un franc par jour !*... Au lieu de trois cent mille, admettons qu'il n'y ait à Paris que cent mille âmes pieuses et honnêtes *qui puissent vouloir* marcher dans l'ombre de

Dieu, se placer immédiatement sous son œil, le sentir chaque jour dans son cœur, ce serait cent mille francs par jour, et trois millions par mois. Avec trois millions par mois, nous faisons la plus grande œuvre sociale qu'aucun peuple ait jamais entreprise ! Nous détruisons la pauvreté, nous détruisons le salariat, ce dernier lambeau de l'esclavage.

Nous formons à Paris des chantiers présidés *par chaque maire de chaque arrondissement, avec un conseil, et le préfet de la Seine président général de tous les présidents en assemblée générale.* Nous achetons les locaux, nous achetons les matières premières. D'ouvriers salariés, nous faisons des maîtres qui travailleront pour eux. A Paris chacun travaillera pour soi, sous l'œil de la loi, sous la main de l'autorité. Les pères pourront élever leurs enfants jusqu'au degré nécessaire à leur profession, et développer leur moralité. Une race forte, moralement et physiquement, remplacera cette race qui chaque jour s'étiole et dépérit. La mendicité sera proscrite, le vagabondage le sera aussi. L'autorité forcera *au travail heureux* toutes les immondices qu'ont faites l'ignorance et la misère. Autour de nous, ce qui grouille dans la paresse et le malheur, croîtra dans le bien. Cette infection de nos cités, *la prostitution,* sera rejetée dans des lupanars inconnus!... elle pourra être poursuivie jusque dans ses derniers antres! La prostitution *qu'on ne guillotine pas,* et qui fait plus de mal *à la société dans un an*, que tous les criminels atroces n'en font au monde dans vingt! La prostitution, cette putréfaction d'où s'échappent le crime, la débauche et la paresse! La prostitution, à laquelle cette belle et vigoureuse race gauloise doit son rachitisme et sa débilité, putréfaction qui produit des infirmités qui atteignent même les races futures, et qui n'est pas moins fatale à ceux qui sont qu'à ceux qui doivent être!

L'homme appelé par la société à accomplir la loi de son être, *à travailler pour soi*, doit être forcé *au travail;* et l'homme travaille avec joie et courage, quand la peine de chaque jour produit la joie de chaque jour. En offrant un travail productif, suivi, assuré, dont tout le lucre revient à ceux qui ont fait *le lucre*, ce travail est accepté, et s'il ne l'était pas, dans un gouvernement bien organisé, au paresseux le nerf de bœuf du garde-chiourme, pour n'avoir pas à lui infliger la hache du bourreau! Voilà ce que nous pouvons faire avec *un franc par jour*! s'il y a à Paris, cent mille croyants qui veuillent se grouper autour de Dieu, autour de l'autorité municipale. Ce que Paris aura fait, la France le fera, ce que la France fera, l'Europe le fera, et si l'Europe ne le fait pas, dans vingt ans la moitié de sa population sera dans le nouveau monde.

Naguère, dans un livre (1) que la conscience publique a accueilli, nous disions :

« Lève-toi, va-t-en parmi les hommes, console, « conseille, éclaire ! Va, et ne regarde ni les sou- « rires de ceux qui n'ont pas de cœur, ni les sar- « casmes de ceux qui ne regardent pas en haut. Ne « te détourne pas du but ; descends dans la fange « de la corruption, dans la fosse du crime, pro- « clame Dieu ! provenance éternelle de l'éternelle « morale. La méchanceté est un faux calcul ; l'é- « goïsme, un amour mal entendu ; le crime, une « démence. Il faut une pitié incommensurable pour « tout ce qui déchoit, car la misère en est la cause « cruelle par trop souvent. Aie pitié de l'homme « qui n'est qu'un enfant, et qui aimerait le bien « s'il en connaissait toutes les bénédictions.

« Arme-toi contre le fort injuste, pour secourir « le pauvre opprimé, et reste ferme dans cette « croyance : que du plus grand des scélérats, c'est « un devoir d'en refaire un homme de bien, qu'on « le doit, qu'on le peut, parce que l'homme ne peut « pas détruire l'œuvre de Dieu, qui est le sentiment « du juste et du bon.

(1) Le *Duel*.

« Et quand tu auras accompli ta tâche d'ouvrier
« de Dieu, couche-toi avec délices dans la tombe ;
« retire-toi vers ta mère, et rappelle-toi cette
« grande parole d'un philosophe qui erra beaucoup
« lui-même, parce qu'il était homme : « Qui s'en-
« dort dans les bras d'un père n'est pas en souci du
« réveil. »

Soyons cent mille ! cinquante mille ! Si Dieu ne
compte pas cinquante mille soldats, soyons vingt-
cinq mille ! douze mille ! six mille ! trois mille !
soyons mille ! !

Mais si nous évitons la face de l'Éternel, que
nous faussions la solidarité humaine, pour le denier
de la sordidité de la terre,

DIEU,

à son heure, ne nous dira-t-il pas :

« Ames inutiles, passez ! !..
tandis que l'accomplissement du devoir est la félicité morale, une sécurité sociale, une certitude de
bonheur dans l'éternel repos.

L'ABBÉ MITBAUD.

« Le grand dogme social, c'est la solidarité hu-
« maine dans les *besoins de la création*, et je le
« trouve à chaque mot de l'Évangile, il y est comme
« Dieu dans l'univers, partout ; c'est la nature elle-

« même qui l'a gravé dans nos âmes ; les familles
« qui lui obéissent, offrent l'image du ciel sur la
« terre ; lorsqu'il inspire une armée, elle est invin-
« cible ; les peuples qui l'inscrivirent sur leur ban-
« nière furent les plus grands peuples du monde.
« La république romaine tout entière était insultée
« pour un outrage fait à un citoyen romain. On cite
« un roi plus grand que tous les autres rois, saint
« Louis, dont la table était vraiment royale, puis-
« qu'elle était la table commune, et que le pauvre
« s'y asséyait à côté du monarque.

« La solidarité se mêlait à toutes les actions, à
« toutes les paroles, à tous les mouvements de l'âme
« de ce prince, son cœur avait la même pulsation
« que tous les cœurs français. Il n'y avait point de
« rançon pour la vie du roi de France : « J'aime
« mieux donner ma vie, celle de ma femme, celle
« de mes enfants, à Dieu, que de séparer mon sort
« des Français ici céans. » Pas un homme ne souf-
« frait en présence de saint Paul, que la douleur ne
« fût empreinte sur les traits de cet apôtre ; saint
« Paulin se met à la place d'un prisonnier dont le
« travail est nécessaire à la vie de ses enfants ; saint
« Vincent de Paul se charge des chaînes d'un galé-
« rien, et les chaînes du crime semblent elles-
« mêmes sanctifiées. L'ordre et la joie règnent dans
« ce séjour de l'emportement et du désespoir. Voilà

« la solidarité. La foi, par ce dogme, rétablit l'é-
« quilibre dans le rapport des hommes, dans les
« rapports du ciel et de la terre.

« C'est la foi en ce dogme qui a inspiré aux indi-
« vidus, aux peuples, à l'humanité, leurs plus su-
« blimes actions, et c'est en se faisant solidaires de
« tous les hommes, sans en excepter un seul. que
« Jésus, à qui on reprochait sa bonté sur la terre,
« pour les pécheurs, meurt sur la croix. La solida·
« rité, c'est le dogme de la rédemption humaine,
« c'est le dogme de l'amour de Dieu et des hommes,
« c'est le repos des intelligences, c'est la paix de
« l'âme, c'est le mouvement de l'humanité vers la
« vertu et le bien-être, c'est l'affranchissement
« universel, c'est la coopération de tous à l'action
« divine du Christ. »

CHAPITRE XX.

Exurge, quare abdormis, Domine ?
Exurge, et ne repellas in finem. Quare
faciem tuam avertis, oblivisceris tribu-
bulationem nostram.

Ps.

Oui !... levez-vous, Seigneur ; pourquoi dormez-
vous ? Levez-vous, et ne nous rejetez pas éternellement. Pourquoi détournez-vous votre visage ; pourquoi nous oubliez-vous dans notre affliction ?

Dieu a écrit :

« Tu ne tueras pas. »

Et un homme a dit :

« Placez Sion sur Josaphat, sur Sion et Josaphat
« le Golgotha, et sur le Golgotha le temple de l'É-
« ternel, tout sera dépassé par le sang que la colère
« des hommes a versé !...

Qui donc criera halte, qui donc criera assez?
Est-ce que Dieu ne suscitera pas quelques puissants de la terre, qui seront les Alexandre, les César et les Annibal d'un héroïsme nouveau ! Personne
ne viendra-t-il faire pour le bien, ce qu'on a
fait pour le mal, avec une si longue et si cruelle
tenacité ! Est-on un utopiste, en déclarant que la
paix vaut mieux que la guerre, et la vertu plus que
le crime ? que la clémence dans les lois pénales fait
les mœurs douces, et que l'atrocité dans les peines
produit l'atrocité dans les mœurs. On verra, dans la
suite de cet ouvrage, que comme on considère
la peine de mort, c'est le plus grand malheur des
sociétés, et qu'on ne saurait trop se hâter d'abolir
cette peine ! Mais en attendant que la munificence
divine fasse descendre dans le cœur des puissants
de la terre un rayon de son intelligence paternelle,
crions bien fort qu'au moins le supplice ne soit
pas une longue torture ; que la mort que la société

veut donner aux criminels, ne soit pas autre chose
que la mort!!!

On a vu, dans un des chapitres de ce livre, l'é-
pouvantable citation que nous avons empruntée à
Victor Hugo ; on y a vu le couperet tomber cinq
fois sur le cou du patient, chaque fois coupant un
peu, sans jamais couper cette malheureuse tête,
qu'un valet du bourreau dut enfin scier avec un
couteau!!!... Eh bien! cette scène de l'enfer,
cette épouvantable atrocité vient de se reproduire.
*Il y a trois jours, à Berlin, sept fois la hache
tombe, sept fois le cou est entamé ; sept fois on
charcute la chair humaine, jusqu'à ce que l'horreur
s'empare du cœur de la foule ; furieuse d'indignation, elle s'arme de pierres et poursuit le bourreau,
qui s'enfuit chez lui, pénétré de la même horreur,
et se brûle la cervelle!....* Oh! que cet être a dû
mourir avec volupté, pour jeter bas le fardeau du
sang!!!.... Nous le répéterons : Admettez que,
comme vous le croyez, la décapitatien ne soit
pas une mort cruelle! Admettez que le décapité ne
vive plus, qu'il ignore qu'on lui a coupé la tête ;
qu'il ignore, dans cet état, qu'il mourra bientôt ;
qu'il ne vous entend pas parler, qu'il ne vous
comprend pas, du moins, vous le voyez, l'imper-
fection de la mécanique produit trop souvent des
événements si épouvantables, qu'il faudrait avoir

hâte de changer le mode de supplice. Que fait, à
la société, que le criminel meure par la corde ou
par le fer. Ce que veut la loi, *c'est qu'il meure ;* elle
ne prescrit pas autre chose, pour y ajouter l'atrocité, que nous ignorons, et les accidents d'un mécanisme imparfait.

La strangulation donne la mort, et une mort
prompte, excessivement douce. La luxation de la
colonne vertébrale amène la mort sans que le patient éprouve plus de douleur que s'il dormait, que
si on le pendait dans l'état de chloroformisation.

« Un scélérat avait été pendu sans mourir (1) ; il
« avouait très naïvement qu'aussitôt qu'il fut jeté
« de l'échelle, il vit un grand feu et ensuite de
« fort belles allées.

« Un autre, dont la corde rompit trois fois, se
« plaignit amèrement *de ce qu'en le secouant on lui*
« *avait fait perdre les charmes d'une lumière,* la
« plus agréable qu'il pût imaginer. Bacon (2) rap-
» porte qu'un gentilhomme anglais, s'étant pendu,
» dit, après avoir été sauvé au moment de mourir,
« que, sans avoir éprouvé le moindre mal, il avait
« d'abord vu un feu semblable à un vaste incendie,
« ensuite des ténèbres, et enfin des couleurs ma-
« gnifiques, bleues et pâles, telles qu'elles se pré-

(1) Dialogue, d'orat. Tuber, *De la Mort.*
(2) Legendre. *Traité de l'Opinion.*

« sentent aux yeux de ceux qui tombent en défail-
« lance. »

(PIERQUIN.)

Nous avons connu deux hommes qui avaient été
pendus. Absence de douleur, nous disaient-ils ; une
espèce de plongeon dans une mer très tourmentée,
mille fantasmagories lumineuses : Voilà cette mort !

Pour éviter les horreurs des accidents de la guillotine, ces mares de sang, l'horrible souffrance du
patient, on devrait revenir à ce mode de donner la
mort.

Le supplice du coupable doit être tout entier
dans les angoisses de l'appréhension du supplice !
Ce supplice est assez grand, l'âme est assez labou-
rée pour que là, finisse la colère de la société contre
le coupable.

Écoutez et jugez !

« Un journal américain a publié la narration
« d'un faussaire pendu en Angleterre, et rappelé à
« la vie. On y voit à chaque pas que la douleur n'est
« pas dans la mort, mais peut-être dans les idées
« qui la précèdent. Écoutons un moment le tableau
« fidèle des pensées et des angoisses dernières :

« Il était quatre heures de l'après-midi, Élisabeth
« me quitta, et quand elle fut partie, il me sembla
« que j'avais fini tout ce que j'avais à faire en ce

« monde. J'aurais pu souhaiter de mourir là et à
« l'heure même : j'avais fait la dernière action de
« ma vie. Mais à mesure qu'arrivait le crépuscule,
« ma prison devenait plus froide et plus humide ;
« la soirée était sombre et brumeuse, et je n'avais
« ni feu ni chandelle, quoique ce fût au mois de
« janvier ; mes esprits s'affaiblirent par degrés, mon
« cœur s'affaissa sous la misère et la désolation de
« tout ce qui m'entourait, et peu à peu la pensée
« d'Élisabeth, de ce qu'elle deviendrait, commença
« à céder devant le sentiment de ma propre situa-
« tion.

« Ce fut la première fois, je n'en puis dire la
« cause, où mon esprit comprit pleinement l'arrêt
« que je devais subir dans quelques heures ; en y
« réfléchissant, une terreur horrible me gagna,
« comme si ma sentence venait de m'être pronon-
« cée, et comme si jusque là je n'eusse pas su réel-
« ment et sérieusement que je dusse mourir.

« Je n'avais rien mangé depuis vingt-quatre
« heures ; quand je regardais ma nourriture, d'é-
« tranges idées s'emparaient de moi ; je pensais
« aux animaux des champs, aux oiseaux de l'air
« qu'on engraisse pour la tuerie. Une sorte de
« bourdonnement sourd s'empara de mes oreilles,
« sans que je pusse m'en débarrasser. Quoiqu'il fît
« nuit close, des étincelles lumineuses allaient et

« venaient devant mes yeux, et je ne pouvais rien
« me rappeler. J'essayai de dire mes prières; mais
« je ne pus me souvenir que de quelques mots çà
« et là, et il semblait que ces mots étaient autant
« de blasphèmes que je proférais; je ne sais ce
« qu'ils étaient.

« Je ne puis me rendre compte de ce que je dis
« alors. Mais tout-à-coup, il me sembla que toute
« cette terreur était vaine et inutile, et que je ne
« resterais pas là pour y attendre la mort. Je me
« levai d'un seul bond ; je m'élançai aux grilles des
« fenêtres du cachot; je m'y attachai avec une telle
« force que je les courbai; je me sentais la puis-
« sance d'un lion. Je promenai mes mains sur cha-
« que partie de la serrure, et j'appliquai mon
« épaule contre la porte, garnie en fer et plu
« pesante que celle d'une église; je tâtonnais le
« long des murs et jusque dans les recoins, quoi-
« que je susse très bien que tout était en pierre
« massive et de trois pieds d'épaisseur, et que,
« lors même que j'aurais pu passer à travers une
« crevasse plus petite que le trou d'une aiguille, je
« n'avais pas la moindre chance de salut. Au milieu
« de tous ces efforts, je fus saisi d'une faiblesse,
« comme si j'eusse avalé du poison, et je n'eus que
« la force de gagner, chancelant, la place qu'occu—
« pait mon lit. J'y tombai, et je crois que je m'éva-

« nouis; mais cela ne dura pas, car ma tête tour-
« nait et la chambre me paraissait tourner aussi. Je
« rêvai, entre la veille et le sommeil, qu'il était mi-
« nuit, et qu'Élisabeth était revenue comme elle me
« l'avait promis, et qu'on refusait de la laisser en-
« trer. Il me semblait qu'il tombait une neige
« épaisse, et que les rues en étaient toutes cou-
« vertes, comme d'un drap blanc. Je voyais Élisa-
« beth morte, couchée dans la neige, au milieu des
« ténèbres, à la porte de la prison. Quand je revins
« à moi, je me débattais sans pouvoir respirer. Au
« bout d'une ou deux minutes j'entendis l'horloge
« du Saint-Sépulcre sonner dix heures, et je connus
« que j'avais fait un rêve.

« Quelque temps après, j'essayai de me rappeler
« tout ce que j'avais entendu dire sur la mort par
« *pendaison*, que ce n'était que l'angoisse d'un mo-
« ment, *qu'elle causait peu ou point de douleur,*
« *qu'elle éteignait* la vie sur-le-champ, et, de là, je
« passai à vingt autres idées. Peu à peu, ma tête
« commença à divaguer et à s'égarer encore une
« fois. Je portai mes mains à ma gorge, je la serrai
« fortement comme pour essayer de la sensation
« d'étrangler; ensuite, je tâtai mes bras aux en-
« droits où la corde devait être attachée; je la sen-
« tais passer et repasser jusqu'à ce qu'elle fût nouée
« solidement; je me sentais lier les mains ensem-

« ble ; *mais la chose qui me faisait le plus d'hor-*
« *reur était l'idée de sentir le bonnet blanc abaissé*
« *sur mes yeux et sur mon visage, Si j'avais pu évi-*
« *ter cela, le reste n'eût pas été si horrible.* Au mi-
« lieu de ces imaginations, un engourdissement
« général gagna petit à petit mes membres. L'é-
« tourdissement que j'avais éprouvé fut suivi d'une
« pareille stupeur qui diminuait la souffrance causée
« par mes idées, quoique je continuasse encore à
« penser. L'horloge de l'église sonna minuit ; j'avais
« le sentiment du son, mais il m'arrivait indistinc-
« tement, comme à travers plusieurs portes fermées
« ou d'une grande distance. Peu à peu je vis les
« objets qui erraient dans ma mémoire de moins en
« moins distincts, puis partiellement, puis ils dispa-
« rurent tout à fait. Je m'endormis. Je dormis jus-
« qu'à l'heure qui devait précéder l'exécution. Il
« était sept heures du matin, lorsqu'un coup frappé
« à la porte de mon cachot m'éveilla. J'entendis le
« bruit comme dans un rêve, quelques secondes
« avant d'être complètement réveillé, et ma pre-
« mière sensation ne fut que l'humeur d'un homme
« fatigué qu'on réveille en sursaut ; j'étais las et je
« voulais dormir encore. Une minute après, les
« verroux à l'extérieur de mon cachot furent tirés ;
« un geôlier entra portant une lampe, et suivi du
« gardien de la prison et de l'aumônier. Je levai la

« tête; un frisson semblable au choc électrique, à
« un plongeon dans un bain de glace, me parcourut
« tout le corps. Le sommeil s'était dissipé comme si
« je n'eusse jamais dormi, comme si jamais plus je
« ne devais dormir; j'avais le sentiment de ma si-
« tuation. R....., me dit le gardien d'une voix basse,
« mais ferme, *il est temps de vous lever*. L'aumô-
« nier me demanda comment j'avais passé la nuit,
« et me proposa que je me joignisse à lui pour
« prier. Je me recueillis sur moi-même, et je restai
« assis sur le bord du lit. Mes dents claquaient, et
« mes genoux s'entrechoquaient en dépit de moi.
« Il ne faisait pas encore grand jour; et comme la
« porte du cachot restait ouverte, je pouvais voir
« au delà la petite cour ouverte : l'air était épais
« et sombre, et il tombait une pluie lente et con-
« tinue.

    « J'essayai de faire une autre observation, quand
« le gardien fut prêt à quitter le cachot, mais cette
« fois je ne pus faire sortir les mots; ma langue
« s'attacha à mon palais; j'avais perdu la faculté de
« parler; je fis de violents efforts, ils n'aboutirent
« à rien, je ne pouvais pas prononcer. Lorsqu'ils
« furent partis, je restai à la même place sur le lit.
« J'étais engourdi par le froid, probablement par le
« sommeil et par le grand air inaccoutumé qui
« avait pénétré dans ma prison, et je demeurai

« roulé, pour ainsi dire, sur moi-même, afin de me
« tenir plus chaud, les bras croisés sur ma poitrine,
« la tête pendante, et tremblant de tous mes mem-
« bres. Mon corps me semblait un poids insuppor-
« table que j'étais hors d'état de remuer.

« Le jour éclairait de plus en plus, quoique jau-
« nâtre et terne, et la lumière se glissait par degrés
« dans mon cachot, me montrant les murs humides
« et le pavé noir, et je ne pouvais m'empêcher de
« remarquer ces choses puériles, quoique la mort
« m'attendît à l'instant d'après.

« Je remarquai la lampe que le guichetier avait
« posée à terre, et qui brûlait obscurément avec
« une longue mèche, pressée et comme étouffée
« par l'air froid et malsain, et je pensai qu'elle n'a-
« vait pas été ravivée depuis la veille au soir. Je
« regardai le châssis en fer nu et glacé sur lequel
« j'étais assis, et les énormes têtes de clous qui gar-
« nissaient la porte du cachot, et les mots écrits sur
« les murs par d'autres prisonniers. Je tâtai mon
« pouls ; il était si faible qu'à peine pouvais-je
« compter les pulsations. Il m'était impossible de
« m'amener à sentir, en dépit de tous mes efforts,
« que j'allais mourir. Pendant cette anxiété, j'en-
« tendis la cloche de la chapelle commencer à son-
« ner l'heure, et je pensais : « Seigneur, ayez pitié
« de moi, malheureux ! » Ce ne pouvait être encore

« les trois quarts après sept heures !.... L'horloge
« sonna les trois quarts, puis huit heures. Ce qui me
« reste à dire occupera peu d'espace ; mes souve-
« nirs sont très précis jusque-là, mais pas à beau-
« coup près aussi distincts sur ce qui suivit. Je me
« rappelle cependant très bien comment je sortis
« de mon cachot pour passer dans la grande salle.
« Deux hommes, petits et ridés, vêtus de noir, me
« soutenaient; je sais que j'essayai de me lever
« quand je vis entrer le gardien de la prison avec
« ces hommes, mais je ne pus pas.

  « Dans la grande salle étaient déjà les deux mal-
« heureux qui devaient subir leur supplice avec
« moi. Ils avaient les bras et les mains liés der-
« rière le dos, et ils étaient couchés sur un banc en
« attendant que je fusse prêt. Un vieillard maigre à
« cheveux blancs, lisait à l'un d'eux, il vint à moi
« et me dit quelque chose...... que nous devrions
« nous embrasser, à ce que je crois, je ne l'entendis
« pas distinctement.

  « La chose la plus difficile pour moi était de me
« retenir de tomber; j'avais cru que ces moments
« seraient pleins de rage et d'horreur, et je n'éprou-
« vai rien de semblable, mais seulement une fai-
« blesse, comme si le cœur me manquait, et comme
« si la planète même sur laquelle j'étais se dérobait
« sous moi. Je ne pus que faire signe au vieillard à

« cheveux blancs de me laisser ; quelqu'un intervint
« et le renvoya. On acheva de m'attacher les bras
« et les mains. J'entendis un officier dire à l'aumô-
« nier que tout était prêt. Comme nous sortions, un
« des hommes en noir porta un verre d'eau à mes
« lèvres, mais je ne pus l'avaler.

   « Je sentis encore une fois, je vis, et ce fut le
« dernier mouvement de complète perception que
« j'eus. Je sentis la transition brusque de ces pas-
« sages souterrains à ceux de la prison, chauds,
« étouffés, éclairés par des lampes, et je vis l'im-
« mense foule qui noircissait toute l'étendue de la
« rue au-dessous de moi ; les fenêtres des maisons
« et des boutiques vis-à-vis, garnies de spectateurs
« jusqu'au quatrième étage ; je vis l'église dans le
« lointain, et j'entendis la cloche. Je me rappelle
« l'état du ciel ; l'horrible perspective est encore
« tout entière devant moi : l'échafaud, la pluie, les
« figures de la multitude, le peuple grimpant sur les
« toits ; un murmure bas et rauque circula dans la
« foule lorsque nous parûmes. Jamais je ne vis tant
« d'objets à la fois, si clairement et si distinctement
« qu'à ce coup d'œil, mais il fut court.

   « A dater de ce moment, tout ce qui suivit fut nul
« pour moi. Les prières de l'aumônier, l'attache du
« nœud, le bonnet dont l'idée m'inspirait tant
« d'horreur, ne m'ont laissé aucun souvenir. J'ai lu

« depuis, dans les gazettes, ma conduite sur l'écha-
« faud ; il y était dit que je m'étais comporté digne-
« ment, avec fermeté ; que j'avais paru mourir sans
« beaucoup d'angoisses, que je ne m'étais pas dé-
« battu. Tous mes souvenirs cessent à la vue de la
« rue et de l'échafaud. »

« Ainsi, j'y suis. Le trajet exécrable est fait. La
« place est là, et, au-dessous de la fenêtre, l'hor-
« rible peuple qui aboie, m'attend et rit.

« J'ai eu beau me raidir, beau me crisper, le
« cœur m'a failli. Quand j'ai vu au-dessus des têtes
« ces deux bras rouges avec leur triangle noir au
« bout, dressés entre les deux lanternes du quai, le
« cœur m'a failli.

« Trois heures sonnaient, on est venu m'avertir
« qu'il était temps. J'ai tremblé, comme si j'eusse
« pensé à autre chose depuis six heures, depuis six
« semaines, depuis six mois. Cela m'a fait l'effet de
« quelque chose d'inattendu.

« Ils m'ont fait traverser leurs corridors et des-
« cendre leurs escaliers. Ils m'ont poussé entre
« deux guichets de rez-de-chaussée, salle sombre,
« étroite, voûtée, à peine éclairée d'un jour de
« pluie et de brouillard. Une chaise était au
« milieu. Ils m'ont dit de m'asseoir, je me suis
« assis.

« Il y avait près de la porte et le long des murs
« quelques personnes debout, outre le prêtre et les
« gendarmes, et il y avait aussi trois hommes.

« Le premier, le plus grand, le plus vieux, était
« gros et avait la face rouge. Il portait une redin—
« gotte et un chapeau à trois cornes déformé. C'était
« lui. C'était le bourreau, le valet de la guillotine.
« Les deux autres, ses valets à lui.

« A peine assis, les deux autres se sont appro—
« chés de moi, par derrière, comme des chats ; puis,
« tout à coup, j'ai senti un froid d'acier dans mes
« cheveux, et les ciseaux ont grincé à mes oreilles.

« Mes cheveux, coupés au hasard, tombaient par
« mèches sur mes épaules, et l'homme en chapeau
« à trois cornes les époussetait doucement avec sa
« grosse main. . . . .

. . . .

« Un jeune homme près de la fenêtre, qui écri—
« vait avec un crayon sur un portefeuille, a de—
« mandé à un des guichetiers comment s'appelait
« ce qu'on faisait là. La toilette du condamné, a
« répondu l'autre.

« Tout à coup l'un des valets m'a enlevé ma veste
« et l'autre a pris mes deux mains qui pendaient,
« les a ramenées derrière mon dos, et j'ai senti les
« nœuds d'une corde se rouler lentement autour de
« mes poignets rapprochés. En même temps l'autre

« détachait ma cravate. Ma chemise de batiste,
« seul lambeau qui me restât d'autrefois, l'a fait en
« quelque sorte hésiter un moment, puis il s'est mis
« à en couper le col.

« A cette précaution horrible, au saisissement de
« l'acier qui touchait mon cou, mes coudes ont
« tressailli et j'ai laissé échapper un rugissement
« étouffé. La main de l'exécuteur a tremblé : —
« Monsieur, m'a-t-il dit, pardon! est-ce que je
« vous ai fait mal. Ces bourreaux sont des hommes
« très doux.

« La foule hurlait plus haut au dehors.

« Le gros homme au visage bourgeonné m'a
« offert à respirer un mouchoir imbibé de
« vinaigre.

« Alors l'un d'eux s'est baissé et m'a lié les deux
« pieds au moyen d'une corde fine et lâche.

« Puis le gros homme a jeté la veste sur mon dos
« et a noué les manches sous mon menton.   .   .

.   .   .   .

.   .   .   .

« Ils disent que ce n'est rien, qu'on ne souffre
« pas, que c'est une fin douce, que la mort de cette
« façon est bien simplifiée.

« Eh! qu'est-ce donc que cette agonie de six se-
« maines et e râle de tout un jour? Qu'est-ce que
« les angoisses de cette journée irréparable qui s'é-

« coule si lentement et si vite ? Qu'est-ce que cette
« échelle de tortures qui aboutit à l'échafaud ?

« Apparemment ce n'est pas là souffrir.

« Ne sont-ce pas les mêmes conclusions, que le
« sang s'épuise goutte à goutte ou que l'intelli-
« gence s'éteigne pensée à pensée ?

« Et puis on ne souffre pas ; en sont-ils sûrs, qui
« le leur a dit ? Conte-t-on qu'une tête coupée se
« soit dressée sanglante au bord du panier et qu'elle
« ait crié au peuple :

« Cela ne fait pas de mal.

« Y a-t-il des morts de leur façon qui soient ve-
« nus les remercier et leur dire : C'est bien in-
« venté. Tenons-nous en là. La mécanique est
« bonne.

« Non, rien ! moins qu'une minute, moins qu'une
« seconde, et la chose est faite. — Se sont-ils ja-
« mais mis, seulement en pensée, à la place de celui
« qui est là, au moment où le lourd tranchant qui
« tombe mord la chair, rompt les nerfs, brise les
« vertèbres..... Mais quoi ! une demi-seconde ! La
« douleur est escamotée. »

Horreur !...

(VICTOR HUGO.)

CHAPITRE XXI.

« Le crime de l'innocent. »

(LAMARTINE).

93!.....

CHARLOTTE CORDAY.

Quand la vertu elle-même descend les marches du crime, il faut arracher de son cœur les sanglots d'une douleur immense! il faut se voiler la face du crêpe le plus épais!!!

« Fille Corday, à la charrette!!! »

— Qui es-tu? — Le bourreau... — Marche!... répondit l'héroïne, et la charrette marcha!

Ame de Caton et de Porcia! âme d'Éponine, de Jeanne-d'Arc et de Hachette! rien ne valait sur la terre la peine que tu dépensasses la virginité de ton âme héroïque! Dieu t'avait donc délaissée aussi, pauvre ange égaré sur la terre, puisqu'il ne t'a pas suscité quelqu'un qui, en son nom, te criât bien haut que la guillotine de Marat, ou ton couteau tuant Marat, c'était toujours le crime!!!...

Est-ce qu'Adam-Lux, qui ne pouvait pas vivre sans toi, sur cette terre qui avait bu ton sang généreux, à tué Robespierre ou Fouquier-Tinville? est-ce que cet ange qui avait nom Élisabeth a tué Couthon ou Carrier? Pauvre ange égaré sur la terre, que le jugement du ciel te soit aussi léger à porter que le jugement de la postérité ! ! ! Du monde des esprits où tu es arrivé par un chemin sanglant, puisses-tu dire que nous nous trompons !...

« Dieu recherche le meurtre, et il s'en sou-
« vient. »

(DAVID.)

UNE ABOMINATION.

LE GROS, VALET DE BOURREAU.

CHARLOTTE CORDAY.

« Alors, sur cette place inondée de monde, de-
« vant le palais des Tuileries en deuil, à l'endroit
« même où le sang d'un roi avait coulé, une belle et
« intelligente tête de femme, à un mouvement de
« l'exécuteur et devant une multitude bruyante,
« tomba. Il se fit alors dans la foule un grand si-
« lence. Cependant, la guillotine était abreuvée.
« L'orage éclata tout-à-fait. Une pluie abondante
« descendit à larges gouttes. Quand un pareil sang
« a coulé sur le pavé d'une ville, il faut l'eau du
« ciel pour le laver. La loi était satisfaite, cepen-
« dant *un valet de guillotine, Le Gros (ceci vaut*
« *bien qu'on le nomme), prit la tête de la morte par*
« *ses longs cheveux et la souffleta à trois fois devant*
« *tout le peuple. La tête rougit, belle et indignée sous*

8

« cet affront, le sentiment revint sur les joues étein-
« tes pour accuser cet homme. Un sourd murmure s'é-
« leva alors de la foule.

« Ce valet de bourreau fut puni par le Comité
« révolutionnaire ; puisse-t-il l'avoir été plus tard
« par sa conscience.

(ALPHONSE ESQUIROS.)

Mais cette tête coupée n'était donc pas morte ?
Mais non elle n'était pas morte !... elle était toute
chaude, et quand elle a rougi sous l'insulte du *bourreau*, elle avait le sentiment de l'insulte et le sentiment de la vie... Elle vivait !!....

Tout le monde sait que c'est au marquis César
Bonesano de Beccaria, auteur des délits et des peines,
que l'Europe est redevable de l'abolition de la torture et de l'amélioration des lois pénales. Quelque
beaucoup qu'ait vieilli ce livre que Voltaire appelait
le *Code de l'humanité*, nous lui avons emprunté une
longue citation sur la peine de mort ! Au milieu de
choses d'une vérité incontestable, il y a des choses que
nous ne comprenons plus, sans application, Dieu
merci, au XIXᵉ siècle, et présentées souvent avec
quelque embarras de style et peu de lucidité. Mais
ce qui est resté une vérité, c'est ce que Beccaria
a consigné dans la préface de son livre.

Voici où il prend l'origine de la barbarie des pei-

nes atroces, c'est bien la peine d'en faire un rapide
historique.

« Quelques débris de législation d'un ancien peu-
« ple conquérant, compilés par l'ordre d'un prince
« qui régnait, il y a douze siècles, à Constantinople,
« mêlés ensuite avec les usages des Lombards, et
« ensevelis dans un fatras volumineux de commen-
« taires obscurs, forment ce vieil amas d'opinions
« qu'une grande partie de l'Europe a honorée du
« nom de lois; et aujourd'hui même le préjugé de
« la routine, aussi funeste qu'il est général, fait
« qu'une opinion de Carprow, un vieil usage indi-
« qué par Clarus (1575), un supplice imaginé avec
« une barbare complaisance par Farinaccio, sont les
« règles que suivent froidement ces hommes qui
« devraient trembler lorsqu'ils décident de la vie et
« de la fortune de leurs concitoyens.

« C'est ce code informe, qui n'est qu'une mon-
« strueuse production des siècles barbares, que j'ai
« voulu examiner dans cet ouvrage, etc. »

Nous tenions infiniment à consigner ce fait.

CHAPITRE XXII.

Le *Livre de la Mort* justifiera son titre. Nous l'a-
vons dit : c'est le drame de l'humanité tout entière!
Avec nous, contre la peine de mort, nous aurons

toutes les intelligences qui se sont armées pour demander aux hommes l'inviolabilité de la vie de l'homme!... Leurs pensées, leurs travaux, leurs longues nuits sans sommeil, leurs recherches, leur génie, tout est à nous, pour la cause commune; c'est notre bien, notre propriété! Venus les derniers, nous héritons de tout ce que les siècles et la contemporanéité nous ont légués depuis Sabacon, roi d'Égypte, jusqu'à Victor Hugo!... Nous serons sans doute les derniers dont la voix criera aux hommes : Ayez pitié de vous-mêmes, et que Dieu seul donne la mort à l'homme.

La peine de mort! la peine de mort, quand elle expose à égorger un innocent! comme si étant innocents, elle n'a pas les bras assez longs pour nous atteindre aujourd'hui, demain, nous, nos pères, nos mères, nos enfants, par les déplorables erreurs de la justice humaine!

Aborrescere à sanguine.

Lisez !...

« Une femme veuve, ayant disparu tout à coup
« du village d'Issy, où elle demeurait, sans être
« aperçue dès-lors dans aucun lieu du voisinage,
« le bruit court qu'elle avait péri par la main de
« quelque scélérat, qui avait enseveli son corps à
« l'écart, pour mieux cacher son crime. Le juge

« criminel de la province ordonna des perqui-
« sitions; ses officiers, aperçurent par hasard un
« homme caché dans des broussailles; il leur parut
« effrayé et tremblant; ils s'en saisirent, et sur le
« simple soupçon qu'il était l'auteur du crime, on
« le déféra au présidial de la province. Cet homme
« parut supporter courageusement la torture; mais
« apparemment par pur désespoir, et las de la vie,
« il finit par se reconnaître coupable du meurtre.
« Sur ses aveux, mais sans autres preuves, il fut
« condamné et puni de mort; *l'événement seul jus-*
« *tifia son innocence. Deux ans après son supplice,*
« *la femme, que l'on croyait morte, et qui n'était*
« *qu'absente, revint au village. La voix publique*
« *s'éleva contre les juges.* Ils avaient condamné le
« prévenu (comme il n'arrive que trop souvent),
« sans avoir auparavant fait constater l'homicide. »

(ANNOEUS ROBERT.)

« *Propter miseriam inopum, et genitum paupe-*
« *rum nunc exurgam, dixit Dominus!*

« Oui, levez-vous, Seigneur, au cri de la désola-
« tion de ceux qui sont sans secours; au cri des
« pauvres, levez-vous, Seigneur ! ! !... et ne laissez
« plus égorger l'innocence par l'erreur des hommes
« qu'elle désespère, quand ils la reconnaissent. Ce
« grand malheur ne serait-il arrivé qu'une fois, la

« leçon était assez cruelle, et la société aurait dû
« faire halte !... Et combien de fois, Seigneur, la ha-
« che du bourreau n'a-t-elle pas frappé l'innocence
« pour toutes les causes diverses ! Sanson, à lui tout
« seul, a haché quatre mille têtes innocentes ! »

C'était la démence de la politique, nous criera-t-
on ? mais nous savons mieux que personne que le
crime n'est que la démence ! ! !... Nous tâcherons
de le prouver, mais c'est parce que nous le savons
bien, qu'il ne faut pas laisser le couteau dans les
mains de la démence !

Les deux cent mille brûlés vifs de l'Inquisition
ne sont que la ·démence du fanatisme. La Saint-
Barthélemy, les Albigeois, les Vêpres-Siciliennes,
l'égorgement de Bruges, sont la démence aussi ! Le
couteau de l'assassin, c'est la démence de l'ignorance et de la faim ! Tout est démence quand le
sang de l'homme coule par la main de l'homme !...

« Une considération bien puissante, sur un cœur
« juste, a échappé à Beccaria parmi celles qu'il
« accumule contre la peine de mort. Les juges les
« plus intègres, prononçant d'après la loi la plus
« claire, et d'après les preuves qui leur sembleront
« exclure, comme on dit, la possibilité de l'inno-
« cence, ne seront pas toujours infaillibles. *Ils pour-
« ront quelquefois confondre l'innocent avec le cou-
« pable*, et le condamner comme tel. Si, dans la

« suite, son innocence est prouvée, quelle sera leur
« douleur d'avoir commis une injustice irréparable?
« Pourront-ils jamais se consoler d'une erreur si
« funeste? Qu'on se rappelle le jugement de Calas
« (1). Or, le moyen sûr d'éviter cette faute, c'est
« de ne jamais prononcer la peine de mort. Les
« juges qui auraient condamné un innocent seront
« trop heureux de pouvoir, non-seulement justifier
« sa réputation, mais faire cesser ses malheurs,
« mais rendre la liberté, et plus que la vie, à un
« infortuné qu'on en avait privé mal à propos. Ils
« se consoleront d'avoir pu flétrir l'innocence, en
« s'empressant de rompre ses chaînes, d'en baiser
« les marques. D'où il suit donc que la peine de
« mort est inique, en ce qu'elle ôte à l'innocence,
« injustement condamnée, tout espoir de jouir de sa
« réhabilitation; et aux juges qui ont eu le malheur
« de le condamner, tout moyen de réparer cette
« faute affreuse.

(L'abbé MORELLET.)

La douleur va croissant devant l'histoire des erreurs humaines. Là, on tue l'innocence! Ici, on tue
parce qu'on est pauvre, misérable, et que la faim
hurle dans les entrailles!

(1) Les juges de Calas finirent tous d'une manière mystérieuse et
terrible, comme les massacreurs des septembrisades.

(*Note de l'Auteur.*)

DE QUELQUES TRIBUNAUX DE SANG.

« Croirait-on qu'il y ait eu autrefois un tribunal
« suprême, plus horrible que l'Inquisition, et que
« ce tribunal ait été établi par Charlemagne ? C'était
« le jugement de Westphalie, autrement appelé
« la Cour vémique. La sévérité, ou plutôt la
« cruauté de cette Cour, allait jusqu'à punir de
« mort tout Saxon qui avait rompu le jeûne en ca-
« rême. La même loi fut établie en Flandre et en
« Franche-Comté, au commencement du xvii° siècle.

« Les archives d'un petit coin de pays, appelé
« Saint-Claude, dans les plus affreux rochers du
« comté de Bourgogne, conservent le procès-verbal
« d'exécution d'un pauvre gentilhomme, nommé
« Claude Guillon, auquel on trancha la tête, le
« 26 juillet 1629. Il était réduit à la misère, et
« pressé d'une faim dévorante, il mangea, un jour
« maigre, *un morceau de cheval qu'on avait tué dans
« un pré voisin.* Voilà son crime. Il fut condamné
« comme un sacrilège. S'il eût été riche et qu'il se
« fût fait servir à souper pour deux cents écus de
« marée, en laissant mourir de faim les pauvres, il
« aurait été regardé comme un homme qui rem-
« plissait tous ses devoirs. Voici le prononcé de la
« sentence du juge :

« Nous, après avoir vu toutes les pièces du pro-

« cès, et ouï l'avis des docteurs en droit, déclarons
« ledit Claude dûment atteint et convaincu d'avoir
« emporté de la viande d'un cheval tué dans le pré
« de cette ville ; d'avoir fait cuire ladite viande le
« 31 mars, jour de samedi, et d'en avoir mangé.

« Quels docteurs que ces docteurs en droit qui
« donnèrent leur avis. Est-ce chez les Topinambous
« et chez les Hottentots que ces aventures sont arri-
« vées ? La cour vémique était bien plus horrible ;
« elle déléguait secrètement des commissaires qui
« allaient, sans être connus, dans toutes les villes
« d'Allemagne, prenaient des informations sans les
« dénoncer aux accusés, les jugeaient sans les en-
« tendre : et souvent, quand il manquait *de bour-*
« *reau, le plus jeune des juges en faisait l'office, et*
« *pendait lui-même le condamné.* Il fallut, pour se
« soustraire aux assassinats de cette chambre, obte-
« nir des lettres d'exemption, des sauves-gardes
« de l'empereur, encore furent-elles souvent inu-
« tiles. Cette *cour de meurtriers* ne fut pleinement
« dissoute que par Maximilien I"; elle aurait dû
« *l'être dans le sang des juges* (1). Le tribunal des

(1) Non, il ne fallait pas qu'elle fût dissoute dans le sang des juges.
Maximilien a fait ce qu'il y avait à faire ; c'est ici une des mille légè-
retés de ce grand écrivain, Beccaria lui-même, maintient le droit de
verser le sang humain dans deux cas qu'il définit. Jamais ! jamais !

(Note de l'Auteur.)

« Dix, à Venise, était, en comparaison, un institut
« de miséricorde.

« Que penser de ces horreurs et de tant d'autres ?
« Est-ce assez gémir sur la nature humaine ? il y a
« eu des cas où il fallut la venger. »

(VOLTAIRE.)

Non, ce n'est pas assez gémir ! les philosophes,
les hommes religieux, les philanthropes, trois bons
frères, trois soldats de Dieu, doivent remplir le
monde de sanglots, de cris et de gémissements,
tant que dureront l'échafaud, le meurtre, le suicide et la guerre.

LE BOURREAU !

« C'est dégrader l'humanité, que de charger un
« homme de l'emploi de bourreau, et il est incon-
« cevable que l'on puisse trouver des hommes qui
« consentent à cette dégradation dans leur per-
« sonne. *Je doute qu'aucune éducation humaine*
« *pût y plier quelque bête féroce que ce soit* (1). Or,
« c'est un des inconvénients de la peine de mort :
« à moins qu'on ne condamne les coupables *ad bes-*
« *tias* comme chez les Romains ; ce qui me paraît

---

(1) Malheureusement Morellet se trompe ; on a fort bien *éduqué*
une bête très peu féroce à être bourreau, l'éléphant. Nous parlerons
de cela plus tard.

(*Note de l'Auteur.*)

« moins contraire à l'humanité, quoique très inhu-
« main. »

(L'abbé Morellet.)

« Le mépris légitimement fondé pour les exé-
« cuteurs de la justice, mépris dont on ne saurait
« se garantir, mépris général de toutes les nations,
« et de tous les temps. »

(Diderot.)

« Quel est le sentiment général sur la peine de
« mort ? Il est tracé en caractères ineffaçables *dans*
« *ces mouvements d'indignation et de mépris que nous*
« *inspire la seule vue du bourreau*, qui n'est pour-
« tant que l'exécuteur innocent de la volonté pu-
« blique, qu'un citoyen qui contribue au bien gé-
« néral, et qui défend la sûreté de l'État au dedans,
« comme le soldat la défend au dehors ! »

(Beccaria.)

« Le meurtre cesse d'être une action atroce, il
« n'est plus qu'une action *légale*. Une simple for-
« malité sépare l'assassin et le bourreau. Créer une
« telle profession dans une société, que de ré-
« flexions!.... Du moins le criminel a su qu'il com-
« mettait un crime en tuant son semblable ; mais
« faire consommer le meurtre à un homme avec la

« sécurité du devoir !.... Lequel des deux fait le
« plus horreur, ou de celui qui a pu commettre un
« meurtre que déjà il expie par ses remords, ou de
« celui qui, de sang froid, a pris l'exécrable enga-
« gement de tuer autant de ses semblables que la
« loi le lui commandera, et ainsi de commettre à
« lui seul autant de meurtres que tous les assassins
« à la fois? Sur cent hommes qui ont pu, par ven-
« geance ou cupidité, devenir une fois meurtriers,
« il n'en est pas un, peut-être, qui aurait eu la fé-
« roce persévérance de tuer *deux cent trente-un* de
« ses semblables, dans l'espace de vingt-cinq ans,
« ainsi que l'a fait le bourreau de Rouen, de 1800 à
« 1825, d'après le tableau de M. Vingtrimer. Ainsi
« le meurtre d'un homme, la société le fait payer
« de son sang au meurtrier, et le meurtre de deux
« cent trente hommes, elle le paie au poids de l'or
« au bourreau.

« En vain se retranche-t-on derrière la loi. La
« loi qui commande le meurtre vient des hommes,
« et celle qui le défend vient de Dieu. Le bourreau
« n'est qu'un misérable qui outrage la loi dès lors,
« et le *pouvoir social*, un *pouvoir athée*, qui ose, au
« nom du crime, imposer le devoir. Qu'on se rap-
« pelle cette belle réponse du tribunal qui jugea
« Moreau ; on lui conseillait de condamner, vu que
« Bonaparte ferait grâce.

« Et qui me fera grâce, à moi-même, répondit-
« il.» « Admirable réponse, qui prouve qu'il est un
« pouvoir au dessus du pouvoir humain, qui seul
« peut relever des devoirs que seul il impose.

« On l'a dit avec raison, le sentiment instinctif
« qui repousse, au fond des cœurs, la peine de
« mort, est peint en caractères ineffaçables, dans ce
« mépris universel qu'inspire le seul aspect du mi-
« nistre des cruautés légales. Pour le prouver, je
« n'en veux d'autres juges que vous-mêmes, magis-
« trats qui avez prononcé la sentence : Si du haut de
« ce tribunal, d'où vous avez fait entendre le ter-
« rible arrêt de mort, on vous avait dit de faire
« tomber sur la tête du coupable, la hache fatale,
« qui de vous n'eût mieux aimé rétracter la sentence
« que d'être réduit à l'exécuter. Cependant le crime
« est évident, la loi est claire, vos consciences
« étaient tranquilles en prononçant l'arrêt; d'où
« vient qu'elles s'inquiètent, qu'elle se troublent en
« vous parlant d'exécution? Si l'arrêt de condam-
» nation est juste, pourquoi craindre d'exécuter un
« acte de justice, etc.

« Méditez donc ces paroles d'un sage : « Pour
« que vos lois soient exécutées, prenez-y garde,
« vous exigez qu'il y ait parmi vous des monstres !..

(*A l'Assemblée Nationale*, M. Duport.)

« Non, ce n'est pas là ce qu'a voulu la Provi-
« dence, et vous l'outragez, *vous la reniez même*,
« ô vous, législateurs imprudents, qui donnez la
« profession d'assassin à l'homme pour remplir sa
« carrière ici-bas, et qui trafiquez avec un peu d'or,
« de la responsabilité de sa destinée....

(CHARLES LUCAS.)

UN DRAME.

« Je suis mort en Rohan.
« Néron vous écoutait, madame. »
(RACINE.)

L'HOMME ROUGE.

« DE ROHAN. — Qu'est-ce que cet homme ?

« DE RÉSEMAUX (hésitant). — Prince !

« DE ROHAN (à l'homme vêtu de rouge). — C'est
« toi qui... (il fait un geste de la main).

« L'HOMME ROUGE. — Oui, monseigneur.

« DE ROHAN. — Pourras-tu bien m'abattre la
« tête d'un coup... et sans m'ôter mon justaucorps ?

« L'HOMME ROUGE. — J'y tâcherai, monsei-
« gneur.

« DE ROHAN. — Mais ne dois-je pas être lié ? ne
« viens-tu pas ici pour cela, avec ces cordes ?

« L'HOMME ROUGE. — Oui, monseigneur... mais

« je puis lier monseigneur avec un des rubans de sa
« cravate.

« De Rohan. — Non, mon ami... Notre-Seigneur
« Jésus–Christ a été lié avec des cordes... moi, mi-
« sérable pécheur... je veux être lié comme lui avec
« des cordes... Allons, lie-moi (il tend les mains),
« seulement, que je puisse tenir un crucifix.

« De Rohan (à Bourdaloue et au père Talon). —
« Enfin, vous direz à Mlle d'O*** que j'ai suivi ses
« nobles conseils ; que, grâce à vous, mes pères, je
« suis revenu de mes emportements... que je me
« suis confié en la miséricorde infinie de Dieu... et
« puis, quand vous m'aurez vu mourir comme je
« mourrai (avec fierté), vous assurerez Mlle d'O***
« que je suis du moins mort en Rohan... Mais, par-
« don, pardon, mon père, de cette orgueilleuse pen-
« sée... une dernière prière... Je désire que cette
« lettre de Mlle d'O*** ne me quitte pas. . qu'on la
« laisse là... sur mon cœur... me le promettez-vous ?

« Le père Talon (essuyant ses larmes). — Oui...
« oui... prince, on y pourvoira.

« De Rohan. — Et puis, enfin, qu'une boucle de
« mes cheveux soit remise à ma mère... si elle
« daigne les vouloir... et une autre à Mlle d'O*** ;
« vous me promettez encore cela, mon père ?

« Le père Talon. — Oui, mon fils !

« Les gardes françaises s'étaient saisis, dès sept
« heures du matin, de toutes les avenues où les
« chaînes furent tendues : les mousquetaires blancs
« et noirs les soutenaient par brigades, savoir : A la
« porte Saint–Antoine, à l'entrée de la rue des
« Tournelles, vis-à-vis de l'hôtel du Maine, et vers
« la rue qui va à la place Royale. La place qui est
« devant la porte de la Bastille était entourée de
« deux rangs de gardes françaises, et, derrière, un
« rang de mousquetaires, M. le duc de La Feuil–
« lade et le chevalier de Forbin leur donnant les
« ordres.

« Dans le milieu de cette place, il y avait une
« potence et trois échafauds ; celui qui était le plus
« près des Saints-Martyrs, pour M. de Rohan, un
« vis-à-vis la porte de la Bastille, pour Despréaux,
« et l'autre, vis-à-vis le premier, pour la dame Vi-
« lars, faisant tous trois un triangle, et presqu'au
« milieu la potence pour le maître d'école Van–den-
« Enden.

« A deux heures et demie, M. de Rohan sortit de
« la Bastille à pied, ayant demandé, et Despréaux
« aussi, de n'être pas mis sur la charrette qui les

« suivait, avec les deux autres, la femme et le maî-
« tre d'école. M. de Rohan parut sans chapeau, les
« mains liées, tenant un crucifix, le père Talon à sa
« droite, le père Bourdaloue à sa gauche. Il n'eut
« jamais si bonne mine, quoique l'air un peu
« abattu. Il se tourna, et, jetant par deux fois les
« yeux de tous côtés, il aperçut près de lui le sieur
« de Saindoux et quelques autres officiers qu'il sa-
« lua ; puis avança, et s'arrêta pendant que la char-
« rette approcha, et qu'elle s'arrêta entre lui et
« Despréaux. Le bourreau monta dessus pour en-
« tendre la sentence que le greffier lui lut. Pen-
« dant ce temps-là, les PP. Jésuites, embrassant
« tour à tour M. de Rohan, l'exhortaient de leur
« mieux ; la sentence lue, ils revinrent auprès de
« son échafaud. Les valets du bourreau lui vou-
« lurent aider à monter, mais il se tourna et leur
« dit : « Laissez-moi, je monterai bien. » En effet,
« malgré ses mains liées, il ne laissa pas de s'en
« aider, et monta sur son échafaud, où il se mit à
« genoux, les Pères à côté de lui, qui lui parlaient
« toujours ; ensuite il baisa le crucifix. Le bourreau
« s'approcha et lui baissa son collet. A cette action,
« il parut un peu étonné, car il avait fait revue de
« tout ce terrible appareil. Cependant il soutint
« tout avec fermeté et résignation, et l'on peut dire
« qu'il est mort sans faiblesse, sans ostentation, et

9

« en vrai chrétien. On lui coupa les cheveux, et on
« lui découvrit un peu les épaules ; on lui banda les
« yeux, et on chanta le salut. Pendant tout cela, le
« P. Talon le cacha de son manteau, autant pour
« lui épargner de la confusion, que du froid. Les
« yeux bandés, il se recommanda à Dieu ; le P.
« Bourdaloue descendit, le P. Talon s'écarta un
« peu, et l'exécuteur s'approchant de lui, lui coupa
« la tête tout d'un coup : elle roula jusqu'au bout
« de l'échafaud, et le P. Talon, jetant son manteau
« sur le corps, descendit ; peu après on lui rendit
« son manteau.

« Ensuite on exécuta le chevalier Despréaux,
« qui ne fit pas plus de façon, mourut très ferme-
« ment en regardant la dame Vilars, n'ayant pas
« voulu avoir les yeux bandés ; *sa tête roula à terre,*
« *et on la rejeta.*

« Après, la marquise, qui fut exécutée l'avant-
« dernière, monta fort hardiment sur son échafaud,
« se mit à genoux en chantant le *salve Regina,*
« baisa par trois fois le billot, et sans souffrir que
« le bourreau la touchât, elle aida elle-même à se
« défaire de sa coiffe pour découvrir ses épaules, et,
« après, souffrit constamment et fort noblement
« une pareille destinée, et sa tête roula à terre.

« Ensuite on monta le maître d'école à la potence ;
« la question lui ayant ôté l'usage des jambes, il

« fut aussitôt pendu par les valets du bourreau, qui
« leur dit :

   « *Vous autres, pendez-moi çà.* »

   « J'oubliais de vous dire que pendant que l'on
« exécutait Despréaux, six soldats de la Bastille
« vinrent enlever le corps et la tête de M. de Rohan,
« et les portèrent à la Bastille; le corps de Mme de
« Vilars fut mis dans un drap et enlevé par le côté
« de la rue des Tournelles, où on le mit dans un
« carrosse.

   « Pour le chevalier Despréaux, on le jeta dans
« la charrette, après l'avoir déshabillé publique-
« ment, puis on jeta sur lui tous les ais des écha-
« fauds, et après le corps de Van-den-Enden, et
« par-dessus tout la potence. Et c'est par où finit
« ce triste spectacle, à trois heures et demie!...

CONCLUSION.

> « Néron vous écoutait, madame. »
> (RACINE.)

   « Moins d'une heure après l'exécution de M. de
« Rohan et de ses complices, un courrier arrivant
« à toute bride dans la cour du château de Saint-
« Germain, remit un paquet pour le roi.

   « Louis XIV, qui s'était souvent et impatiem-

« ment informé de ce courrier, *reçut ces dépêchrs*
« *avec les marques de la satisfaction la plus vive,*
« lut attentivement une longue lettre de M. de la
« Reynie, et se rendit aussitôt chez Mme de Montes-
« pan, qu'il trouva triste et rêveuse.

« — Madame, lisez, lui dit le roi ; puis il ajouta
« avec une expression de haine, de joie et de cruelle
« ironie : Qu'aujourd'hui ne soit pas pour moi seul
« un jour de bonheur.

« Mme de Montespan jeta les yeux sur la lettre...
« c'était une dépêche de M. de la Reynie, qui an—
« nonçait au roi la mort de M. de Rohan.

« Il est inutile de dire que le roi faisait ainsi une
« sanglante allusion aux mêmes paroles, autrefois
« amoureusement dites à Mme de Montespan, par
« M. de Rohan, et si imprudemment rappelées, il
« y avait alors cinq ans, dans la conversation des
« filles d'honneur de la reine, conversation qui
« exaspéra si furieusement Louis XIV contre le
« grand veneur de France.

(EUGÈNE SUE.)

Le plus grand crime de Fouquet, ce fut son
amour pour mademoiselle Louise de La Vallière !...
Et Louis XIV demandait au pape la permission de
faire mourir Fouquet sans jugement !... L'amour
de Mme de Montespan pour M. de Rohan le con-

duisit à l'échafaud!... 93 a eu des précepteurs de
bonnes maisons!... En mourant, Louis XIV chantait
si fort les prières des agonisants que sa voix couvrait toutes celles des prêtres!... Si, dans le monde
des esprits, toutes les victimes de ce despote corrompu et cruel se sont étendues sur l'espace, sa
voix n'aura pas pu traverser la profondeur du ciel
pour parvenir jusqu'à Dieu!

Nous n'avons pas sous les yeux, pour le moment,
les documents du fait que nous allons rapporter,
mais nous en assurons l'authenticité : il est de nos
jours. Un homme commet un crime ; il plaît à cet
homme d'impliquer son neveu dans la perpétration
du crime! ce jeune homme se défend avec toute la
conscience de sa pleine innocence! l'oncle répond :
« Si, mon petit, si, c'est bien toi qui as été chercher
la hache avec laquelle j'ai frappé. » Le jury reconnaît l'existence du crime! l'arrêt atteint l'oncle et
l'enfant!... Au pied de l'échafaud, l'oncle voit tomber la tête de cet enfant!... il dit : « Pauvre enfant!
il avait bien raison, il ne savait rien du crime, mais
ça m'ennuyait de mourir tout seul!!... »

Et l'on peut maintenir une peine qui à chaque
heure peut atteindre l'innocence, et qui ne fait que
du mal, alors qu'elle n'atteint que le coupable!

« Réveillez-vous, ô Sion, réveillez-vous; revê-
« tez-vous de votre force ; parez-vous des vête-

« ments de votre gloire, Jérusalem, ville sainte,
« parce qu'à l'avenir il n'y aura plus d'incirconcis
« ni d'impur qui entre chez vous ! »

(Isaïe.).

Mais jusques à quand, Seigneur !

(David.)

CHAPITRE XXIII.

FRANÇOIS Ier.

« François Ier étant à Marcoussi, devant le tom—
« beau de Montagu, décapité sous Charles VI, il
« lui échappa de dire que c'était dommage qu'un
« tel homme fût mort par justice. Un moine qui
« était présent, lui répondit : *« Sire, il ne fut pas*
« *condamné par justice, mais par commission.*

(Bérenger (1).

Et des myriades d'autres encore, ont été com-
missionnés.

FRANÇOIS Ier, SA MAÎTRESSE, ANNE DE PISSELEU, DUCHESSE D'ÉTAMPES (1535).

« *Posui ori meo custodiam cùm consisteret pec-*
« *cator adversùm me.* »

---

(1) Bérenger. *De la Justice criminelle.*

Non, non! Jésus et Socrate ont parlé!

« *Vitam impendere vero!* »

Nous ne veillerons pas à tenir notre bouche
fermée ; tant que l'aveugle marchera vers l'abîme,
nous lui crierons : prends-garde à toi! Abolissez
la peine de mort! car voyez ce qu'a produit le droit
de donner la mort.

« François Ier se rendit avec toute sa cour à l'Es-
« trapade, où des siéges et des gradins avaient été
« préparés pour le recevoir. On sait que ce lieu
« d'exécution prenait son nom d'un ancien genre
« de supplice par lequel le patient, élevé en l'air
« par le moyen d'une poulie, était rejeté contre
« terre avec une telle force qu'il était tué sou-
« vent sur place. Cette fois seulement, le chance-
« lier Duprat, *ou quelque bonne âme, avait imaginé,*
« *au grand amusement des dames, de compliquer ce*
« *supplice, trop doux pour des huguenots.* Un vaste
« bûcher avait été construit, à l'entour duquel se
« dressaient des potences mobiles qui devaient
« *plonger les victimes dans les feux et les en retirer*
« *pour les y replonger encore.* L'assemblée était
« nombreuse et brillante, le roi, du haut d'un trône,
« *présidait la fête entre sa maîtresse et son chance-*
« lier. Quant à la reine, elle avait mieux aimé res-

« ter à vêpres que d'assister à une exécution. Ce
« n'était pas de l'humanité, mais un caprice de
« femme dévote. Déjà les six condamnés, en robes
« noires, sont attachés à l'estrapade, les mains liées
« derrière le dos, avec une corde qui soutient tout
« le poids de leur corps; un silence avide règne
« dans cette tourbe de peuple tout-à-l'heure si
« bruyante; les religieux qui d'ordinaire assistent
« les criminels murmurent les prières des morts;
« sur un geste du prévôt, on allume les fagots as-
« pergés de bitume, et soudain, au milieu des
« flammes, *montent et descendent les patients avec*
« *des hurlements auxquels la canaille répond par*
« *des rires et des cris de joie!* La cour regardait
« avec insouciance les souffrances de ces malheu-
« reux, *sans doute innocents, et des railleries atro-*
« *ces, des propos d'amour et de galanterie accom-*
« *pagnent leur mort lente et affreuse.* « Sire, dit
« madame Anne, en se penchant à l'oreille du roi,
« *je prendrais volontiers plaisir à cette comédie,*
« *n'étaient les plaintes des patients et l'odeur dés —*
« *agréable de leur chair brûlée.*

« Et tandis que les prêtres psalmodiaient le *De*
« *profundis,* que faisait le roi?

« Il faisait éveiller un greffier qui dormait, pour
« lui demander encre et plume, et sur un feuillet
« de son *livre d'Heures,* il écrivit de sa main le *ron-*

« deau suivant, composé pendant l'exécution, à la
« louange de madame Anne de Pisseleu, sa maî-
« tresse :

Comme hérétique, eut-il lèpre ou pelade,
« Pour Satanas est frillande grillade !
« Roi très chrétien, ars aussi de franc jeu,
« Et seulement demande une œillade,
« Dedans mon âme a bouté ce grand feu.
« Anne l'avive avec mainte accolade ;
« Serais-je pas d'esprit tout malade
« Si j'agissais envers amour, mon dieu,
            « Comme hérétique !

« Anne vaut bien que rondeau et ballade,
« A son honneur sonne galante aubade ;
« Femmes, prenez modèle en si haut lieu !
« Fi des cœurs faux, certe on en verrait peu
« Si l'inconstance encourait estrapade
            « Comme hérétique !

« Et après avoir brûlé les hommes à petit feu, il
« brûla ce même jour la pensée. Il supprima l'impri-
« merie. »

                        (BIBLIOPHILE JACOB.)

« Trop de rigueur contre un coupable révolte
« l'humanité ; et il n'est pas bien décidé, par les
« principes du droit naturel, à quel point la vie
« d'un homme est au pouvoir des autres hommes.

                        (LE BARON DE BIELFELD.)

« La punition de mort ne se gradue point, c'est
« la cessation de la vie, et pour l'enfant de dix-huit
« ans, et pour l'homme de soixante. Cela n'est pour-
« tant pas indifférent.

« Quand on met à mort un homme de trente ans,
« on ne sait ce qu'on fait. On n'a pas compté que
« cet homme est le seul survivant de vingt hommes.
« Le législateur criminel ignore le prix de la vie
« d'un homme de trente ans.

(DIDEROT.)

CHAPITRE XXIV.

> « Quare fremuerunt gentes, et populi
> « meditati sunt inania.
>
> « Pourquoi les nations se sont-elles
> « assemblées en tumulte? Pourquoi les
> « peuples forment-ils de vains projets? »

Parce que Dieu est absent des cœurs des nations,
et de l'idée des peuples. Si la religion avait l'empire qu'elle devrait avoir sur le cœur des hommes,
cet état de guerre incessant, perpétuel, existerait-
il sur la terre? Par quel cratère doit passer l'homme
pour étouffer en lui ce premier besoin de son être,
pour en oblitérer jusqu'aux dernières traces? Et
pourquoi? Dans quel but? Pour quelles fins? « *Ils*

« feignent de ne pas croire en Dieu pour se dispenser
« de faire le bien, a dit le roi-prophète, » lorsque c'est
de ce seul bien que sort le bonheur moral qui est notre
seul bonheur sur la terre !... Jésus en savait plus que
Voltaire ! nous dit Victor Hugo. Oui, certes, immen-
sément davantage ! Il a dit aux hommes ces éternelles vérités auxquelles on est bien forcé de revenir
toujours, après la nuit du mensonge et de l'égarement ! Dans une course rapide à travers les chemins
pierreux de la vie, l'existence humaine commune
ne va pas à *quarante ans* : Prenez les souffrances
de l'adolescence, l'incertitude de cette existence
jusqu'à dix ans ; commencez là l'éducation jusqu'à
vingt, pour ceux qui peuvent en recevoir, et c'est
le petit nombre. Poussez-vous à travers *la nécessité*
des nécessités jusqu'à quarante ans, pour ceux qui
y arrivent, et vous vous serez déjà courbés sur la
terre, vous l'aurez creusée pour y déposer les dépouilles mortelles des auteurs de votre existence !
Vous aurez vu mourir ces êtres adorés des entrailles
desquelles vous êtes sortis, père, mère, frères, sœurs,
et vos amis aussi. Tout aura disparu sous le souffle
de Dieu, comme nos joies menteuses et nos espérances vaines ! !... Ambitieux des riens de la terre,
au fond du calice de tous nos égarements, nous
trouvons ces riens parce qu'il n'y a rien dans la vie,
que la voie de la mort qui conduit où les joies sont

bien des joies, et l'espérance la réalité. Et cependant, placez dans ce néant d'un jour, dans cette fascination cruelle, *le parricide, l'infanticide, le meurtre de soi-même, le meurtre des autres, la guerre, le duel, l'échafaud*, cherchez une raison d'être à ces calamités, vous la trouverez dans ce seul mot :

« Irréligion ! »

Quand l'homme marche dans l'ombre de Dieu, il sait d'où il vient, et il sait où il va, et c'est cette science qui fait sa grandeur, sa force, sa majesté, à lui, ombre d'un rêve, fragile sensitive, à lui roseau, mais roseau pensant, selon l'expression de Pascal. Cette science de Dieu, ce cri puissant, cette récompense dans la vie réelle, après la vie menteuse, ne sont pas jetés par lui comme une guenille au vent des mensonges des choses.

« Celui qui n'a pas du tout de religion, c'est un
« animal terrible qui ne sent sa liberté que lors-
« qu'il déchire et qu'il dévore. »

(Montesquieu.)

DE LA PEINE DE MORT.

« On a dit il y a longtemps qu'un homme *pendu*
« n'est bon à rien, et que les supplices inventés pour

« le bien de la société doivent être utiles à cette
« société. Il est évident que vingt voleurs vigoureux,
« condamnés à travailler aux ouvrages publics toute
« leur vie, servent l'État par leur supplice, *et que*
« *leur mort ne fait de bien qu'au bourreau que l'on*
« *paie pour tuer les hommes en public.* Rarement les
« voleurs sont punis de mort en Angleterre, on les
« transporte dans les colonies. Il en est de même
« dans les vastes États de la Russie : On n'a exécuté
« aucun criminel sous l'empire de l'autocratrice
« Elisabeth. Catherine II, qui lui a succédé, avec
« un génie très supérieur, suit la même maxime.
« *Les crimes ne se sont pas multipliés par cette hu-*
« *manité; et il arrive presque toujours que les cou-*
« *pables, relégués en Sibérie, y deviennent gens de*
« *bien.* On remarque la même chose dans les colo-
« nies anglaises. Ce changement heureux nous
« étonne, mais rien n'est plus naturel. Ces condam-
« nés sont forcés à un travail continuel pour vivre ;
« les occasions du vice leur manquent ; ils se ma-
« rient, ils peuplent.

« *Forcez les hommes au travail* »

« vous les rendrez honnêtes gens. On sait que ce
« n'est pas à la campagne que se commettent les
« grands crimes.

« On ne condamnait un citoyen romain à mourir
« que pour les crimes qui intéressaient le salut de
« l'État. Nos maîtres, nos premiers législateurs, ont
« respecté le sang de leurs compatriotes ; nous pro-
« diguons celui des nôtres. »

(VOLTAIRE.)

« La première chose qui me frappe dans l'exa-
« men des lois pénales anglaises, c'est que, parmi
« les différentes actions que les hommes sont sujets
« à faire journellement, il y en a *cent soixante*
« *qu'un acte du parlement a déclarés crimes capi-*
« *taux et irrémissibles*, c'est-à-dire qui doivent
« être punis de mort. »

(MIRABEAU.)
Observations sur Bicêtre.

« A la Chine, les voleurs cruels sont *coupés en*
« *morceaux* (1), les autres non. Cette différence
« fait qu'on y vole, mais qu'on n'y assassine pas. —
« En Moscovie, où la peine des voleurs et celle des
« assassins est la même, on assassine toujours.
« Les morts, y dit-on, ne racontent rien.

(MONTESQUIEU.)

« Il me semble que la loi pénale doit avoir en-

---

(1) Mais en bien petits morceaux, en rognures !

(*Note de l'Auteur.*)

« core pour objet la réparation du dommage causé,
« soit à la société, soit à l'individu, et que cette
« considération doit influer beaucoup sur les déter-
« minations des peines assignables à chaque infrac-
« tion. Il en résulterait, ce me semble, ce principe
« fondamental, qu'au lieu de faire périr un coupa-
« ble, il faudrait l'appliquer aux emplois les plus
« avantageux à la société, plus ou moins pénibles,
« et pendant un temps plus ou moins long, selon le
« degré du crime. »

(MORELLET.)

« Deux ambitieux disputent un trône. Le plus
« fort l'emporte ; il décerne peine de mort contre
« les partisans du plus faible. Les juges deviennent
« les instruments de la vengeance du nouveau sou-
« verain ; et les appuis de son autorité. Quiconque
« était en relation, sous Hugues Capet, avec Charles
« de Lorraine, risquait d'être condamné à la mort,
« s'il n'était puissant.

« Lorsque Richard III, meurtrier de ses deux
« neveux, eût été reconnu roi d'Angleterre, le *grand*
« *jury fit écarteler le chevalier Guillaume Collingburn*
« (1483), coupable d'avoir écrit à un ami du comte
« de Richemont, qui levait alors des troupes, et qui
« régna depuis sous le nom d'Henri VII. On trouva
« deux lignes de sa main, qui étaient d'un ridicule

« grossier, elles suffirent pour faire périr ce cheva-
« lier par un affreux supplice. Les histoires sont
« pleines de pareils exemples de justice. »

(VOLTAIRE.)

La peine de mort est non-seulement inutile,
mais c'est encore la plus cruelle plaie qui dévore la société. Les peines atroces produisent précisément ce que l'on veut réprimer : on le verra à
chaque ligne de ce livre.

CHAPITRE XXV.

« Disperdat Dominus universa labia dolera.

Que le Seigneur perde toutes les lèvres
trompeuses.

Ps. II.

Il est affreux de penser combien de têtes innocentes sont tombées sous les coups de la délation
et de la calomnie. A Rome, c'était un métier, sous
l'influence corruptrice des mauvais empereurs !....
Le fils dénonçait le père, l'esclave dénonçait le
maître !... Que de vengeances particulières trou-
vèrent à s'espacer en 93 et en 1815 !

« Il faut rendre justice aux César ; ils n'imagi-
« nèrent pas les premiers les tristes lois qu'ils
« firent, c'est Scylla qui leur apprit qu'il ne fallait

« point punir les calomniateurs ; bientôt on alla
« jusqu'à les récompenser. »

Chapitre XVI, livre 12ᵉ, *Esprit des lois.*
(Montesquieu.)

Et ces délations payées, c'était la mort pour l'innocence. On verra, par ce qui précède, comme par ce qui suit, que le droit laissé à l'homme, de disposer de la vie de l'homme, entraîne la destruction de toute idée morale !

Dans tous les cas donnés, en politique comme en religion, comme en défense sociale, la peine de mort est toujours funeste !

Il faut imboire les esprits de cette grande vérité : c'est que le cœur humain sera toujours perverti sur la terre, tant que les hommes, obéissant à une grande erreur, se croiront le droit de prendre un homme, de l'attacher sur une planche, de l'enfourner et de lui couper le cou froidement, tranquillement, sans colère, sans passion, avec lenteur et en cérémonie !...

On va lire à quelles sanglantes injustices peuvent arriver les hommes ! à quelles épouvantables boucheries peuvent être livrés des innocents. Quand une institution, créée pour réprimer le crime, se convertit des myriades de fois en crime, ne faudrait-il pas se hâter de détruire cette institution.

10

Quand une institution peut, par l'erreur innocente
des juges, arracher un homme de bien à sa famille,
couper le cou à un innocent, qu'on reconnaît innocent après qu'on lui a coupé le cou, ne faudrait-il
pas se hâter de détruire cette institution. On a dit :
« Si Jésus-Christ, au lieu d'être crucifié, eût régné, aurait-il maintenu la peine de mort ? » Nous
en appelons à l'humanité entière, et nous répon-
dons, non ! Jamais Jésus n'aurait permis que
l'homme trempât ses mains dans le sang de l'homme.
On nous opposera cette vaste, cette immense législation de Moïse! ce phare lumineux des consciences, et dans un chapitre spécial de ce livre,
nous répondrons que la loi de Moïse n'était pas
pour les *nations de la terre !* c'étaient des lois spé-
ciales pour un peuple spécial ; que tout était coor-
donné dans cette œuvre, qu'aucun homme ne pouvait concevoir, et que Dieu seul pouvait dicter.

Maintenant, arrivons au fait qui a produit cette
disgression.

Un grand misérable, un parjure, un délateur,
causa une horrible boucherie :

« Dans les crimes ordinaires, la loi d'Angleterre
« est favorable à l'accusé (il en est autrement en
« France); mais dans celui de haute trahison, elle
« lui est contraire. L'ex-jésuite Titus Oatès (le
« grand misérable), ayant été juridiquement inter-

« rogé dans la Chambre des communes, et ayant
« *assuré par serment* qu'il n'avait plus rien à dire,
« accusa cependant *ensuite* le secrétaire du duc
« d'York, depuis Jacques II, et plusieurs autres
« personnes, de haute trahison, et sa délation fut
« reçue. Il jura d'abord devant le Conseil du roi,
« qu'il n'avait *point vu ce secrétaire*, et ensuite il
« *jura* qu'il l'avait vu. Malgré ces illégalités et ces
« contradictions, le secrétaire fut exécuté. Ce même
« Oatès et un autre témoin déposèrent que cin-
« quante jésuites avaient comploté d'assassiner le
« roi Charles II, et qu'ils avaient vu des commis-
« sions du Père Oliva, général des Jésuites, pour
« les officiers qui devaient commander une armée
« de rebelles. Ces deux témoins suffirent *pour faire*
« *arracher le cœur à plusieurs accusés, et à leur*
« *en battre les joues.* Mais en bonne foi, est-ce
« assez de deux témoins pour faire périr ceux qu'ils
« veulent perdre? Il faut au moins que ces deux
« délateurs ne soient pas des fripons avérés ; il faut
« encore qu'ils ne déposent pas des choses impro-
« bables. »

(VOLTAIRE.)

CHAPITRE XXVI.

« La peine de mort est-elle nécessaire, ou du
« moins utile? je ne le crois nullement, et je me
« fonderai sur des faits que chacun peut vérifier.

« Il s'est commis des vols innombrables à la
« place de Grève, sous la potence, *au moment où*
« *l'on y attachait des voleurs*, et plus que devant le
« pilori qui rassemblait moins de monde.

« Depuis un siècle, la peine de mort a été abo-
« lie et rétablie plusieurs fois contre la désertion ;
« le nombre des déserteurs a toujours été le même,
« dans les périodes de l'abolition et dans celles du
« rétablissement. François Ier fit des lois de sang,
« contre le vol avec effraction ; ces lois n'ont été
« abrogées que par la révolution ; mais les juges,
« depuis vingt ans, en avaient restreint l'applica-
« tion, au vol avec effraction extérieure et noc-
« turne. Dans le siècle passé, et au commencement
« de celui-ci, les *vols avec effraction extérieure,*
« *ainsi que les autres, ont été infiniment plus com-*
« *muns que depuis.*

« En 1724, on porta la peine de mort contre le
« vol domestique ; *il fut fréquent, tant que la loi*
« *s'exécuta ;* depuis trente ans, il ne se punissait
« que comme vol simple.

« Enfin, dans des temps de faction, on a vu cons-
« pirer sous l'échafaud où tombait la tête des cons-
« pirateurs ou des séditieux ; et dans des temps
« d'amnistie, on a vu tout rentrer dans l'ordre et
« dans le devoir. . . . .

. . . .

« C'est donc sur les mœurs et les circonstances
« politiques d'un État, bien plus que sur les lois
« pénales, que reposent la sûreté et la tranquillité
« des citoyens. Là où les mœurs sont bonnes, les lois
« cruelles sont sans nécessité ; là où les mœurs sont
« mauvaises, les lois cruelles sont sans force contre
« le crime ; et, dans tous les cas, elles sont dange-
« reuses.

(ROEDERER.)

CHAPITRE XXVII.

Nous avons dit, dans le cours de cet ouvrage, que
la France avait toujours eu une législation fort
rigoureuse.

Voici l'opinion du premier président de Lamoignon, à cet égard :

« L'avocat ou conseil qu'on avait accoutumé de
« donner aux accusés, n'est point un privilége
accordé par les ordonnances ni par les lois ; c'est

« une liberté acquise par le droit naturel, qui est
« plus ancien que toutes les lois humaines. La na-
« ture enseigne à tout homme qu'il doit avoir
« recours aux lumières des autres, quand il n'en
« a pas assez pour se défendre. Nos ordonnances
« ont retranché aux accusés tant d'avantages, qu'il
« est bien juste de leur conserver ce qui leur reste,
« et principalement l'avocat qui en fait la partie la
« plus essentielle ; *que si l'on veut comparer notre*
« *nation à celles des Romains et des autres nations,*
« *on trouvera qu'il n'y a point de législation*
« *aussi rigoureuse que celle que l'on observe en*
« *France, particulièrement depuis l'ordonnance de*
« 1539.

(LAMOIGNON.)

Discours sur l'administration de la justice.

L'ACCUSÉ DEVANT SES JUGES.

« Le moment critique est arrivé, où l'accusé va
« paraître devant ses juges. Je me hâte de le de-
« mander : quel est l'accueil que vous lui destinez ?
« Le recevrez-vous en magistrat ou bien en enne-
« mi ? Prétendez-vous l'épouvanter, ou vous ins-
« truire ? Que deviendra cet homme, enlevé subi-
« tement au cachot, ébloui du jour qu'il revoit, et

« transporté tout-à-coup au milieu des hommes qui
« vont traiter de sa mort? Déjà tremblant, il lève
« à peine un œil incertain sur les arbitres de son
« sort, et leurs sombres regards épouvantent et re-
« poussent les siens. Il croit lire d'avance son arrêt
« sur les replis sinistres de leurs fronts ; ses sens,
« déjà troublés, sont frappés par des voix rudes et
« menaçantes ; le peu de rayon qui lui reste, achève
« de le confondre, ses idées s'effaçent, sa faible
« voix pousse à peine une parole hésitante ; et,
« pour comble de maux, ses juges imputent peut-
« être au trouble du crime, un désordre que pro-
« duit la terreur seule de leur aspect. Quoi ! vous
« vous méprenez sur la consternation de cet ac-
« cusé, vous qui n'oseriez peut-être parler avec
« assurance, devant quelques hommes assemblés !
« Éclaircissez ce front sévère ; laissez lire dans vos
« regards cette tendre inquiétude pour un homme
« qu'on désire trouver innocent ; que votre voix,
« douce dans sa gravité, semble ouvrir, avec votre
» bouche, un passage à votre cœur ; contraignez
« cette horreur secrète que vous inspirent la vue
« de ces fers, et les dehors affreux de la misère ;
« gardez-vous de confondre ces signes équivoques
« du crime, avec le crime même, et songez que
« ces tristes apparences cachent peut-être un
« homme vertueux. Quel objet ! levez les yeux, et

« voyez sur vos têtes l'image de votre Dieu, qui
« fut un innocent accusé. Vous êtes homme, soyez
« humain ; vous êtes juge, soyez modéré ; vous êtes
« chrétien, soyez charitable. Homme, juge, chré-
« tien, qui que vous soyez, respectez le malheur ;
« soyez doux et compatissant pour un homme qui
« se repent, et qui, peut-être, n'a point à se re-
« pentir.

   « Mais laissons la contenance du juge, pour par-
« ler d'un art dangereux, dont j'ai souvent entendu
« vanter l'utilité ; c'est celui d'égarer l'accusé par
« des interrogations captieuses, même par des sup-
« positions fausses, et d'employer, enfin, l'artifice
« et le mensonge à découvrir la vérité. Cet art n'est
« pas bien difficile ; on trouble la tête d'un malheu-
« reux accusé par cent questions disparates : on
« affecte de ne pas suivre l'ordre des faits ; on lui
« éblouit la vue, en le faisant tourner avec rapidité
« autour d'une suite de différents objets ; et l'arrê-
« tant tout-à-coup, on lui suppose un aveu qu'il n'a
« pas fait, on lui dit : Voilà ce que tu viens de con-
« fesser, tu te contredis, tu mens, et tu es perdu.

   « Quel méprisable artifice ! Et quel est son effet ?
« L'accusé reste interdit ; les paroles de son juge
« tombent sur sa tête comme un foudre imprévu ; il
« est étonné de se voir trahi par lui-même ; il perd
« la mémoire et la raison ; les faits se brouillent et

« se confondent ; et souvent, une contradiction ima-
« ginaire le fait tomber dans une contradiction
« réelle.

« Cet art est odieux autant qu'injuste ; n'en souil-
« lons point nos honorables fonctions ; n'ayons d'au-
« tre art que la simplicité ; allons au vrai par le vrai ;
« suivons un accusé dans tous les faits, mais pas à
« pas et sans le presser ; observons sa marche, mais
« sans l'égarer ; et s'il tombe, que ce soit sous l'effort
« de la vérité, et non pas sous nos piéges. »

(SERVAN.)

CHAPITRE XXVIII.

« On a vu des juges qui aimaient le sang ; tel était
« Jeffreys, en Angleterre ; tel était, en France, un
« homme (M. de Machault) à qui l'on donna le sur-
« nom de Coupe-Tête. De tels hommes n'étaient pas
« nés pour la magistrature ; la nature les fit pour
« être bourreaux ! » (1)

(VOLTAIRE.)

(1) La nature ne crée personne pour être bourreau.
(*Note de l'Auteur.*)

CHAPITRE XXIX.

AUGUSTE DE THOU.

> « Cadent super eos carbones in ignem dejicies
> « eos ; in miseriis non subsistent.

> « Que les charbons ardents tombent sur leurs
> « têtes ; jetez-les dans le feu , et dans un abîme
> « si profond qu'ils ne s'en puissent jamais
> « relever (1). »
>
> (PSAUME 139.)

On a fatigué l'évidence en démontrant mathématiquement l'inutilité de la peine de mort ! On a démontré mathématiquement que c'était l'école des crimes ! On a prouvé jusqu'aux dernières limites de l'évidence qu'elle corrompait les mœurs ! qu'elle endurcissait les cœurs ! qu'elle poussait au crime ! que l'exemple en était funeste ! Que sous la législation qui avait aboli cette réparation sociale, pendant plusieurs générations, il s'était commis moins de crimes que durant son règne malheureux !

On a démontré qu'elle pouvait atteindre l'innocence comme le crime ; on a prouvé par A plus B qu'elle portait une atteinte fatale à la santé publique, et l'on a maintenu cette terrible peine pour punir les

---

(1) Cette malédiction n'est portée par nous que contre les peines atroces et non contre aucun homme.

(Note de l'Auteur.)

criminels, tandis qu'on sait qu'il n'y a pas d'exécution qui ne produise des criminels (1).

Avant de transcrire ici le drame d'un homme de
bien égorgé, *quoique innocent,* nous tenons à transcrire les apprêts du drame, de ce drame dont les
lenteurs, les formalités, les apprêts sont mille supplices dans un supplice! mille déchirements dans un
déchirement! Quoique extrait d'un ouvrage d'imagination, la peinture en est d'une vérité épouvantable.

« Cette machine inconnue, et d'un aspect si nou-
« veau, m'inquiétait malgré moi. Que voulait dire
« ce théâtre, et à quoi bon? Je serais resté fixé à la
« même place tout un jour, sans pouvoir m'expli-
« quer la chose. J'étais donc debout à cette fenêtre

(1) Nous n'avons jamais vu ni guillotine, ni potence, Dieu merci!
Nous n'avons jamais vu exécuter un homme, Dieu merci! Notre
présence nous semblerait un tort immense envers nous-même.
Comment peut-on vouloir former le parterre du bourreau! comment
peut-on aller se repaître de l'agonie et de l'égorgement d'un de ses
semblables! Il faudrait faire le vide autour de cet effrayant appareil.
Nous demandons si un homme *sans mission* peut vouloir faire entrer
dans son esprit le spectacle affligeant de l'homme égorgeant froidement un homme, après l'avoir attaché comme une bête immonde!..
Les femmes au moins devraient avoir assez de pudeur et de respect
pour elles-mêmes pour fuir ces scènes sanglantes, où l'on devient
fou, où l'on prend la contagion du crime, la monomanie homicide,
et où les mères exposent leurs enfants à des infirmités horribles!.....
Laissons tous seuls le patient, le bourreau et la force publique, et
que les innocens se contentent de prier pour celui qui va mourir:
C'EST UN HOMME!
(*Note de l'Auteur.*)

« de rez-de-chaussée, muet, inquiet, curieux,
« écoutant avec un frémissement involontaire les
« coups du marteau, quand le jeune ouvrier fut in-
« terrompu par un joli enfant qui venait pour lui
« vendre de la ficelle, cet enfant c'était mon fabri-
« cant de la Salpétrière, il apportait le travail de
« quinze jours, et, à son air timide, on voyait qu'il
« tremblait d'être refusé. Le charpentier l'accueillit
« en bon jeune homme, il reçut sa corde sans trop
« la regarder, il la paya généreusement, et renvoya
« cet enfant avec un gros baiser et un verre de ce
« bon vin qui était sur le pied de l'échelle. Resté
« seul, le jeune charpentier ne se remit pas à l'ou-
« vrage, il se promena d'un air soucieux de long en
« large, l'œil toujours fixé sur la porte ; évidem-
« ment il attendait quelqu'un ; ce quelqu'un qui
« arrive toujours trop tard, qui s'en va toujours
« trop tôt, qu'on remercie de vous avoir dérobé
« votre journée, avec qui les heures sont rapides
« comme la pensée. Arriva à la fin une fille belle et
« fraîche, naïve et curieuse ; après le premier bon-
« jour à son amant, elle s'occupa, tout comme moi,
« de la machine. Je n'entendais pas un mot de la
« conversation, mais elle devait être vive et inté-
« ressante. A la fin, le jeune homme, à bout sans
« doute de toutes ses explications, fit un signe à la
« jeune fille comme pour l'engager à jouer son rôle

« sur ce théâtre ; d'abord elle ne voulut pas, puis
« elle se fit prier moins fort, puis elle consentit tout-
« à-fait. Alors son fiancé, prenant un air grave et
« sérieux, lui attacha les mains derrière le dos avec
« la corde de l'enfant, il la soutint pendant qu'elle
« montait sur l'estrade ; montée sur l'estrade, il
« l'attacha sur la planche mobile, de sorte qu'une
« extrémité de ce bois funeste touchait à la poitrine,
« pendant que les pieds étaient fixés à l'autre extré-
« mité. Je commençais à comprendre cet horrible
« mécanisme ! J'avais peur de le comprendre,
« quand tout-à-coup la planche s'abaissa lentement
« entre les deux poutres ; tout-à-coup aussi, et d'un
« seul bond, le jeune charpentier est par terre, ses
« deux mains entourent le cou de sa maîtresse ainsi
« garottée ; lui cependant, jovial exécuteur de la
« sentence qu'il a portée, il passe sa tête et ses deux
« lèvres brûlantes sous cette tête ainsi penchée. La
« victime rose et rieuse avait beau vouloir se dé-
« fendre, pas un mouvement ne lui était permis.

« Eh bien ! ce fut seulement au second baiser que
« le jeune homme donna à sa maîtresse, que je
« compris tout-à-fait à quoi cette machine pouvait
« servir.

« Un léger coup sur l'épaule me tira de cette
« horrible contemplation ; je me retournai épou-
« vanté, comme si je me fusse attendu à trouver

« derrière moi l'homme pour qui travaillait le char-
« pentier ; je ne vis que la figure douce, triste et
« compatissante de Sylvio. Viens, mon ami, dis-je à
« Sylvio avec le sourire d'un insensé, viens voir
« cette machine sur laquelle ces deux bons jeunes
« gens prennent leurs ébats amoureux, comme font
« sur cette planche polie les pigeons du colombier.
« Crois-tu donc que sur ce parquet tout uni, entre ces
« deux poutres de sapin, si odorantes et si blanches,
« théâtre innocent de tant d'amour, puisse jamais
« se passer une horrible scène de meurtre ! Que
« dis-je ! Le plus horrible des crimes, un meurtre
« de sangfroid, un meurtre accompli à la face de
« Dieu et des hommes ! Peux-tu donc penser jamais
« qu'à cette échancrure où se penche amoureuse-
« ment la tête animée et souriante de cette belle
« fille, puisse jamais tomber de son dernier bond
« une tête fraîchement coupée ? Et pourtant la
« chose n'est que trop certaine. Demain, peut-être,
« le bourreau viendra, qui demandera si la ma-
« chine est prête. Il grimpera à cette échelle, pour
« s'assurer que le théâtre est solide, il parcourra à
« grands pas ces planches si bien jointes, pour s'as-
« surer qu'elles résisteront à la palpitante agonie
« du misérable ; il fera jouer la bascule, car il faut
« que la bascule soit alerte et preste, et s'abaisse
« aussi promptement que le couteau. Une fois qu'il

« se sera bien assuré de l'excellence de ce travail,
« auquel se rattachent la paix, l'honneur, la fortune
« et la tranquillité des citoyens, terrible pilotis sur
« lequel est bâtie la société tout entière, l'homme
« fera un petit sourire de satisfaction au maître
« charpentier, il dira qu'on lui apporte sa machine
« de bonne heure ou bien le soir, après quoi ce
« riant théâtre d'amour ne sera plus qu'un théâtre
« de meurtre ; le boudoir deviendra échafaud san-
« glant ; on n'entendra plus là, non plus jamais, le
« bruit des baisers. A moins que d'appeler un bai-
« ser cette dernière aumône que jette le prêtre du
« bout de ses lèvres tremblantes sur la joue pâle et
« livide de l'homme qui va *mourir.*

(JULES JANIN.)

AUGUSTE DE THOU ! L'HONNEUR ET L'INNOCENCE CONDAMNÉS A MORT.

« Les lois d'Angleterre ne regardent pas comme
« coupables d'une conspiration ceux qui en sont
« instruits, et qui ne la révèlent pas. Elles ont sup-
« posé que le délateur est aussi infâme que le conspi-
« rateur est coupable. En France, ceux qui savent
« une conspiration et ne la dénoncent pas, sont pu-
« nis de mort. Louis XI, contre lequel on conspi-
« rait souvent, porta cette loi terrible. Un Louis XII,

« un Henri IV ne l'eussent jamais imaginée. Cette
« loi, non seulement force un homme de bien à être
« délateur d'un crime qu'il pourrait prévenir par de
« sages conseils et par sa fermeté, mais elle l'ex-
« pose encore à être puni comme calomniateur,
« parce qu'il est très aisé que les conjurés prennent
« tellement leurs mesures, qu'il ne puisse les con-
« vaincre.

« Ce fut précisément le cas du respectable Fran-
« çois-Auguste de Thou, conseiller d'État, fils du
« seul bon historien dont la France pouvait se
« vanter, égal à Guichardin, par ses lumières, et
« supérieur peut-être par son impartialité.

« La conspiration était tramée beaucoup plus
« contre le cardinal de Richelieu, que contre
« Louis XIII. Il ne s'agissait point de livrer la
« France à des ennemis, car le frère du roi, prin-
« cipal auteur de ce complot, ne pouvait avoir pour
« but de livrer un royaume dont il se regardait en-
« core comme l'héritier présomptif, ne voyant entre
« le trône et lui qu'un frère aîné mourant, et deux
« enfants au berceau.

« *De Thou n'était coupable ni devant Dieu ni*
« *devant les hommes.* Un des agents de Monsieur,
« frère unique du roi, duc de Bouillon, prince sou-
« verain de Sédan, et du grand-écuyer d'Effiat.
« Cinq-Mars, avait communiqué de bouche, le plan

« du complot au conseiller d'État. Celui-ci alla
« trouver le grand-écuyer Cinq-Mars, et fit ce qu'il
« put pour le détourner de cette entreprise ; il lui
« en remontra les difficultés. S'il eût alors dénoncé
« les conspirateurs, il n'avait aucune preuve contre
« eux ; il eût été accablé par la dénégation de l'hé-
« ritier présomptif de la couronne, par celle d'un
« prince souverain, par celle du favori du roi, enfin,
« par l'exécration publique ; il s'exposait à être puni
« comme un lâche calomniateur.

« Le chancelier Séguier même en convint, en
« confrontant de Thou avec le grand-écuyer. Ce
« fut dans cette confrontation que de Thou dit à
« Cinq-Mars ces propres paroles mentionnées au
« procès-verbal : « Souvenez-vous, Monsieur, qu'il
« ne s'est point passé de journée que je ne vous aie
« parlé de ce traité, pour vous en dissuader. »
« Cinq-Mars reconnut cette vérité. »

(VOLTAIRE.)

Et l'innocent marcha au supplice ! jetant à la
terre cette antique malédiction :

« Maudit soit le jour où il a été dit : Un homme
« est né !... »

(JOB.)

11

CHAPITRE XXX.

SAINT LOUIS (LOUIS IX.) (1).

Dans un chapitre de ce livre, qui est le réper-
toire des crimes de l'humanité, nous avons dit, en
parlant de Charlotte Corday : « Quand la vertu
« elle-même descend les marches du crime, il faut
« se voiler la tête du crêpe le plus épais, et arra-
« cher de son cœur les gémissements les plus
« cruels, les douleurs les plus poignantes ! »

L'histoire a déploré que la plus sainte et la
plus grande figure historique, ait succombé par
excès de vertu ! Quel malheur pour la terre
que saint Louis ait ignoré qu'il n'y avait pas
de vertu possible avec la cruauté. Pour empêcher les blasphèmes, il tomba lui-même dans
un mal plus grand, et força le pape à le rappeler
aux *lois éternelles de l'humanité !* L'exemple donné
par un si grand cœur, par tant de vertu, a influé
puissamment sur de bien grands égarements (2).

(1) C'est chez cet homme, une des grandes gloires de la France,
la plus grande de toutes, qu'on peut apprendre ce qu'il ressort de
grandeur et de majesté de la religion.

(2) Saint Louis ordonna de couper la langue et de couper les lèvres
aux blasphémateurs. De nos jours, ces détestables habitudes
classent un homme, et le mépris en fait promptement justice.

(Note de l'Auteur.)

Un historien de Provence rapporte un fait qui nous peint bien ce que peut produire, sur des esprits faibles, cette idée de venger la Divinité.

« Un Juif, accusé d'avoir blasphémé contre la « sainte Vierge, fut condamné à être écorché. *Des* « *chevaliers masqués*, le couteau à la main, montèrent sur l'échafaud, et en chassèrent l'exécu- « teur, pour venger eux-mêmes l'honneur de la « sainte Vierge... » Je ne veux point prévenir les réflexions du lecteur.

(MONTESQUIEU.)

Le cœur saigne en lisant le supplice d'un jeune insensé, le chevalier de la Barre ! Et la maréchale d'Ancre, la fameuse Galigaï, avait-elle donc mérité d'être brûlée à petit feu, pour avoir fait tuer un coq blanc en pleine lune.

On a brûlé Urbain Grandier comme sorcier, et son supplice est resté sur la terre comme un de ces épouvantements.

En 1749, on brûla une femme dans l'évêché de Wartzbourg, comme sorcière.

Michelle Chaudron fut pendue pour crime de sorcellerie, en 1652, et brûlée après.

« On dirait que les lois, qui devraient faire la « sûreté du genre humain, n'ont été imaginées que « pour sa destruction. »

(STERNE.)

CHAPITRE XXXI.

HENRI VIII.

Cet homme aurait décapité l'humanité entière !
et sa mort fut le châtiment de sa vie ! Moins vipère
que Louis XI, il fut plus tigre ! il avait toujours
soif !

ÉLISABETH DE RUSSIE.

« Je jure, s'écria-t-elle, devant la sainteté de
« Dieu, avant de m'asseoir sur le trône des
« czars, de ne faire jamais mourir un criminel ! »
Et, pendant vingt ans, elle est restée fidèle à ce
serment, qui la place au-dessus de tous les vains
bruits qu'on appelle la gloire ! Et a-t-on remarqué,
que sous le règne d'Élisabeth, la société ait été dé-
sarmée? qu'elle soit restée sans défense? qu'elle
ait périclité dans ses mains ?

Ils étaient donc bien coupables, ces moines
catholiques, qui, souvent au péril de leur vie, ar-
rachaient des mains de la justice les criminels condamnés à mort, pour en refaire des hommes de
bien. Ils l'ont fait, ces chrétiens primitifs, qui ont
réalisé nos rêves dorés de la pureté du ciel.

Pour arrêter le zèle de leur horreur contre la

peine de mort, il ne fallut rien moins que des décrets, rien moins que leur emprisonnement !

Partout, dans les temps primitifs du Christianisme, vous voyez le chrétien reculer épouvanté devant l'idée de la mort donnée à l'homme par l'homme. Beccaria le signale, et Tertullien dit que les chrétiens avaient pour maxime « *de souffrir* « *plutôt la mort eux-mêmes que de la donner à per-* « *sonne.* » Et, dans son Traité de l'Idolâtrie, *il condamne toute espèce de charge publique, comme interdite aux chrétiens, parce qu'on ne pouvait pas les exercer sans être quelquefois obligé de prononcer la peine de mort contre les criminels.*

Elisabeth de Russie a-t-elle seule aboli la peine de mort, et comparue devant Dieu comme Périclès? Mais Isaac l'Ange jura, comme jure l'Israélite, devant la face de Dieu,

« *Vivat Dominus,* »

sur le Dieu vivant, qu'il ne ferait jamais mourir personne durant son règne. L'empereur Maurice a-t-il fait défaut à cette grande mesure religieuse, morale et politique, et Périclès, en mourant, n'a-t-il pas dit :

« *Je n'ai fait porter le deuil à aucun citoyen.* »

Et, au rapport de Diodore, *Sabacon,* roi d'Egypte,

ne s'est-il pas fait admirer en commuant la peine
de mort en celle de *l'esclavage*, et les Romains fu-
rent-ils plus mauvais après la loi Porcia? Quand
une loi est féconde en choses mauvaises, qu'elle ne
produit que le mal, qu'elle y pousse, qu'elle révolte
le cœur! Quand une loi cherche à retenir l'homme
dans le bien par un fait égal à celui qui fait le mal ;
quand d'une part tout est dangereux dans une loi,
et que dans la destruction de cette loi se trouve le
bien, pourquoi maintenir cette loi ?

Inutile pour défendre la société, inutile pour punir les méchants, elle reste menaçante et terrible,
suspendue sur la tête des innocents, par l'erreur où
la justice humaine peut tomber.

Consignons ici une de ces abominations que les
siècles ne font pas oublier. Elle est d'hier, et nous
n'avons rien à reprocher aux cannibales.

Nous sommes heureux de dire que ce n'est pas
un acte légal !

1854.

Au xix⁰ siècle (1), sous l'œil de Dieu, devant le
monde de Moïse, de Jésus et de Mahomet, cette
grande abomination a été commise !......

(1) Ce grand crime a été commis vers les premiers jours de
février 1854.

« Nous trouvons dans une correspondance de
« Natchez (Mississipi) le récit d'un drame aussi ef-
« frayant que ce que les annales antiques nous
« offrent de plus terrible.

« Un nègre avait frappé un blanc ; il a été immé-
« diatement arrêté. La justice de l'État était prête
« à sévir contre le coupable ; mais les habitants,
« exaspérés, n'ont pas voulu se soumettre aux délais
« des tribunaux. Une foule s'assemble, s'empare de
« l'esclave et le traîne à quelque distance dans la
« campagne. On décide bientôt que, pour faire un
« grand exemple, et frapper les nègres de terreur,
« il faut brûler le coupable vif.

« Pendant tous ces préliminaires, les planteurs
« des environs accourent sur la scène du drame,
« suivis de tous leurs domestiques noirs, et, lorsque
« les apprêts de l'exécution commencent, plus de
« quatre mille esclaves se trouvent rassemblés pour
« assister au martyre de leur infortuné compagnon.
« Cependant la victime est entraînée au pied d'un
« arbre , et de gros fagots s'ammoncèlent autour
« d'elle. Soit courage héroïque , soit stupidité , le
« condamné ne laisse apercevoir aucun signe d'é-
« motion. On lui demande alors si, avant sa mort,
« il n'a rien à dire. Et lui, jetant un regard indiffé-
« rent sur la foule des nègres, leur conseille de se
« souvenir de sa fin malheureuse comme d'une ter-

« rible leçon ; il leur demanda aussi de prier pour
« lui. Se tournant ensuite vers un des exécuteurs, il
« le supplie de lui donner un verre d'eau. Après
« avoir bu à longs traits, la victime s'écrie : Main-
« tenant, mettez le feu, je suis prêt à partir en
« paix ! La flamme pétille aussitôt dans le bois sec,
« elle s'élève en tourbillons, s'approche du con-
« damné, le lèche, l'étreint d'une ceinture de dou-
« leurs, et le dérobe enfin aux regards des specta-
« teurs. Le cruel supplice qu'il endure fait enfin
« disparaître de son cœur les dernières traces de son
« stoïcisme. Il se tord dans ses chaînes, pousse
« d'horribles rugissements, se ramasse, ébranle
« l'arbre, brise les nœuds qui l'attachent, *et bondit*
« *tout flamboyant hors du cercle infernal.* Dès
« qu'on le voit paraître, *courant vers l'assemblée,*
« *comme une boule de feu, vingt carabines se diri-*
« *gent contre lui,* une grande détonation se fait en-
« tendre, et le supplicié tombe mort, percé de plu-
« sieurs balles. Des hommes se jettent à l'instant
« sur le cadavre à demi consumé, et le repoussent
« dans le bûcher, où les flammes ne tardent pas à
« le dévorer entièrement. »

    « *Cadent super eos carbones, in ignem dejicies*
« *eos; in miseriis non subsistent* (1). »

---

(1) Voilà deux fois que nous écrivons cette malédiction biblique.
Personne ne se méprendra sur quelle chose nous la jetons; ce n'est

Vous venez de voir l'esclave dans les mains odieuses des maîtres, voyez les chrétiens dans les mains odieuses de Dioclétien! Des profondeurs de la corruption romaine, un cri est poussé au nom du *dieu du vol, au nom de la déesse impudique,* et il est répondu à ce cri par l'égorgement *de dix-sept mille innocents chrétiens, dont pas un ne recula devant le glaive des bourreaux!...* Dioclétien lance son décret.

« Dioclétien, trois fois grand, toujours juste, em-
« pereur éternel, à tous les préfets et proconsuls
« du romain empire, salut.

« Un bruit qui ne nous a pas médiocrement
« déplu, étant parvenu à nos *oreilles divines,* c'est-
« à-dire que l'hérésie de ceux qui s'appellent
« chrétiens, adorent comme dieu ce Jésus enfanté
« par je ne sais quelle femme juive, insultant par
« des injures et des malédictions le grand Apollon,
« et Mercure, et Hercule, et Jupiter lui-même,
« tandis qu'ils vénèrent ce même Christ, que les
« Juifs ont cloué sur une croix, comme sorcier.

---

nullement sur les hommes les plus coupables, les plus cruels, nous n'avons pas mission de maudire; c'est contre la peine de mort que nous lançons l'anathème, contre le droit de tuer l'homme.

(Note de l'Auteur)

« A cet effet, nous ordonnons que tous les chré-
« tiens, hommes ou femmes, dans toutes les villes
« et contrées, *subissent les supplices les plus atroces,*
« s'ils refusent à nos yeux d'abjurer leur erreur.
« Si, cependant, quelques-uns parmi eux se mon-
« trent obéissants, nous voulons bien leur accorder
« leur pardon ; au cas contraire, nous exigeons
« qu'ils soient frappés par le glaive, et punis par
« la mort la plus cruelle : *morte pessimâ.* »

Et c'est ainsi que, d'abomination en abomination, le droit épouvantable d'arracher la vie à
l'homme n'a fait de l'histoire humaine qu'un charnier qui ferait reculer d'horreur les bêtes que
l'homme appelle féroces, et qui le sont moins que
lui.

HENRI IV (1).

Si l'histoire n'a pas pu pardonner à Henri IV
la mort du maréchal de Biron, coupable, mais son
ami dès le berceau, son fidèle compagnon sur tous
les champs de bataille, elle a flétri en lui l'assassinat juridique de Pierre Éder, innocent de toute
participation dans la conspiration de Biron, inno-

---

(1) Sans faire aucune application, que de fois Napoléon aurait-il
pu châtier de bien cruelles trahisons, des trahisons sur le champ de
bataille ! Il s'en est abstenu.

(Note de l'Auteur.)

cence plus tard reconnue, *et roué vif en Grève, à Paris.*

CHAPITRE XXXII.

Comme nous l'avons dit, nous appellerons à nous toutes les protestations qui se sont produites contre la peine de mort! nous continuerons à suivre la méthode que nous avons adoptée ; elle nous semble la plus claire, la plus loyale.

« Que l'injustice de la peine de mort se dé-
« montre donc, et bientôt on verra tomber les
« échafauds. Le jour où cette démonstration de-
« viendrait claire et évidente pour tous, est-il une
« tribune libre en Europe, et serait-ce celle de
« France, où un ministre osât, au nom du pouvoir,
« dispenser d'un devoir de morale naturelle, les
« douze jurés, les cinq juges et le bourreau, néces-
« saires à chaque exécution de la loi.

(CH. LUCAS.)

Et à l'appui de cette judicieuse remarque, l'au-
teur met en note ce que nous transcrivons dans le corps de ce livre.

« Le 20 août 1823, Marie-Claire, négresse, fut
« condamnée, pour empoisonnement de sa maîtresse,

« de victimes dans les Pays-Bas, *s'il n'eût été reçu*
« *dans les opinions du temps, que l'hérésie était un*
« *délit punissable de mort.* Biren, non moins cruel
« que le duc d'Albe, Biren, *qui peupla d'exilés les*
« *déserts de la Sibérie, les faisait mutiler, parce que*
« *la mutilation était une peine usitée ; il n'osa que*
« *rarement les faire mourir, parce que la peine de*
« *mort ne l'était point.* Tel est l'empire des habi-
« tudes, jusque sur les hommes les plus effrénés, et
« voilà une grande raison de profiter des temps pai-
« sibles pour détruire ces armes tranchantes qu'on
« cesse de craindre quand la rouille les a cou-
« vertes, mais qu'il est trop facile d'aiguiser de
« nouveau, quand les passions veulent en faire
« usage. »

(Jérémie Bentham.)

« C'est par la nécessité seule que la peine capitale
« peut être justifiée. On ne peut la défendre que
« comme on justifie la guerre et toute autre attaque
« ouvertement dirigée contre la vie de l'homme,
« c'est-à-dire en soutenant que le droit de défense
« naturelle l'exige.

« Avant d'ôter la vie à un homme, même en con-
« séquence, il doit être prouvé qu'il n'existe pas
« d'autre moyen de prévenir la violation de la sûreté
« publique, que le sacrifice du coupable.

« Le fardeau de cette représentation retombe
« donc sur ceux qui prétendent maintenir le fré-
« quent usage de ce sacrifice. »

(Sir Mackinson.)

« Un homme m'attaque, je ne peux me défendre
« qu'en le tuant, je le tue ; pour que la société fasse
« de même, il faut qu'elle ne puisse faire autre-
« ment. »

(Pastoret.)

« Peut-on dire, en conscience, que lorsqu'on
« guillotine un faux monnayeur ou un assassin, il
« n'y a pas d'autre moyen de préserver la société ?
« Comment, vous pouvez l'empêcher de nuire, même
« pour toujours, en le privant de sa liberté, et en-
« suite le réformer, etc. »

(De Gerando.)

« Il serait inutile d'insister sur ce point : il est
« par trop évident que le droit qu'exerce la société
« en place de Grève, n'est nullement celui de la
« légitime défense. »

(Ch. Lucas.)

« Chose remarquable, nos lois actuelles se con-
« damnent elles-mêmes de la manière la plus for-

« melle ; car si, avant que la nécessité de tuer votre
« meurtrier soit devenue inévitable, il vous arrive
« du secours ; si votre adversaire est désarmé et
« saisi, et que néanmoins vous le tuiez, la loi vous
« punit comme meurtrier. Et n'est-ce pas ce que la
« loi fait presque toujours elle-même, quand elle
« traîne le coupable à l'échafaud, et n'est-elle pas
« alors aussi vraiment meurtrière. »

(LE PELLETIER SAINT-FARGEAU.)

« Pendant le règne tranquille des lois, et sous
« une forme de gouvernement approuvée par les ·
« vœux réunis de la nation, dans un État défendu
« contre les ennemis du dehors, et soutenu au de-
« dans par la force et par l'opinion, il ne peut y
« avoir *aucune nécessité d'ôter la vie à un citoyen.* »

(L'autocratrice de Russie, CATHERINE.)

« Honte éternelle à cette maxime : que les États ·
« ou les rois sont autorisés à tout pour se conserver !
« Non, le salut du peuple n'est pas la suprême loi :
« la suprême loi, c'est la vertu ; la suprême loi,
« c'est la dignité morale de l'homme. »

(LE DUC DE BROGLIE.)

« Que Caïn ne soit pas tué, mais qu'il conserve
« aux yeux des hommes un signe de réprobation. »

(DIEU !...)

CHAPITRE XXXIII.

ADMIRABLE TRADUCTION DE LA PENSÉE DE ROBESPIERRE.

« Mais tout est bouleversé avec l'échafaud ; il
« n'y a que de la brutalité et de la profanation de
« notre nature, dans ce coup de hache qui enlève
« cette puissance du remords, qui donne une peine
« au passé, et rend la vertu à l'avenir.

« Il n'y a que de l'athéisme dans ce coup de
« hache qui ravit à l'homme la responsabilité de sa
« destinée, et qui la met dans la tombe avec son
« crime tout entier. »

(Ch. Lucas.)

SAINT AUGUSTIN

« écrit à Macédonius en demandant la grâce des
« condamnés à mort :

« *Que s'il agissait ainsi*, ce n'était pas que
« l'Église voulût que les délits civils restassent im-
« punis ; qu'elle réclamait seulement la possibilité
« de *convertir les criminels*!..... de peur, ajoute-t-
« il, qu'en quittant cette vie par le supplice, ils ne

12

« tombent dans un autre supplice qu'il ne sera ni
« en notre pouvoir, ni au leur de faire cesser. »

Robespierre a dit :

« Tuer un homme !....... Mais y songeait-on ?
« C'était tuer son retour possible à la vertu !.......
« C'était tuer l'expiation !..... Chose infâme, c'était
« tuer le *repentir* !..... »

« Tous les chrétiens croient fermement que cette
« courte vie a été donnée à l'homme pour en mé-
« riter une meilleure; que tous les instants qui nous
« sont comptés doivent être employés dans ce but;
« qu'il n'en est aucun qui nous reste à vivre, jusques
« et y compris le dernier, qui ne puisse, s'il est sanc-
« tifié par le repentir, obtenir grâce pour nous de-
« vant la miséricorde divine ! »

(Le duc de Broglie.)

« Eh bien ! l'on s'est demandé de *quel droit*
« *l'homme abrégeait pour son semblable* ce temps
« d'épreuves, déjà si court, et dont l'éternité dé-
« pend? De quel droit préviendrait-il peut-être,
« pour son semblable, le moment du repentir. »

(Charles Lucas.)

ADMIRABLE INSTINCT DU PEUPLE.

« Allez dans notre Bretagne, dit M. Charles Lu-
« cas, avec cette conviction profonde qui fait l'élo-

« quence, allez dans notre Bretagne, où règne le
« sentiment religieux, et tous vous diront naïve-
« ment : *Autant de guillotinés, autant de damnés,*
« et demandez-leur ce qui damne l'homicide, vous
« apprendrez d'eux que ce n'est que l'échafaud,
« car ils ne connaissent point de crime qui n'é-
« chappe à la damnation avec le confessionnal et le
« temps. »

(CHARLES LUCAS.)

Et ce peuple, parce qu'il est simple et religieux,
a deviné, sans s'en douter, que le crime n'était et
ne pouvait être que la démence !

CHAPITRE XXXIV

Vous savez, vous autres hommes, ce que vous
coûtent de sueurs et de larmes ces têtes d'enfants
si chères, dont les mains pieuses voileront vos yeux
au moment où vos âmes se retireront dans l'éternelle
patrie ! Toutes les forces de votre corps, toutes les
aspirations de vos cœurs, tous les cris puissants de
vos âmes, sont pour ces enfants ! Vous tombez chaque jour aux pieds des autels, et vous criez à Dieu,
les mains étendues sur leurs têtes,

« Seigneur, sauvez-les, bénissez-les. »
Et savez-vous bien ce qu'a coûté à Dieu l'âme de

celui que vous guillotinez? Vous savez votre tendresse pour vos enfants. Avez-vous mesuré la sienne pour vous tous, dont il est le père? Votre cœur de père absorbe-t-il plus d'amour que l'Éternel, qui a créé cet amour! Vous connaissez vos pleurs et vos angoisses..... Que savez-vous de celui à qui vous mutilez, vous arrachez l'âme qu'il a créée... *Immolateurs* de Jésus-Christ, *immolateurs* de Socrate, de Jeanne d'Arc, de de Thou, de Calas, de la Saint-Barthélemy, des Vêpres-Siciliennes, des Albigeois, de Bruges, de Quatre-Vingt-Treize, des Janissaires, vous savez maintenant ce qu'est, aux yeux de Dieu, le sang versé par vos mains!

LE GRAND ÉCHAFAUD D'ISRAEL.

Quel est ce cri lugubre et prolongé qui, de Sion va de montagne en montagne, par delà du Jourdain, plus loin que le sommet du Nébo, où Moïse mourut, plus loin encore que Moab!... Ce cri est un cri d'horreur! Et les anciens de ce peuple contemporain du soleil déclarent :

« 30. Qu'une telle chose n'a été faite ni vue de-
« puis le jour où les enfants d'Israël sont montés
« hors du pays d'Égypte jusqu'à ce jour.

« 29. Un lambeau de corps humain arriva dans
« les douze cantons d'Israël!..... au milieu de ces

« tribus de pasteurs, d'agriculteurs, et de servants
« Dieu !...

« Ch. XX. 1. Alors tous les enfants d'Israël
« sortirent, et tout le peuple fut assemblé, comme
« si ce n'eût été qu'un seul hemme, depuis Dan
« jusqu'à Béer-Sabah, et jusqu'au pays de Galaad,
« vers l'*Éternel*, en Mitspa (l'arche).

« 3. Et les enfants d'Israël demandèrent au lé-
« vite d'Ephraïm comment l'abomination était ar-
« rivée.

« 5. Les seigneurs de Guibha, dit-il, se sont
« élevés contre moi pour me tuer ; ils ont outragé
« ma femme, et je l'ai trouvée morte sur les degrés
« de la porte.

« 6. C'est pourquoi, ayant pris ma femme, je
« l'ai mise en pièces, et je les ai envoyées par tous
« les quartiers de l'héritage d'Israël, car ils ont fait
« un crime énorme, et une action infâme en Is-
« raël !

« 8. Et tout ce peuple se leva comme si ce n'eût
« été qu'un seul homme !...

« Et Benjamin fut retranchée d'au milieu d'Is-
« raël.

« XXl. 2. Puis le peuple vint à la maison *du*
« *Dieu fort* ; et ils demeurèrent là jusqu'au soir en
« la présence de Dieu ; et ils élevèrent leurs voix et
« pleurèrent amèrement.

« 3. Et dirent : O Éternel, Dieu d'Israël! Dieu
« d'Israël! Pourquoi ceci est-il arrivé en Israël,
« qu'une tribu ait été aujourd'hui retranchée.

« 6. Car les enfants d'Israël se repentaient de
« ce qui était arrivé à Benjamin, leur frère, et di-
« saient : Aujourd'hui une tribu a été retranchée
« d'Israël.

CHAPITRE XXXV.

> « Il n'est pas d'atrocité qui ne soit
> « entrée dans la tête des hommes. »
> (VOLTAIRE.)

COURSE A TRAVERS L'HISTOIRE.

481. Clovis ou Chlodowig, portant la haine contre les siens aussi loin que les autres hommes poussent leur amour, cet être inconnu à la création, se
noie à plaisir dans le sang de toute sa famille, et
pleure de n'en plus trouver à égorger.

558. Clotaire Iᵉʳ, digne fils d'un père scélérat ;
l'héritage du crime lui advint.

« Clotaire Iᵉʳ personnifie en lui l'avide cruauté
« du sauvage, et les mœurs sanguinaires de la bête
« féroce qui déchire sa proie et dort. Pour dépouil-
« ler les jeunes enfants de son frère Chlodomir, de
« leur part dans le royaume, en présence de Chil-

« debert, son complice, il en saisit deux tour-à-tour,
« leur enfonce son couteau dans le côté, et les mas-
« sacre sans pitié, après quoi il monte à cheval et
« va tranquillement se promener. »

(Grégoire de Tours.)

569. Chilpéric étrangle froidement sa femme.

571. Frédégonde paie les couteaux qui tuent Sigebert.

580 à 613. De crime en crime, Frédégonde arrive à faire égorger son mari Chilpéric (1), Chilpéric, dont la férocité fut plus atroce que celle de Néron !

598. Quand le génie se met au service du crime, il semble lui prêter toute sa profondeur ! Brunehaut! Quelle grandeur, quel courage, quelle main sûre dans le gouvernement si difficile d'une époque toute barbare, et quelle hyène, que Brunehaut! Elle égorge jusqu'à Wintrio, le maire du palais.

598. Théodoric se lève à sa voix, ruine et massacre Théodebert et ses enfants.

Clotaire égorge les enfants de Théodoric, et Brunehaut, après d'affreux supplices, fut attachée par les cheveux, à la queue d'un cheval irrité, et mise en lambeaux.

_____

(1) Au moment où ses intrigues avec Landry allaient être découvertes.   (*Note de l'Auteur.*)

628. Dagobert 1er empoisonne le fils de son frère.

800. Charlemagne!... Les Saxons et la cour vémique, ce tribunal de sang dont nous avons parlé.

840. Louis–le–Débonnaire se laisse mourir de faim pour échapper aux persécutions de ses propres enfants.

986. Lothaire meurt empoisonné par sa femme.

1099. Croisades : Le massacre fut tel, que les massacreurs eux–mêmes restèrent épouvantés!... Il y avait un pied de sang dans Jérusalem, le 15 juillet 1099.

1147. Louis VII brûle treize cents hommes dans Vitry.

1140. Mutilation d'Abailard.

1152. Louis–le–Jeune répudie sa femme adultère.

1187 à 1189. Philippe-Auguste accuse Richard de l'avoir empoisonné.

1149. Jean Sans–Terre tue de sa propre main Arthur.

1204. La croisade contre les Albigeois laisse bien loin toutes les horreurs de la Saint-Barthélemy et celles de 93. Philippe-Auguste n'osa pas accepter le fruit sanglant de cette extermination !

1208. Institution de l'inquisition en France.

1248. Lois de saint Louis blâmées par le pape, contre les blasphémateurs.

1276. De La.Brosse accuse Marie de Brabant d'avoir empoisonné le fils du roi, Philippe-le-Hardi. De La Brosse, accusé par la reine, est pendu.

1282. A l'instigation de Pierre, roi d'Aragon, huit mille Français sont égorgés, le jour de Pâques, 1282. L'histoire a retenu le fait, sous le nom de *Vêpres Siciliennes* (1).

1301. Massacre des Français à Bruges ; quinze cents Français sont égorgés.

1311. Auto-da-fé des Templiers, par Philippe-le-Bel.

Il altère la Monnaie.

1315. Louis X fait pendre Enguerrand de Marigny, reconnu innocent !

1341. Philippe VI, Clisson et dix autres chevaliers sont mis à mort sur un simple soupçon.

1345. Le peuple massacre Jacques d'Artevelle.

1350. Jean II fait exécuter le connétable, comte d'Eu et de Guise, sans aucune procédure.

1355. Jean II fait exécuter devant lui, le comte

---

(1) Le mot *ciceri* servait à reconnaître les Français qui ne pouvaient pas prononcer ce mot italien, et le mot *chsceldende Wriendl* fut celui qu'on forçait les Français à prononcer dans le massacre de Bruges.

d'Harcourt, Graville, Manbé de Atainant et Olivier Doubles, sans jugement.

1357. Marcel, prévôt des marchands, fait assassiner Robert de Clermont, maréchal de Normandie, et Jean de Conflans, maréchal de Champagne.

1383. Les Maillotains assomment les percepteurs des taxes, avec des maillets de fer.

1393. Assassinat de Clisson, grand-connétable, par Craon.

1407. Jean Sans-Peur fait assassiner le duc d'Orléans, une des plus grandes perfidies de l'histoire.

1419. Le duc de Bourgogne est assassiné sur le pont de Montereau.

1431. 30 mai. On brûle Jeanne d'Arc.

1461. Charles VII se laisse mourir de faim, par crainte d'être empoisonné par son fils, Louis XI.

1462. Louis XI fait empoisonner son frère et Mᵐᵉ de Monfaucon; quatre mille victimes sont exécutées. Le sang du duc de Nemours coule sur ses enfants!...

1520. François Iᵉʳ fait brûler les Huguenots à l'Estrapade.

1559. Rétablissement de l'inquisition, par Henri II.

1563. Poltros assassine le duc de Guise.

1572. Massacre de la Saint-Barthélemy.

1583. Le duc d'Anjou meurt empoisonné, en flairant un bouquet.

1588. Assassinat du duc et du cardinal de Guise.

1589. Jacques Clément assassine Henri III.

1610. François Ravaillac assassine Henri IV.

1617. Louis XIII fait assassiner le maréchal d'Ancre ; Galigaï, sa femme, fut condamnée à être brûlée.

1632. Le duc de Montmorency monte sur l'échafaud.

1642. Exécution de Cinq-Mars et de de Thou.

1685. Révocation de l'Édit de Nantes.

1757. Le pacte de famine Louis XV.

1793!!!... La terreur rouge! du sang!

1813!!! La terreur blanche! du sang! et toujours du sang!

Terminons cette course à travers l'histoire, en citant une page du plus grand publiciste des temps modernes. On y verra des répétitions avec ce que nous venons d'établir, mais ce sera la corroboration de notre pensée.

« Sans remonter plus haut que le règne de « Charles VI, jetez donc avec moi un coup d'œil « rapide sur la société existant en France à cette « époque :

« La minorité de Charles VI, en proie aux riva-

« lités de trois oncles paternels, est le règne des dé-
« prédations : juifs, fermiers, receveurs, sont mas-
« sacrés. Le vertueux avocat-général de Desmarets
« est traîné à l'échafaud, comme complice des sé-
« ditions auxquelles, au contraire, il avait opposé
« l'autorité de sa vertu. Isabeau, reine de France,
« a pour amant son beau-frère, le duc d'Orléans. Le
« connétable de Clisson est assassiné par Craon ;
« deux papes se disputent la tiare ; Benoît, pape
« de Rome, prétend que Dieu a ôté la raison au roi
« Charles VI, parce qu'il a soutenu l'anti-pape d'A-
« vignon ; Clément, pape d'Avignon, déclare que le
« roi a perdu l'esprit, parce qu'il n'a pas détruit
« l'anti-pape de Rome ; le duc de Bourgogne, rival
« du duc d'Orléans, marche sur Paris ; la reine Isa-
« beau et le duc d'Orléans fuient à Melun ; le duc
« d'Orléans, assassiné, et remplacé près de la reine
« par le grand-maître d'hôtel, Bois-Bourdon, sur-
« pris à Vincennes avec elle, en flagrant délit d'a-
« dultère ; Bois-Bourdon, chargé de fers, appliqué
« à la torture, révèle tout ; il est précipité dans la
« Seine pendant la nuit, enveloppé d'un sac de cuir,
« avec cette inscription : « *Laissez passer la justice*
« *du roi*. Isabeau, captive à Tours, délivrée par le
« duc de Bourgogne, crée un parlement et fait
« graver un sceau qui la représente ayant les bras
« étendus vers la France, qui l'implore ; elle établit

« sa cour et son parlement à Troyes ; le duc de
« Bourgogne s'introduit dans Paris, et y ramène la
« reine Isabeau ; les d'Armagnac sont massacrés ;
« les rues, encore teintes de sang, sont jonchées de
« fleurs ; le roi Charles VI, qui a banni la reine
« Isabeau, la reçoit avec la plus apparente effusion.
« La France, déchirée par la guerre civile, est en
« proie aux étrangers ; les Anglais s'emparent du
« duché de Normandie ; ils marchent sur Paris. A
« leur approche, la reine et le duc de Bourgogne,
« traînant le roi Charles VI à leur suite, s'enfuient
« à Troyes. Le duc de Bourgogne, flottant entre
« les Anglais et le parti du dauphin, est assassiné à
« Montereau, par les Armagnac. C'est le troisième
« de ses amants que la reine Isabeau voit ainsi
« périr. Furieuse de cette mort, elle traite dans les
« intérêts de Henri V, roi d'Angleterre, pour lui
« livrer la France. Un traité est signé en 1420, par
« lequel il est réglé qu'Henri V épousera Catherine,
« fille de Charles VI et d'Isabeau de Bavière, et,
« qu'après la mort du roi, il succédera à la cou-
« ronne ; qu'en attendant, il gouvernera la France
« en qualité de régent. Ce renversement des lois
« fondamentales est consacré par le parlement.
« Les deux rois et la reine font leur entrée dans
« Paris ; ils y sont reçus avec magnificence ; le dau-
« phin, déclaré coupable de l'assassinat du duc de

« Bourgogne, est exclu de la couronne. Sous ce
« règne, il y a deux rois, deux régents, deux conné-
« tables, deux chanceliers ; ce n'est pas l'anarchie
« et l'assassinat dans la rue, mais c'est l'assassinat
« et l'anarchie dans le palais. Qu'en pensez-vous ?
« Que pensez-vous de ce régime ainsi résumé par
« Châteaubriand : « On voit marcher, tantôt sépa-
« rés, tantôt confondus dans ce siècle, les forfaits
« et les amours, les fêtes et les massacres, l'his-
« toire et le roman, tous les désordres d'un monde
« réel et d'un monde fictif : l'imagination entrant
« dans les crimes, les crimes dans l'imagination. »

(ÉMILE DE GIRARDIN.)

Nous nous arrêtons ici. Disons seulement que
M. de Girardin a choisi une des moins mauvaises
époques de notre histoire, et que celle de François I" jusqu'à la mort de Henri IV présente un
cahos sanglant bien plus effrayant encore ! C'est
dans un semblable milieu qu'a vécu la France pendant dix-neuf siècles.

Comme nous l'avons déjà dit, après avoir essayé
de tous les crimes, de tous les forfaits, de tous les
supplices, ne serait-il pas temps de dresser les hommes à essayer de Dieu, de la morale et de l'humanité ?

CHAPITRE XXXVI.

INFLUENCE DE LA PEINE DE MORT SUR LA SANTÉ PUBLIQUE (1).

« La question de la peine de mort est immense,
« elle se rattache en quelque sorte à la filiation de
« toutes les sciences naturelles, ainsi qu'à la législa-
« lation, à la politique et à la philosophie. Le mé-
« decin juriste peut donc, et doit, non seulement
« comme citoyen, mais encore comme naturaliste
« profond, la considérer sous toutes ses faces.

« Il eut même été prudent, peut-être, avant de
« demander un moyen plus prompt et moins dou-
« loureux de l'appliquer, de rechercher d'abord
« jusqu'à quel point il pouvait être dangereux pour
« la morale et pour la santé publique de l'infliger,
« au centre de nos villes, sur une place spacieuse,
« en face d'une population aussi impressionnable
« que curieuse, tandis qu'autrefois, c'était loin des
« villes qu'on offrait au voyageur le spectacle des
« coupables immolés à la barbarie des lois sociales.

« Non seulement la vue du supplice, l'idée même

(1) Nous remercions infiniment notre savant ami Pierquin d'avoir
bien voulu nous offrir son travail, pour coopérer à l'œuvre sainte
que nous entreprenons.

(Note de l'Auteur.)

« de la peine capitale ont très souvent déterminé
« l'explosion de-la folie chez les spectateurs, *mais*
« *encore chez les juges, chez les jurés, et chez ces*
« *êtres insensibles chargés d'exécuter la sentence.*
« Car les faits nombreux tendent également à
« prouver qu'aucune condition n'échappe à cette
« fatale influence ; nous nous bornerons à citer en-
« core les suivants :

« M. Saint-Quentin, brasseur, généralement
« estimé à Cambrai, fut appelé à Douai, pour faire
« partie du jury du trimestre 1829. Arrivé à Douai,
« il logeait avec plusieurs de ses collègues à l'hôtel
« de Londres. On n'avait remarqué en lui aucun
« signe d'aliénation mentale. Dans une affaire grave
« où un individu fut condamné à mort comme as-
« sassin, le sort avait désigné M. Saint-Quentin
« pour faire partie des douze jurés. Dans une se-
« conde affaire, où l'accusé fut condamné aux tra-
« vaux forcés à perpétuité, il faisait encore partie
« du jury.

« Depuis ce moment, quoique les deux accusés
« eussent été déclarés coupables à la presque majo-
« rité, M. Saint-Quentin ne fut plus le même ; il
« devint sombre ; il disait souvent qu'il était fâ-
« cheux pour lui de n'avoir pas été récusé dans ces
« deux affaires, et fuyait ses collègues. Enfin, le
« lundi soir, il entra dans son hôtel, s'enferma dans

« sa chambre, étendit son manteau sur le lit, *et*
« *s'enfonça dans le cœur un couteau jusqu'au man-*
« *che.*

« Quelques exemples puisés dans l'histoire des
« anciens, chez lesquels on prenait un très grand
« soin de la beauté, de la santé des peuples, au-
« raient prouvé que c'était aussi dans un lieu soli-
« taire, et souvent dans des cachots, qu'ils donnaient
« la mort aux convicts. On aurait vu que, par res-
« pect pour cette morale et cette santé générale,
« quelques peuples de l'antiquité, loin d'appliquer
« une mort sanglante et barbare, se bornaient à in-
« fliger un *vénénicide* au criminel condamné à per-
« dre la vie.

« Depuis que la médecine politique est cultivée
« en Europe, il est très souvent arrivé que les
« médecins juristes ont élevé leurs voix contre des
« supplices publics, non-seulement sous le point de
« vue des expériences nécro-pathologiques ou phy-
« siologiques, mais encore sous le point de vue
« relatif aux masses. La plupart d'entre eux, à
« l'exemple de François Arand, de Jean Grevius,
« d'Hackius, de Scballer, de Rhomasiers, de Wit-
« trick, de Prélay, d'Hartmann, de Kœrmendi, etc.,
« recueillirent avec un égal bonheur tous les argu-
« ments propres à soutenir les dangers ou l'inutilité
« de ces moyens de *répression.*

13

« Tout prouve, d'ailleurs, que ce n'est que dans
« les temps d'ignorance, dans les siècles barbares,
« que les supplices ont lieu en public, afin que cette
« odieuse vengeance, cette prétendue réparation,
« cette vaine satisfaction fussent plus éclatantes et
« plus propres à assouvir l'atroce impétuosité des
« passions humaines. Mais puisqu'aucune de ces
« recherches n'a eu lieu, il est sans doute impor-
« tant, au moment (1830) où la légitimité de cette
« peine est de nouveau mise en question, que l'art
« de guérir, mettant enfin à profit des observations
« nombreuses, vienne apporter dans la balance tout
« le poids de ses opinions. »

Nous abrégerons les citations de M. Pierquin,
mais nous conserverons à ce qu'il dit toute l'énergie
de ses preuves.

En 1828, le bourreau de Besançon devient fou
au moment d'une exécution.

La peine de mort détermine l'aliénation mentale,
l'apoplexie, la paralysie, soit sur les condamnés,
soit sur les spectateurs.

Le général Travot, condamné à mort en 1815,
gémissait encore en 1830 dans les cellules d'un
morœcée (1) de Montmartre. Il devint fou au moment même de son arrêt de mort.

(1) Maison de santé pour les fous.

Patkeil, ambassadeur de Charles XII, roi de
Suède, tomba en convulsion devant l'appareil de
son supplice.

Le prince Alexis, condamné à mort par son père,
Pierre–le-Grand, tomba dans de violentes convulsions, au milieu desquels il mourut. La guillotine a,
depuis 93, déterminé toutes ces cruelles maladies
nerveuses qui ravagent notre société. Les névralgies, avant cette époque, étaient presque inconnues.
A Londres, à Louviers, ailleurs, des spectateurs
ont été frappés d'aliénation mentale au pied de
l'échafaud, quand la tête tombait.

« Il devient donc évidemment onéreux à l'État
« de déterminer volontairement des maladies spon-
« tanées, aussi monstrueuses et aussi diverses, ins-
« pirées seulement par l'horreur même du supplice
« capital.

« *Il est plus que barbare, devant tous les cœurs,*
« *de compromettre la santé morale et physique de*
« *tous les citoyens, sous le faux prétexte de garan-*
« *tir leur sécurité matérielle, ou de venger leurs*
« *droits lésés.* Si les gouvernements conservaient
« longtemps encore la persuasion irraisonnable,
« qu'ils peuvent et qu'ils doivent tuer les criminels,
« il faudrait au moins que ce fût, dès aujourd'hui,
« *sans porter atteinte à la santé ou à la vie des ci-*
« *toyens innocents, paisibles et vertueux, ce qui n'a*

« *presque jamais lieu dans une exécution.* » (*Tuez dans les prisons.*)

C'est ainsi que s'explique le docteur en médecine Pierquin.

Il cite la terreur héréditaire de Marie Stuart.

Après les maladies intellectuelles, le docteur Pierquin aborde toutes les maladies physiques que détermine la vue du supplice capital. Il cite les exemples multipliés de maladies aiguës ou chroniques, douloureuses ou mortelles, dont parlent les auteurs qui se sont occupés des *passions tristes,* et de leur influence sur les passions.

Ainsi, dit-il, « *l'on voit survenir très souvent, au* « *pied de l'échafaud, des syncopes, des apoplexies,* « *des paralysies, des avortements et la mort même.* » Il prouve :

« Une jeune fille de douze ans, ayant eu la curio-« sité, malgré la défense de ses parents, d'assister « à l'exécution d'un criminel, fut tellement saisie, « au moment où *le couteau sépara la tête du tronc,* « *que son bras fut sur-le-champ paralysé* » (1).

Les faits de ce genre sont, ainsi qu'on doit le présumer, extrêmement communs ; nous nous bornerons donc à citer encore les suivants :

« Une femme est appelée devant la cour d'assises

(1) *Journal analytique de médecine,* janvier 1828.

« de la Meurthe, dans le mois de mai 1829 ; elle
« doit déposer dans une accusation d'assassinat ;
« elle sent qu'un seul mot, un geste même, déplacé,
« peut faire tomber la tête du patient ; elle se
« trouble, et soudain elle est frappée d'une muti-
« surdité qu'on eut beaucoup de peine à faire
« disparaître ; elle tombe ensuite dans un état de
« stupeur profonde, ses traits sont altérés, un trem-
« blement universel la saisit, ses yeux sont hagards,
« un état cataleptique très prononcé, termine cette
« scène affreuse (1). »

· « Diderot était à peine âgé de trois ans, lors-
« qu'on le conduisit voir une exécution publique ;
« sa jeune sensibilité en fut profondément blessée ;
« il en devint malade, et fut pris spontanément d'une
« jaunisse violente (2). »

« L'illustre Sauvage tomba en défaillance en
« voyant rompre un criminel.

Ailleurs, il continue son thème appuyé sur des
« preuves irrécusables. Il dit : « Par une fatalité
« toute conséquente, les désastres causés par la dé-
« capitation publique ne se bornent même pas à
« l'homme formé, la peine de mort n'a pas même
« en sa faveur le triste avantage de voir cette cohorte

·

---

(1) *Gazette des Tribunaux*, 25 et 26 mai 1829.
(2) Mémoire pour servir à l'histoire de la vie et des ouvrages de
Diderot.

« d'affections physiques et morales sévir directe-
« ment sur le peuple, et sa puissance homicide est
« telle, que quand même, dès aujourd'hui, la peine
« de mort serait abolie, son influence congéniale ne
« s'en ferait pas moins ressentir dans la génération
« future, et cinquante années d'un oubli parfait,
« n'apporteraient peut-être pas encore ce bienfait
« dans nos mœurs. En effet, les liens secrets et
« invisibles qui unissent la mère à l'enfant, rendent
« *celui-ci solidaire* de toute impression désagréable,
« à une époque même où probablement il n'en re-
« çoit aucune. Non-seulement des lésions physiques,
« nombreuses, des vices de conformation hideux et
« fréquents, peuvent être le résultat de la simple
« vue du supplice capital, mais elle peut produire
« encore des lésions congéniales et affreuses de l'in-
« telligence, telles *que l'idiotisme, la folie,* etc. »

« Une dame enceinte, allant à la campagne, voit
« deux hommes pendus depuis peu de temps ; frap-
« pée d'horreur, elle se jette à genoux et supplie
« l'Éternel de préserver d'un pareil malheur l'être
« qu'elle porte dans son sein. Cet enfant, devenu
« homme, eut pour les potences et tous les lieux
« de justice, une horreur insurmontable et pré-
« coce. »

« Il y a sept ou huit ans, dit l'illustre Malle-
« branche, qu'on voit aux Incurables un jeune

« homme *qui était né fou , et dont le corps était*
« *rompu aux mêmes endroits dans lesquels on rompt*
« *les criminels. Il a vécu près de vingt ans dans*
« *cet état, plusieurs personnes l'ont vu, et la reine-*
« *mère, étant allée visiter cet hôpital, eut la curio-*
« *sité de le voir, même de toucher les bras et les*
« *jambes de ce jeune homme, aux endroits où ils*
« *étaient rompus.*

Des observations analogues, et on ne peut plus
nombreuses, recueillies par des hommes de l'art,
ont mathématiquement prouvé que le même résultat avait très fréquemment lieu à l'époque où l'on
rouait publiquement. De ce nombre sont, entre
autres, Muys, Hartsœcker, Chaussier, etc.

LAVATER.

« Une dame de condition du Rinthal, » dit Lava-
ter, « voulut assister, durant sa grossesse, au sup-
« plice d'un criminel, qui avait été condamné à
« avoir la tête tranchée et la main droite coupée.
« Le coup qui abattit la main effraya tellement la
« femme enceinte qu'elle détourna la tête avec un
« mouvement d'horreur, et se retira sans attendre
« la fin de l'exécution. *Elle accoucha d'une fille qui*
« *n'eut qu'une main, et qui vivait encore lorsque*
« *mon ami me fit part de cette anecdote. L'autre*

« *main sortit immédiatement après l'enfantement.* »

Ailleurs il ajoute :

« Voilà quelle fut, de tout temps, l'influence mo-
« rale des supplices sur la vie future des citoyens.
« Cette théorie est si juste, que les acéphales sont
« plus fréquents dans les provinces, dans les villes
« où le supplice capital est plus fréquent ; tandis
« que dans les villages, où la décapitation est incon-
« nue, on n'en rencontre pas, à moins que des fem-
« mes enceintes n'aient été vivement frappées ail-
« leurs par la vue ou par le récit du dernier supplice.
« Les peuples anciens, comme les peuples moder-
« nes, viennent à l'appui de cette proposition. Ainsi,
« en Égypte, où l'on appliqua la peine de mort
« pendant quelque temps, on trouvait aussi des acé-
« phales, et nous devons aux laborieuses recherches
« du célèbre professeur, Geoffroy-Saint-Hilaire, la
« connaissance d'une momie acéphale (1).

« Il est donc incontestable que tous les vices de
« conformation congéniale du cerveau, tels que
« coceycéphales, les cryptocéphales, les anencé-
« phales, les leystencéphales, direncéphales, etc.,
« n'existent que chez l'homme, et ne sont si com-
« muns aujourd'hui que par l'influence de la

Décapitation publique.

(1) Enfants venus sans tête.

Tel est aussi l'opinion de Sœmmering, Sandfort, Margagni et Henkel.

« Dès les premiers temps que la guillotine fut
« introduite dans les Pays-Bas, une dame, au troi-
« sième mois de sa grossesse, traversa par hasard la
« place où se faisaient les exécutions à Bruxelles.
« Elle avait entendu parler de cet instrument nou-
« vellement inventé, et déjà si célèbre. Le récit de
« son mécanisme, joint aux souvenirs douloureux
« qui s'y rattachaient, la révoltèrent profondément.
« Dans cette position physique, et dans cette situa-
« tion morale, elle vit une foule immense environ-
« ner l'échafaud ; elle parvint à connaître l'objet de
« la curiosité générale ; elle parvint à l'apercevoir,
« et, soudain, elle tombe évanouie. Six mois après,
« elle fut accouchée par le docteur Van-Opstal,
« *l'enfant portait sur l'une des joues l'empreinte*
« *linéaire, parfaitement dessinée et très régulière,*
« *de l'instrument du supplice.* »

CHAPITRE XXXVII.

QUE L'ÉCHAFAUD INSPIRE LE CRIME.

« Le sang appelle le sang, » a dit Napoléon. « La
« vue du supplice donne l'impulsion homicide, » dit
le docteur Pierquin.

« Les supplices sont-ils destinés à redresser et à
« perfectionner les mœurs d'un peuple? Comment
« obtenir ce résultat par des spectacles qui outra-
« gent l'humanité, et qui, par leur répétition, *en-*
« *durcissent le cœur contre tous les nobles sentiments,*
« *bien plus propres à garantir la sûreté sociale et*
« *individuelle,* que les gibets et les échafauds.

(Roscoë.)

« Puisque l'exemple est un puissant aiguillon
« pour l'homme, parce qu'il y a en lui un instinct
« d'imitation, que la répression soit exemplaire,
« mais dans le sens où elle peut utilement le deve-
« nir, en ne donnant à l'homme, dans le mal même,
« que le spectacle du bien à imiter, à la vue du re-
« pentir et de la conversion du criminel, *et non en*
« *faisant tourner cet instinct d'imitation au profit*
« *et à la propagation du crime, si le crime est pré-*
« *senté aux regards dans toute sa crudité.* »

(Charles Lucas.)

Il y a plus de vingt ans que nous nous occupons
de cette terrible question de la peine de mort, nous
avons soutenu de fortes luttes, trouvé des hommes
aussi ardents à soutenir la nécessité de cette répression, que nous étions ardents à en prouver
l'inefficacité, l'inutilité, l'impuissance et les dangers;

mais nous n'avons jamais trouvé, dans aucun échafaumane, la possibilité de soutenir que les supplices *publics n'étaient pas dangereux quant à l'imitation*, *quant au malheur immense d'endurcir les cœurs, et de les prédisposer, par l'exemple, à verser le sang.* Ceci est dans la nature de l'homme même, non seulement dans l'espèce, mais en toutes choses.

Tous ceux qui, depuis le fatal couteau de 93 (1), se sont élevés contre la peine de mort, ont fait ressortir avec grand soin l'observation de Volney sur l'influence immense qu'a exercée notre révolution sur les esprits. Pierquin, Charles Lucas, d'autres ont répété ces paroles de Volney.

« Lorsque j'écrivais ces leçons, dit-il, en ventôse « an 3, je venais de traverser la France, depuis « Nice, *et j'avais vu souvent les enfants lanternant* « *les chats, guillotinant les volailles*, et imitant « *les tribunaux révolutionnaires.* » Disons-le hautement, il a été une époque où la déesse de la France a été la guillotine! Jusqu'aux malheureuses victimes que, d'heure en heure, les bourreaux venaient réclamer, au fond de leur cachots, ces victimes s'amusaient à jouer à la guillotine, à faire des échafauds avec les chaises, à singer Fouquier-Tin-

(1) Ce qu'a fait 93 dure encore et durera longtemps, et les crimes, bien loin de diminuer, croissent chaque jour d'une manière effrayante.

ville, et la pièce jouée, montaient sur la charrette ! ! !...

Nous pourrions colliger dix mille preuves, qui
prouveraient la dépravation que jette dans le cœur
et dans l'esprit l'aspect de la décapitation ! c'est le
supplice le plus dangereux ! On dirait que ce sang
qui coule à flots, cette tête qui tombe, ce bruit
sourd qui retentit au loin, la sérénité du bourreau
qui exécute, dégagent un besoin soudain, instan-
tané, de verser le sang ! Le fer qui est dans ce sang,
monte au cerveau ! « Je vois rouge, » dit le Corse
dans sa colère ; le peuple voit rouge aussi quand
la tête tombe !

Tout le monde sait ce que le crime de la fille
Cordier a produit de démences homicides ; tous les
journaux en ont rendu compte ; M. Charles Lucas a
colligé plusieurs preuves ; nous les citerons conci-
sément :

« Cette répétition d'atrocités doit porter à de sé-
« rieuses réflexions sur le danger de l'extrême pu-
« blicité qu'on leur donne. La monomanie homi-
« cide, comme une foule d'affections, peut devenir
« contagieuse par imitation. »

(*Le Globe.*)

« M. Esquiros rapporte que, depuis le crime

« d'Henriette Cordier, il a reçu six ou sept femmes
« atteintes de monomanie homicide.

« Le rapport de M. Barbier à l'Académie, établit
« les mêmes faits.

« Un membre de l'Académie fait une communi-
« cation du même genre. »

« Un homme mélancolique ayant assisté au sup-
« plice d'un criminel, en ressentit une émotion si
« violente, qu'il fut saisi tout-à-coup du désir le
« plus véhément de tuer, quoiqu'il conservât en
« même temps l'appréhension la plus vive de com-
« mettre un tel crime. »

(GALL, t. IV, page 99.)

« La peine de mort est encore funeste à la so-
« ciété, par les exemples de cruautés qu'elle donne
« aux hommes. »

(BECCARIA.)

NOS MOEURS.

REFLET DE 93!!!...

Le bourreau philantrope et orateur.

Nous empruntons ce qui va suivre à une des plus
vigoureuses intelligences de notre époque, à

M. l'abbé Mitraud (1). On aura, par ce rapide récit, la preuve irrécusable de toute la malédiction de la guillotine ! la preuve invincible de la corruption profonde qu'elle sème dans les cœurs.

Une tête d'homme venait de tomber sur l'échafaud ; cet échafaud ruisselait de sang humain !...

Et que faisait la population de la ville où le drame venait de se dérouler ? Ce qu'elle faisait, Seigneur ? *Hommes, femmes, enfants, vieillards* !!!...

« Ils jouaient, en riant, avec l'instrument ensan-
« glanté du supplice !... » (Textuel.)

Le bourreau, LUI, le bourreau, entendez-vous bien, vous tous qui voulez le règne des bourreaux,

LE BOURREAU,

indigné, monte les degrés de l'échafaud, et jette cette invective à ces cannibales :

« *On a eu tort de me faire venir de loin pour*
« *remplir mes terribles fonctions ; il n'en est pas*
« *UN, parmi vous, qui ne s'en fût mieux acquitté que*
« *moi* !!!... »

Nous en appelons à la conscience de l'humanité.

« Nous le répétons, il y a dans l'homme un
« instinct d'imitation irrésistible, qui le porte non-

(1) Nous recommandons à tous nos amis, à tous nos lecteurs, à toutes les intelligences développées, l'admirable livre de l'abbé Mitraud, *De la nature des sociétés humaines*.

(*Note de l'Auteur.*)

« seulement à contrefaire tout ce qu'il voit, mais
« encore à reproduire les idées qu'il entend, les
« actes qu'il voit ou qu'on lui raconte. C'est à cette
« circonstance unique qu'il faut rapporter la fré-
« quence de l'homicide chez les bouchers, et sur-
« tout de l'assassinat ; car presque jamais on ne
« rencontre l'empoisonnement dans cette classe
« d'individus. Ainsi, en 1411, pendant la démence
« de Charles VI, le comte de Saint-Paul, gouver-
« neur, ou plutôt tyran de Paris, forma une milice
« *de cinq cents garçons bouchers,* qu'il fit commander
« par les Gois, les Saint-Yon, les Thibert. Cette
« troupe, endurcie par la vue continuelle de l'effu-
« sion du sang, finit par méconnaître la voix de ses
« chefs, et continua d'épouvanter le parlement, la
« cour et les ministres, par ses fureurs homicides. »

(PIERQUIN.)

Deux faits, et nous cesserons de prouver ce qui,
certes, n'a pas besoin d'être prouvé.

Gall, comme on l'a vu, a demandé non-seulement
la peine de mort, *mais une mort qui fît souffrir le
patient.* Il n'est donc pas suspect de sensiblerie, et
Gall, comme nous venons de l'écrire il y a quelques
instants, déclare d'abord que *l'aspect de l'échafaud
détermine la monomanie homicide,* et ailleurs il
ajoute :

« Un individu, témoin de l'empressement de la
« foule, à se rendre à l'exécution d'un assassin,
« conçut le désir *d'être le héros d'une scène sem-*
« *blable, et il assassina pour obtenir l'illustration*
« *de l'échafaud.* »

(GALL.)

CHAPITRE XXXVIII.

L'INFANTICIDE.

Voici le plus fréquent, le plus nombreux de tous
les crimes! Celui de tous qui semble le plus impossible ; celui qui renverse toutes les notions du cœur
humain ; celui qui arrache à la terre la représentation la plus vraie de Dieu :

« LA MÈRE!!! »

celui où la victime réelle porte le châtiment, quand
le véritable criminel passe devant la victime, et va
la voir décapiter sur l'échafaud! Il paraît impossible que notre législation, si imparfaite, ne soit pas
soumise, à une heure donnée, à une sévère révision.
Nous serons bref. Quel est le plus lâche, le plus infâme, le plus atroce, entre le meurtrier, ou l'homme
qui, drapé dans le mensonge, va jeter l'affection
dans un jeune cœur, et qui, au nom de cette affec-

tion, arrache à sa victime la protection dont la couvrait sa propre honnêteté, pour la livrer à toutes les horreurs de la honte et de l'abandon! Il y a là, le meurtre! de plus la lâcheté, de plus le mensonge, de plus la perfidie !!!... Au moins, protégez celle que vous avez perdue! Tendez-lui une main amie! N'abandonnez pas l'enfant qu'elle porte dans son sein! Que le désespoir ne l'y fasse pas avorter, et qu'elle ne l'étouffe pas s'il voit la lumière!

Faites donc des lois comme en Angleterre et en Suisse!!... Qu'il ne soit pas permis à la débauche savante, expérimentée, de semer le crime dans nos cités. Mais sait-on bien ce qu'offre notre société?

En 1825, 140 infanticides!... En 1826, 132 infanticides!

Dans 243 garnis, qui contenaient une population de 6,000 locataires, la police a reconnu un tiers de femmes se livrant au vol et à la prostitution!

En 1784,	40,000	enfants trouvés.
1820,	102,103	—
1831,	122,981	—
1847,	130,000	—

Il y a plus de duels en un an en France que dans toute l'Europe en vingt ans!... Dans un petit nombre d'années, il y a eu 71,000 suicides. Ajoutez à ce tableau les têtes qui tombent chaque jour, et de-

14

mandons-nous bien si cet état de choses n'a pas assez duré, et s'il n'est pas grand temps d'intervenir.

« L'infanticide est encore le résultat presque « inévitable de l'affreuse alternative où se trouve « une infortunée qui n'a cédé que par faiblesse, ou « qui a succombé sous les efforts de la violence ! (1).

. . . .

. . . .

« Le meilleur moyen de prévenir cette espèce de « délit serait de protéger, par des lois efficaces, la « faiblesse et le malheur. »

BECCARIA.

CHAPITRE XXXIX.

DIEU, L'HOMME ET LE CRIME.

> « Laissez passer la justice du Roi!...
> « Laissez passer la justice du Peuple'
> Ont dit les Rois et les Peuples !...

Nous disons : Laissez passer la justice de Dieu !

Justice de la terre, supplices et longues tortures, bourreaux, efforts humains, qui ont fatigué jusqu'à la guillotine de Sanson, jusqu'à la barre des tour-

---

(1) Nous tronquons la citation de Beccaria ; nous craindrions de diminuer l'horreur, l'abomination de l'infanticide, dans un livre où domine l'idée de la Divinité !...

(*Note de l'Auteur.*)

menteurs, maculée du sang des coupables, et trop souvent, hélas, du sang de l'innocent! effrayants spectacles qui placent sur l'échafaud le dernier mot, la dernière raison de la société, vous ne servez qu'au *mal*, vous ajoutez au mal! Si, au lieu de ces terribles appareils, enfantés par l'indignation et la vengeance sociale, appareils qui ne remédient à rien, et qui ne servent qu'à associer les bons aux désordres des méchants ; si, au lieu de ces bouche-·ries de sang-froid, qui, par l'horreur qu'elles produisent, sèment dans nos cités des maladies cruelles, qui atteignent les innocents, boucheries légales qui corrompent nos mœurs, pervertissent la moralité publique, on voulait croire au grand architecte de l'Univers, et

> « *Laisser passer la justice de Dieu!* »

au lieu de laisser passer toujours et en vain
> « La justice du roi,
> « Ou la justice du peuple, »

l'histoire, cette grande mémoire de l'humanité, l'histoire est là pour l'attester, les bons et les justes pourraient *se laver les mains des crimes de la terre, et vivre de Dieu, de religion, de morale et de charité,* sans rester *désarmés,* contre les atteintes des méchants, que cette méchanceté soit intelligente ou en démence !

Faites disparaître le criminel du sein de la société qu'il a outragée !...

Dans des colonies pénitentiaires, forcez-le à ce travail régénérateur, qui donne la santé, la force et la moralité aux hommes, à l'agriculture, et

« Laissez passer la justice de Dieu. »

Au criminel :

UN PRÊTRE, UN MÉDECIN ET LA CHARRUE.

Sur mille criminels, le prêtre de *Dieu*, l'homme de la science, et le travail de la terre, vous en referont neuf cent quatre-vingt-dix-neuf hommes de bien !

Eh quoi ! celui qui a mesuré les profondeurs de l'infini, le vide de l'espace ; celui qui, mathématiquement, a toisé, arpenté l'Univers, son Univers, selon l'expression de Copernic !... celui qui a créé tant de mondes divers, et qui en recueille tous les bruits ; qui, chaque jour, *alimente tant de soleils ;* celui qui a pétri sa matière, qui a assis la terre sur un fleuve de feu, en éternelle ébullition, et qui conserve cette terre ; celui par qui l'homme est, croit, aime, pense, et qui, malgré lui-même, est *nécessité à être, à croire, à aimer et à penser ;* ce Dieu éternel de Moïse, de Jésus—Christ, de Socrate, d'Épictète, de saint Louis, de Newton, de Fénelon,

de Jean-Jacques Rousseau et de l'abbé Mitraūd ;
ce Dieu des prophètes, nous, poussière vaniteuse,
nous, voyageurs égarés et d'un jour, sur la terre,
qui n'est pas notre patrie, nous l'accusons, par la
cruauté de nos lois, d'avoir abandonné le monde
moral au néant de notre faiblesse humaine, quand
nous reconnaissons tous, que le monde matériel
accuse invinciblement sa puissance sans bornes, et
sa sagesse infinie ! ! !

Nous portons contre *lui* un arrêt d'impuissance,
en superposant notre justice sanglante, dangereuse,
nuisible, à sa justice éternelle et infaillible, comme
son éternité.

Si la société laissait passer la justice de Dieu sur
le cœur du criminel, son acier lui semblerait assez
acéré pour supprimer l'acier de l'échafaud.

Et qui donc sur la terre a échappé à cette justice,
nous laissant effrayés du secret qu'il a gardé de la
justice du Ciel.,.

« Quel est donc ce Roi du ciel, disait un roi bar-
« bare, qui fait ainsi mourir les rois de la terre. »

    « C'est le Roi de l'éternité, »
et la justice des hommes veut briser dans ses mains le
sceptre du monde réel, du monde immatériel, en se
chargeant de ce que lui seul a le droit de donner :

    « LA MORT ! »

Et nous aussi, nous laisserons notre trace sur la

terre ; et nous aussi, comme Isaac Lange, comme Élisabeth de Russie, nous invoquerons

« LE NOM DU DIEU VIVANT ! »

et nous dirons : Les hommes ne savent pas ce qu'ils font en donnant la mort à l'homme !

Non, ils ne savent pas ce qu'ils font, et dans ce chapitre sur Dieu, l'homme et le crime, nous tâcherons de le prouver, lisez et voyez ce que la justice de Dieu fait des coupables.

PSAUME CXLVI.

נפשי הללי *Halleli naphschi.*

« O mon âme, loue le Seigneur ; je louerai le
« Seigneur toute ma vie ; je psalmodierai en l'hon-
« neur de mon Dieu, tant que j'existerai.

« Ne mettez pas votre confiance dans les princes
« ni dans les enfants des hommes, qui ne peuvent
« point vous sauver. »

PSAUME XIX.

השמים מספרים *Haschamaim messaperim.*

« Les cieux annoncent la gloire du Tout-Puis-
« sant, et le firmament publie l'ouvrage de ses

« mains. Le jour parle pour le jour qui le suit, et la
« nuit nous donne connaissance de celle qui lui suc-
« cède, sans discours et sans parole, et sans faire
« entendre leurs voix.

Qui est-ce qui a tracé ces sublimes paroles
d'amour et de vérité? Qui est-ce qui a poussé devant l'arche sainte tant de cris de remords? N'est-
ce pas un grand coupable? Un roi coupable! Le
grand poète de Dieu! Celui qui vous dit : « Marchez
« dans la vie de manière à pouvoir présenter à Dieu
« votre âme sur votre main! » C'est ce coupable,
dont vous chantez les hymnes saints à celui qui
tourmente la conscience, et qui pardonne aux remords!... Ce roi coupable est devenu un saint :

« C'EST DAVID ! »

Ouvrez l'histoire, consultez l'épouvantable écho
des gibets, des roues et des guillotines, et vous verrez si les remords ont fait défaut à cette heure où
les passions faisant silence, à cette heure où les monomanies, l'ignorance et la faim se taisaient,
l'homme, redevenu homme, ne s'est pas ployé sous
la verge de Dieu; s'il ne s'est pas prosterné, s'il
n'a pas prié, pleuré, gémi comme David!

« *Laissez, laissez passer la justice de Dieu!* »

Regardez ce vieillard, à l'œil fauve, aux épaules
voûtées, aux larges mains!.,. Dans chaque ride de

son front flétri, il y a une légion de crimes! C'est la plus scélérate conception de l'humanité; la férocité la plus froide, la plus réfléchie! La putréfaction romaine s'idéalise dans ce monstre! Suivez-le dans les méandres tortueux de sa conscience de païen !!! Il regarde la terre, comme la bête immonde, condamné à n'oser pas regarder le ciel; ce maître du monde, dans des nuits sans sommeil (*le crime ne peut pas dormir*), remplissait de ses cris les antres de Caprée.

« *Remordere!... Remordere!... Remords! Re-* « *mords! criait-il, vous me faites des supplices que* « *je n'ai jamais fait subir à aucune de mes victimes,* « *moi, Tibère! Les filles de Séjan se dressent de-* « *vant moi, sanglantes et échevelées!*

« Laissez passer la justice de Dieu! »

Quel est cet enfant, au front pur et large, jeune comme Charles IX, poète comme lui, mais marchant dans sa force et dans sa liberté? Cet enfant s'appelle *le Crime*!... C'est l'incarnation du crime; c'est l'homme-crime!... Ce n'est pas un vulgaire scélérat que cet enfant! L'ignorance et la faim, affolant sa raison, ne le poussent pas au crime! L'or du monde, égorgé par Rome, est à lui. Le monde est son domaine!... Cet enfant est empereur, il est César!

Dix fois parricide, dans des essais infructueux pour tuer *sa mère*; un *cri*, qui, dans toutes les horreurs de l'histoire des hommes n'a jamais eu d'écho après lui, et qui n'avait jamais retenti avant dans les cinquante siècles qui ont passé sur les crimes de la terre, un cri s'est fait entendre !!!...

« *Ferris ventrem !..* »

Frappe au ventre, pour le « punir d'avoir porté un pareil monstre ! » s'écrie sa mère, au centurion chargé de l'égorger. Cet homme-crime, c'est Néron.

Néron, parcourant à grands pas les retraites solitaires de son palais d'or et de marbre, reculant devant le fantôme agitateur et insaisissable qui lui criait :

« Agrippine ! Agrippine ! »
tombant sur les dalles de marbre, muets témoins de tant de forfaits, couvert d'une sueur froide et mortelle, se débattant contre les morsures de sa conscience, sous les étreintes de Dieu, enfonçait ses ongles dans sa propre chair !

Oh ! laissez passer, laissez passer la justice de Dieu !

« J'ai commandé sans peur, et j'abdique sans crainte. »

Scylla, quand de tout ton corps en putréfaction fuyait cette vermine odieuse, dont la colère du Seigneur fit grâce à l'Égypte, au milieu de toutes ses plaies, l'humanité comprit quelle main tenait la verge qui te frappait.

« Laissez passer la justice de Dieu ! »

Enfant d'un Néron féminin, d'une race pétrie dans les crimes, dans les vices, le fils d'une femme dont la devise disait le cœur :

« Soit, pourvu.... »

Soit, pourvu que je règne et gouverne !... Les oubliettes du Louvre, qui conduisaient à la Seine, à côté du bourdon qui sonnait la charge de la Saint-Barthélemy !... Les poisons et le poignard... Soit, pourvu.... Ce fils, né avec des instincts heureux, chassant aux Huguenots du haut de ce balcon doré que vous voyez chaque jour, visant et tirant juste, à côté de son frère, le duc d'Anjou, qui criait :

« Tuez ! tuez ! »

Prêtez l'oreille, c'est Charles IX qui crie et qui meurt, c'est l'enfant qui crie, et si fort et si haut, que l'histoire a entendu ses cris, et qu'elle les répète à la postérité.

« Nourrice ! nourrice ! que de sang !... que de « meurtres !... Quels mauvais conseils j'ai suivis ! Je « suis perdu, je le vois bien !... »

Et de chacun de ses pores sortait une goutte de sang, en restitution de tout ce sang qui coulait sous ses yeux !

« Laissez donc, laissez donc passer la justice de « Dieu ! »

« A horse, a horse for a kingdom.
« Un cheval, un cheval pour un royaume! »
(Shaskpeare.)

« *De profundis clamavit in deserto.* »

RICHARD III, DUC DE GLOCESTER, 1485.

Et qu'en aurais-tu fait de ce cheval?... L'ange
de Dieu, placé devant toi, t'aurait barré le passage.
Où aurais-tu fui, que tu n'eusses trouvé l'Éternel?
L'Éternel! debout devant ta conscience pour te
crier : Assassin! assassin! Quels fantômes, la nuit
d'avant la bataille où tu demandais un cheval pour
un royaume, apparurent à ton esprit troublé? Deux
pâles figures d'enfants sous les ailes d'un ange, ne
te dirent-elles pas :

« A demain! à demain! »

Tu essuyas ton front pâle et soucieux, assassin
des enfants d'Édouard!... Tu restas cloué où Dieu
t'attendait, où il te fixait!... Tu calculas la mort
comme on calcule la marée qui monte, et de ta voix
de hyène tu criais :

« *A horse, a horse for a kingdom!* »

Non, non, Dieu t'avait jugé. Il n'y avait pas de
cheval, il y avait les enfants d'Édouard, et la terre
de Bosworth avait mission de boire ton sang (1485).

Et comme tu mourais, tu passas ta main devant tes yeux. Ah ! c'est que tu t'éveillais en mourant !...

« Laissez donc passer la justice de Dieu. »

HENRI VIII.

L'œil hagard roulant dans un orbite sanglant, l'écume à la bouche, exhalant la putréfaction de son âme, rejetant au loin cette couronne et ce manteau royal teints de sang ! répondant à un juge invisible ! frappé à mort et ne pouvant mourir, tenu en instable équilibre, et écoutant l'arrêt de l'Éternel, et flagellé par sa main, Henri VIII parlait, parlait, mais sa voix privée de son, et sans écho, se perdait dans la mort !

Agonie du crime !... Mort qui eut pour apothéose la soif des dogues qui burent son sang !

« Laissez passer la justice de Dieu ! »

FOUQUIER-TINVILLE.

« Mais regarde, mais regarde bien ! La Seine n'a « plus d'eau, elle ne roule que du sang ! Je te dis « que c'est du sang ! moi ! »

« Laissez passer la justice de Dieu ! »

Celui qui a placé dans la conscience humaine le besoin de la moralité, a-t-il besoin, lui, du concours sanglant des hommes, pour aboutir dans sa justice éternelle ? Instruisez les masses, moralisez-les, donnez-leur *leurs droits de création*, le travail productif ; faites de bonnes lois, faites de la religion, et défaites vos échafauds.....

Orgueilleux vermisseaux que nous sommes, à genoux, sur cette terre qui s'est ouverte pour engloutir les générations de soixante siècles ! A genoux, sur cette terre épaissie par la poussière de ceux qui furent des hommes ! A genoux, sans bruit, sans ostentation, sur cette terre que le fossoyeur creuse chaque jour pour nous tous !... Mais à genoux, la tête tournée vers la patrie du genre humain, les mains élevées vers cette patrie, mais ces mains pures des taches ineffaçables que l'eau de l'Océan ne peut faire disparaître.

« Caïn, Caïn, c'est ton Dieu, c'est l'Éternel. Le « sang de ton frère a crié de la terre à moi !...

« — Mais les hommes me tueront.

« — Non, je mettrai un signe sur ton front !... »

Dieu n'a pas tué Caïn, et les hommes ont laissé passer sa justice !... Ne tuez pas l'homme, vous qui n'êtes qu'hommes, et laissez passer la justice de Dieu, qui est l'Éternel !

Dans une question aussi grave que celle-ci, qui emporte tout un ordre de police sociale, l'émission de la pensée la plus simple doit être corroborée par une multitude de preuves, comme fondements sur lesquels repose la vérité de cette pensée.

Certes, nous avons devers nous des milliers de preuves acquises par nous-mêmes, pendant vingt ans, qui attestent que le criminel le plus atroce tombe comme un faible enfant sous la pression des remords, quand le jour se fait dans sa pensée, mais nous aimons mieux chercher dans les œuvres des autres des arguments et des preuves pour corroborer nos propres pensées.

Voici les preuves qu'a colligées M. Charles Lucas :

« Champion, cordonnier, est accusé de parricide. « Le magistrat le fait conduire devant le corps du « vieillard, et lui fait tâter le pouls, qui reste calme.

« Traduit devant la cour d'assises de Douai, il a « renouvelé l'aveu qu'il avait déjà fait de son crime, « et il a entendu son arrêt sans *émotion* et sans « abattement. *Il a seulement prié les juges de le « laisser vivre encore pour faire pénitence !* »

« On a exécuté le 15 mars, sur la place d'armes « de Strasbourg, le nommé Kunth, condamné à « mort le 10 mars. *Il s'est empressé de recevoir les « secours de la Religion, et a montré beaucoup de « repentir.* »

« Le nommé Delien, âgé de vingt-un ans, con-« damné à mort le 18 mai, par la cour d'assises de

« Rouen, comme coupable d'assassinat. En enten-
« dant sa condamnation, *il a protesté de son repentir,*
« et imploré la miséricorde *de Dieu.* »

« L'accusé Pierre Segain, de Confracourt, accusé
« d'incendie, a été acquitté par la cour d'assises de
« Vesoul. Lorsqu'on lui a annoncé qu'il allait être
« renvoyé de l'accusation, il lui est échappé cette
« exclamation : *Mon Dieu ! serait-il possible. Puis,*
« *se précipitant à genoux, il a baisé la terre et de-*
« *mandé pardon à Dieu. Ses traits étaient attérés,*
« *tout le corps lui tremblait, et, allant entendre l'ar-*
« *rêt de son absolution, il a montré tout l'abatte-*
« *ment d'un homme condamné au dernier supplice.* »

« Mardi dernier, 29 août, François Campel, âgé
« de vingt-trois ans, condamné au supplice des
« parricides, a subi sa peine à Mont-de-Marsan.

« Avant la décision de son pourvoi, il avait tou-
« jours nié son crime, quoiqu'on lui eût entendu
« dire, pendant qu'il était seul : *Je souffre bien,*
« *mais je l'ai mérité. Sur l'échafaud, il recommanda*
« *aux assistants de prier pour lui !* »

« Jean Mayer, est un profond scélérat, un scélérat
« endurci ; ses atrocités, nous les passerons sous
« silence, elles révoltent par trop le cœur, comme
« nous avons passé sous silence les incroyables for-
« faits du maréchal de Raiz ! Eh bien ! dit la *Gazette*
« *des Tribunaux,* d'où tous ces faits sont extraits,

« toutefois la nature eut enfin son tour. Mayer, dans
« son cachot, connut le remords, et la Religion lui
« prêta ses secours consolateurs. Le vendredi 13
« octobre, Mayer monta sur l'échafaud d'un pied
« ferme, et fit de touchants adieux aux fonctionnai-
« res supérieurs qui l'accompagnaient. Durant les
« préparatifs du supplice, on le vit priant et pres—
« sant dans ses bras un crucifix. »

Oh! laissez passer la justice de Dieu! la justice
sanglante des hommes est inutile. Elle est effrayante
par le mal qu'elle produit, et M. Charles Lucas,
dans son beau livre, dit :

« Que les hommes y songent donc bien, l'écha-
« faud a peut-être fait plus de criminels que lé
« crime. »

(Charles Lucas.)

Nous rapportons tout à Dieu, de qui tout émane
sur la terre et dans le ciel, hors le mal ; nous disons,
dans la conviction profonde de notre conscience :

« L'échafaud, c'est la chaîne électrique qui at-
« tracte sur la terre les malédictions de l'Éternel!...
« Et Dieu, quand nous nous présenterons devant lui,
« ne nous en donnera pas le démenti! »

Un fait encore, et nous finirons tous les tristes
gémissements de ce chapitre :

Écoutez ces cris du coupable qui va mourir, que

la main moite et froide du bourreau touche déjà !...
C'est

« Malagutti !!!... »

Malagutti, qui crie d'une voix déchirante à la foule qui l'environne :

« *Pardonnez-moi, priez les autres de me par-*
« *donner aussi !... Je demande pardon* à Dieu et
« aux hommes !..... Pardonnez-moi , pardonnez-
« moi ! » Et le couteau de la justice humaine, en coupant sa tête, coupa en deux son dernier cri !
Pard.....! Le reste se perdit dans le sang, mais non pas dans la mort peut-être.

« Oh ! laissez-donc passer la justice de l'Éternel. »

M. Duport disait à l'assemblée nationale :

« Comme la nature vous défendez le meurtre ;
« ne contrevenez–vous pas à cette même *loi* de la
« nature, lorsque vous assassinez le meurtrier ? »

(Duport.)

AUGUSTE GUYARD (1).

« La vraie justice consiste à opposer le bien au
« mal afin de rétablir l'équilibre, l'ordre, l'harmo-

(1) Nous remercions infiniment notre confrère Auguste Guyard du morceau de marbre noir qu'il nous a apporté pour l'édification de ce triste tumulus, et c'est avec plaisir que nous joignons son nom aux noms de tous ceux qui ont réclamé l'inviolabilité de la vie humaine.
(*Note de l'Auteur.*)

15

« nie dans le monde moral. La justice qui punit,
« ajoutant un mal à un autre mal, trouble encore
« cet équilibre, loin de le rétablir. *Si tuer un homme*
« *offense Dieu une fois, si c'est une injustice, un*
« *mal ; en tuer deux n'est-ce point une double offense,*
« *une double injustice, un double mal?* .   .   .   .

.   .   .   .

.   .   .   .

« Non, non, le crime d'homicide ne s'expie point
« par un crime semblable ; le sang versé ne lave
« point le sang ; le meurtre légal souille la victime
« et la société qu'il prétend venger, et ne fait qu'a-
« jouter une souffrance nouvelle à la somme des
« maux de l'humanité.

« Le procureur du roi demande des têtes, le juge
« les donne et le bourreau les coupe ; cependant,
« quel est le juge ou le procureur qui voudrait
« dîner avec le bourreau ! Égalité devant la guillo-
« tine ; inégalité à table et dans un salon. »

(Aug. Guyard, *Quintessences*.)

CHAPITRE XL.

QUE SI LE CRIME A UNE CAUSE, C'EST CETTE CAUSE QU'IL FAUT DÉTRUIRE, ET LE CRIME SERA DÉTRUIT.

Abordons la grande question qui établit l'utilité
ou l'inutilité de la peine de mort. Éloignons de nous

toute préoccupation étrangère à la réalité de l'état de la question. Point de parlage, point d'esprit, point de phraséologie, point d'arguties, mais Dieu, sa réverbération, la conscience humaine, la raison, la logique, la vérité.

Il y a vingt ans que les idées que nous allons émettre, et celles que nous avons déjà émises, fermentent dans notre âme de croyant! Il y a vingt ans que nous disions au roi Louis-Philippe, qui était contraire à la peine de mort, et qui lui avait arraché son père :

« Pour que la peine de mort pût produire un
« effet *salutaire*, pour qu'elle fût une *utilité*, il fau-
« drait que les hommes commissent les crimes *par*
« *plaisir, par bonheur, par luxe, par recherche de*
« *jouissances*, et qu'en exposant à leurs yeux le
« supplice d'un criminel, on travaillât, par l'exemple,
« à les ramener aux sentiments vrais de leur nature.
« Pour que la peine de mort fût une utilité, il fau-
« drait que le crime fût l'effet d'un simple caprice. »

Mais il en est tout autrement, et c'est ce que nous allons tâcher de démontrer.

La société, la vie sociale, a été aussi bien imposée à l'homme par Dieu, que la vie elle-même. L'état de sociabilité n'est que la conséquence rigoureuse de la nature de l'homme, un fait invincible de sa création.

La société ayant été imposée à l'homme, tout ce qui tend à porter atteinte à l'existence de cette société ne saurait être assez réprimé, ne saurait être assez puni. Il faut la sécurité à la religion, à la famille, aux lois, aux arts, aux sciences, à la paix publique, au principe civilisateur, en un mot.

La civilisation, c'est le plus grand développement des principes constitutifs de l'homme ; c'était l'opinion de Napoléon.

> La moralité,
> L'intelligence,
> L'affection,

Morale, intelligence, amour, voilà l'homme tel que Dieu l'a fait. Et si les lois de la terre ont gâté l'œuvre du Ciel, que les hommes n'en accusent qu'eux-mêmes ! Tel que nous définissons l'homme, tel nous sentons que nous sommes, tels se sentent tous les hommes, et tel le définit la science.

Et s'il faut prouver ce que chacun trouve écrit au fond de son cœur, prouvons-le. Nous voudrions pouvoir chiffrer notre dialectique.

Un enfant tombe dans l'eau, un voleur, un assassin, suant encore du travail du vol, ou du crime atroce, sautera dans l'eau pour sauver cet enfant !...

Il n'est pour rien dans cet électrique mouvement de sa *création*, Dieu y est pour tout. Cela est opéré par la nature constitutive de l'homme. Le premier mouvement, le mouvement de Dieu.

Qu'au milieu de nos carrefours, un brutal frappe une femme ou un enfant, chacun de nous, poussé comme par un ressort, sans réflexion, sans jugement aucun, bondira comme un lion, pour défendre cette femme ou cet enfant. Qu'un misérable, un grand misérable, assomme un cheval ou un chien, l'indignation publique se fait jour et proteste! Tout cela est spontané, tout cela est inné dans l'homme.

Sonne le tocsin de l'incendie, qui donc compte avec le danger et la peur, chacun veut sa place au feu!... Ceci est dans tous les cœurs, et cette moralité innée est si profonde, si divine dans l'homme, que tout ce qui s'en éloigne, même sous la protection des lois, est frappé d'une horreur naturelle, qui conduit, envers ceux qu'elle atteint, jusqu'à l'injustice relative.

On a vu ce que dit Beccaria, au commencement de cet ouvrage, sur l'horreur qu'inspire le bourreau, et nous répétons ici ce que dit Diderot : « Le « mépris, légitimement fondé pour les exécuteurs « de la justice, mépris dont on ne saurait se garan- « tir, mépris général de toutes les nations et de tous « les temps. — Aversion pour les fonctions de juge « criminel, aversion que toute la raison ne saurait « vaincre, fonctions nécessaires, et pour lesquelles

« une âme un peu sensible ne comprend pas que l'on
» puisse trouver quelqu'un. »

(DIDEROT.)

« Voilà l'origine, dit Pierquin, de cette aversion
« funeste de la plupart des citoyens, contre un corps
« d'élite, le plus utile et peut-être le plus respec-
« table de tous. Nul doute, en effet, que cette aver-
« sion, dégénérant en crainte, en horreur ou en
« mépris, ne disparut dès le moment que les gen-
« darmes, exclusivement occupés de la tranquillité
« publique, abandonneraient la garde des échafauds
« et des patients qu'ils garrottent. »

(PIERQUIN.)

Et comme assurément la moralité est innée dans
l'homme, le besoin d'aimer, est chez lui un besoin
de création aussi, un besoin inné, un impôt de sa
nature, payé à sa nature. Il n'y a pas d'atroce brigand, de sicaire qui, au fond de son cœur, n'ait une
fibre dolente, soit pour sa mère, pour sa sœur, pour
sa femme, pour un chien.

Il n'y a jamais eu de bandit italien, ou de saltéa-
dor espagnol, qui ne prélevât deux primes sur le
butin du crime, pour en doter l'autel de la Vierge,
et pour orner l'objet de son affection. Gardons-nous
de rien confondre, séparons les crimes des fana-

tismes, des crimes que nous appelons le crime-
Lacenaire, le crime pour voler, mais établissons
quatre formidables noms, et on restera convaincu
qu'une affection quelconque reste toujours debout
dans le cœur de l'homme !

Danton était un être éminemment aimant; il aimait jusqu'à la passion ces belles fleurs qu'il culti-
vait de ses mains. Il a aimé jusque sous la hache
de Sanson, et il lui a crié : « Tu veux donc être plus
« cruel que la mort ; tu n'empêcheras pas nos têtes
« de s'embrasser tout à l'heure dans ton panier. »

Robespierre a aimé, et Saint-Just n'a jamais
haï !... Le plus aliéné de 93, Marat, avait la passion de Robert 1er de France, et de saint Vincent de
Paul ! Comme Louis XVI, sa joie, sa grande félicité,
consistait à secourir, à protéger les faibles et les
malheureux !...

Sanson, ce géant, ce grand-maître de la guillotine, Sanson, dont les mains ont pétri la tête de
cinq mille hommes, Sanson aimait les fleurs.

La seule colonne inébranlable de la société, la
seule vraie protection qui conserve la société, c'est
le principe affectif. La mère, l'amour de la mère,
'est une véritable réverbération de Dieu !... Il est
impossible de ne pas croire en Dieu, devant le
dévouement maternel !

Le père courbe son dos sous le faix, pour nourrir

son enfant, et les baisers de cet enfant le consolent, le soir, des peines de la journée! Le frère accourt au cri du frère, l'ami au cri de l'ami, tout cela est l'œuvre de Dieu!

L'intelligence croît et monte!... Elle croîtra et montera jusqu'à ce que la pensée de la terre soit à l'unisson de la grande pensée du Ciel. Ceci établi, répétons qu'il est invinciblement nécessaire que tout ce qui porte atteinte à la morale, à l'affection, à l'intelligence, soit impitoyablement réprimé. Que l'œuvre de Dieu, la société, doit être sauvegardée! que l'homme paisible doit être sauvegardé, mais non pas comme l'entend et le fait la société.

Faut-il que, pour réprimer les crimes, la société se suicide, s'immole, s'ampute elle-même! *Si l'é- chafaud est l'école du crime et de la cruauté, s'il inspire le crime, s'il détermine la monomanie homi- cide, s'il enseigne le crime, s'il détruit tout sentiment d'humanité; si, pour punir le méchant, on frappe l'innocence en pervertissant le cœur ; si la publicité des supplices porte une atteinte fatale à la morale et à la santé des citoyens ; si enfin la peine de mort est un grand mal social, si elle détruit la morale, si elle porte atteinte à l'intelligence, si elle dessèche le cœur et détruit l'affection, détruisez l'échafaud, car la société repose sur la morale, l'intelligence et l'af- fection!*

Le crime a une cause, ou bien il n'a pas de cause ; s'il a une cause, recherchons cette cause, et s'il n'a pas de cause, établissons que c'est la démence. Mais hélas, le crime, ce crime pour lequel les hommes sont impitoyables ; le crime pour *le vol* a une cause, et une *cause éternelle*, depuis l'éclosion de l'humanité ; tout le monde le sait, tout le monde le déclare, *c'est l'ignorance et la misère !*... Tous les autres crimes appartiennent à un ordre de choses qui implique des circonstances atténuantes de la part des jurés. L'amour, le fanatisme politique, le fanatisme religieux, la colère, l'ivresse : et si cette cause pousse invinciblement au crime depuis l'éclosion de l'humanité, depuis cette même éclosion aussi, la société, effrayée, ramasse le gant que lui jette le crime, et tue, tue, tue ! ! !... Mais quelque beaucoup qu'on ait égorgé de criminels dans le passé, quelque beaucoup qu'on en égorge dans l'actualité, et centupla-t-on ces boucheries dans tous les siècles des siècles, qui atteint-on en guillotinant le criminel dont nous parlons ? *L'agent, l'instrument, le criminel,* oui, eh bien ! autant vaudrait guillotiner le couteau dont il s'est servi, car l'assassin est à la cause ce que le couteau maudit est à l'assassin. C'est la cause qu'il faudrait guillotiner, c'est l'ignorance et la misère qu'il faudrait détruire ! Qu'est-il arrivé, qu'arrive-t-il, et qu'arrivera-t-il de cette promiscuité? Que cela a été toujours à recommencer, et qu'on recommencera éternellement, jusqu'à ce qu'au lieu de détruire la *cause* du crime, *la société ne détruise* que l'effet.

Philippe II, le scélérat, qui fit mourir son propre fils, promit *vingt-cinq mille écus et la noblesse*, à quiconque tuerait le prince d'Orange.

L'ignorance et la faim sont le Philippe II du criminel : elles poussent au crime !

Le bourreau peut tuer dans le présent, comme il l'a fait depuis les soixante siècles que Dieu a absorbés, jusqu'à nos jours, et hacher la chair éternellement, on n'empêchera pas la faim et l'ignorance de mugir. La hache du bourreau coupe la tête des hommes, Sanson en a coupé cinq mille, et le bourreau de Rouen deux cent trente-une ; mais ces immolations n'ont point développé l'intelligence de ceux qu'on tuait, ni de ceux qui regardaient ces immolations ! Aussi les criminels de la classe dont nous parlons, sont-ils aujourd'hui ce qu'ils ont été autrefois, ce qu'ils seront toujours, tant que la cause restera debout.

L'histoire est là, palpitante d'exemples terribles, qui prouvent jusqu'où cette terrible misère, la faim, peut pousser l'animal humain ; car, là, l'homme n'est plus qu'animal ! *Malesuada fames !*

La mère mange l'enfant de ses entrailles, pour

étouffer la faim de ses entrailles, et meurt après cet
effrayant festin. Ce qui a eu lieu au siége de Jérusalem, a eu lieu à Paris et à Sancerre !

Quand un homme voit sa mère, sa femme et ses
enfants souffrir de la faim, demandez à Victor Hugo
ce qu'il fait? Hugo vous répondra : *Lisez Claude
Gueux*. Combien de milliers d'hommes, comme
Claude Gueux, voient leurs mères, leurs femmes et
leurs enfants avoir froid et faim ! Et aux sourdes
rumeurs de la faim, l'ignorance apporte sa menace
et son grognement ! Cette ignorance agit sur le criminel, comme elle a agi sur ceux qui ont brûlé tant
de sorciers et tant de sorcières : Urbain Grandier,
Galigali, des milliers d'autres ! ! !

On comprend, du reste, par quelle fournaise ardente le criminel dont nous parlons a dû passer
pour arriver au·crime, puisqu'il a dû dépouiller
tous ses besoins moraux de création, avant de planter son couteau dans le cœur de la victime.

Il doit détruire sa qualité d'homme, étouffer
dans son cœur tout ce que Dieu y a mis :

        L'intelligence,
        L'affection,
        La morale,

C'est-à-dire tout lui-même ! Il faut une cause terrible à un effet terrible !... la puissance de Dieu
au fluide électrique ; l'immense putréfaction des

rives du Gange, au choléra; la poudre et la mi-
traille dans l'âme du canon; la calenture de l'ignorance et de la faim au crime! Oh! quel tableau
déchirant que celui du malheur qui conduit au
crime!...

La religion, la charité, la bienfaisance, l'honneur
dans tel cœur; l'irréligion, le meurtre, l'assassinat,
le vol dans tel autre! Pourquoi cela? D'où vient
cela? N'y a-t-il pas une cause? Accusera-t-on
Dieu d'avoir créé des âmes pour la vertu, et des
âmes pour le crime? A-t-il dit à celui-ci : « Tu
« seras vertueux, » et à celui-là : « Tu marcheras
« dans le crime? » Non! la cause du crime, c'est
toujours l'ignorance et la misère? A qui la faute?
Est-ce au pauvre qui vient nu sur la terre, qui croît
dans la misère et l'ignorance, ou à l'irréligion qui
lui refuse l'éducation morale, la connaissance de la
religion et tous ses droits de création? Ces droits
lui étant refusés, c'est l'animal qui va au crime, et
non l'homme, et du crime à l'échafaud. Que peut
chercher le criminel dans le crime? le bonheur?
vous savez que non; c'est l'apanage de la vertu!
le plaisir? quel plaisir, devant le fantôme du gendarme, de la cour d'assises, de la fatale toilette et
du bourreau? Mais est-ce que quelqu'un ignore que
le chaland de l'échafaud, c'est le pauvre! que c'est
l'ignorant!

Puisque c'est la faim et l'ignorance qui font qu'on coupe le cou au pauvre dénudé, plaçons-nous entre la faim et l'échafaud, et Dieu bénira cette terre trop longtemps abreuvée du sang des assassinés et du sang des meurtriers !

La peine de mort n'est que la dernière insulte que le malheur fait au malheureux !! Otons cette dernière insulte, et il en restera bien assez encore aux pauvres de la terre !

Donnez un franc par jour, vous tous qui le pouvez ; et nous aurons des millions que nous verserons dans les mains de nos magistrats et nous ferons plus en un jour pour la morale et la société que les quatre-vingt bourreaux de France dans cent ans, avec leur couperet, leur panier rouge et leurs cordes ensanglantées. Puisque le crime a une cause connue, que c'est l'ignorance et la misère, abolissons la misère et l'ignorance ; c'est le grand art des législations, a dit Napoléon !

« *Suscitans à terra inopem, et de stercore erigens* « *pauperem.*

« Qui tire l'indigent de la poussière, et relève le « pauvre de dessus le fumier : » Celui-là sera comme Dieu !

Combien avons-nous vu de criminels pour vol, monter sur l'échafaud ayant 800 millions ! 400 millions ! 200, 100, 50, 25, 12, 6, 3, 2, 1, 50 mille

francs! 25 mille francs! Comptez-les, et vous verrez si c'est bien la misère, et l'ignorance sa conséquence obligée, qui sont les causes des crimes. Qui
donc sur la terre veut renoncer à être le fils de Dieu,
le père de ses enfants, qui donc veut renoncer à l'a-
mante, à l'ami!... Qui donc s'arme contre soi-
même!... Celui-là, c'est le criminel et vous ne voulez pas qu'il soit fou! Et est-ce tout, Seigneur?
L'échafaud n'a-t-il pas d'autres malédictions?
Oh! qui veut remplir l'espace laissé en blanc
par les noms de tous les innocents que la main
des bourreaux a refroidis! Cherchez depuis Fohi
et Menés, de l'Asie à l'Égypte, de l'Égypte à
la Grèce et de la Grèce à Rome!... Cherchez
dans le monde renouvelé par le christianisme,
vous reculerez effrayés. Étranges castigations des
démences humaines!!... Sombre et terrible aver-
tissement de Dieu qui vous crie!...

> L'abîme appelle l'abîme!
> Le sang appelle le sang!
> Ne versez pas le sang!

Depuis Jésus et Socrate, jusqu'à Charles Ier,
Louis XVI et Ney, remplissez le vide et armez-
vous pour l'inviolabilité de la vie de l'homme!

On dirait que l'échafaud est la bête qui revient
vers le chasseur!

Hodie mihi, cras tibi.

Au sang des septembrisés, se mêle le sang des Girondins!!! Et le sang de Robespierre et de Saint-Just à celui de Danton et de Camille! L'échafaud de 93 semblait dormir. Il était debout en 1815!

Capeluche, le Sanson de la ligue, pend le célèbre président Brisson, et Capeluche, pour grâce dernière, demande qu'on lui laisse faire les apprêts de son propre supplice, effrayé de l'inexpérience du nouveau bourreau qui devait le tuer!... Il remercie Dieu, et meurt!...

Le connétable Enguerrand de Marigny est pendu au gibet de Montfaucon, à ce gibet qui avait été élevé par son ordre!

Que les hommes aient pitié d'eux-mêmes. L'échafaud ne défend pas la société, il l'attaque! C'est un suicide social.

« Cette tête de l'homme du peuple, cultivez-la, « défrichez-la, arrosez-la, fécondez·la, éclairez-« la, moralisez-la, *utilisez-la*, vous n'aurez pas « besoin de la couper. »

(Victor Hugo.)

Tout homme doit être affranchi de l'échafaud, par la solidarité humaine, parce que devant Dieu et devant elle-même la société n'a pas le droit de se suicider, pas plus que l'individu. Et parce que le crime a une cause, la peine de mort n'est pas la défense naturelle, elle en est le luxe! La société n'a que le droit de se préserver, et elle peut se préserver et abolir la peine de mort!...

On a tué pour le salut de la société, on a tué pour le salut du peuple, on a tué pour le salut des rois ; et comme les générations qui ont suivi, ont pleuré sur les meurtres des rois, sur les meurtres des peuples, les sociétés pleureront dans dix ans, dans vingt ans, sur les inutiles boucheries des places publiques !...

« Est-ce donc au bruit de la hache qui tombe et « du sang qui ruisselle, que s'annonce en ce monde « la justice de l'autre ? »

(Ch. Lucas.)

Si le crime a une cause, si c'est la misère et l'i-gnorance, avant de frapper l'agent, détruisons la cause.

« Pourquoi arrive-t-il qu'il n'y a presque per- « sonne d'exécuté que les pauvres ? Cela prouve, « entre autres choses, que leur condition est misé- « rable ; élevés sans mœurs, et jetés dans le monde « sans espoir, ils sont les victimes du vice et de la « barbarie légale, etc. »

(Thomas Penn.)

Oui, les hommes de cette génération verront l'abolition de la peine de mort ! Déjà bien près de nous, en Suisse, on l'abolit.

En attendant le règne de Dieu sur la terre, disons à ceux qui croient que l'échafaud est *le salut de la société*, et qui peuvent tomber dans la misère et la stupidité qui conduisent au crime, ce que Louis Blanc a dit de l'échafaud

« *Du salut du peuple.* »

« L'humanité ! Tout individu qui souffre d'un
« acte injuste, quelque petit et obscur qu'on le
« suppose, la représente, la personnifie, la porte
« vivante en lui. Quand vous tuez un innocent, vous
« menacez l'innombrable foule de ses pareils, sur
« toute la surface de la terre, dans tous les siècles
« à venir ; et certes il n'est pas de peuple qui vaille
« qu'un aussi prodigieux intérêt soit foulé aux pieds !
« O Camille ! imprudent Camille ! on l'invoquera
« aussi contre vous, *ce salut du peuple*, votre loi
« suprême, et quand vous serez sur la charrette
« fatale, ne vous plaignez point de la logique qui
« vous y aura fait monter, puisque cette logique est
« la vôtre. »

(LOUIS BLANC.)

16

CHAPITRE XLI.

QUE PAR RESPECT POUR DIEU, IL FAUT CROIRE QUE LE CRIME C'EST LA DÉMENCE.

> « 27. Dieu donc créa l'homme à
> « l'image de Dieu. »
>
> (LA GENÈSE.)

« Il est des situations irrésistibles qui brisent
« toute liberté de penser ; il est des états de vertige
« amer, de fascination cruelle, où l'homme est, s'il
« est permis de parler ainsi, dépouillé avec violence
« de la responsabilité de ses actes ; le chrétien le
« sait, et, dans sa prière de chaque jour, il de-
« mande à Dieu de lui épargner de telles épreu-
« ves !... »

(BALLANCHE.)

Quand la terre entière se lèverait contre nous,
faibles que nous sommes, pour protester contre
cette pensée :

« Que le crime, c'est la démence, »
nous persisterions dans notre opinion, ne pouvant
renier Dieu, et ne pouvant pas renier non plus
notre qualité d'homme !

Nous traitons ici une question bien ardue, bien
difficile ; il faut que les pensées soient des chiffres ;

il faut la vérité dépouillée de tout secours artistique ;
il faut enfoncer tout le poing dans la plaie, pour
que le doute disparaisse : nous le savons, et nous
agirons en conséquence.

L'ABBÉ MITRAUD.

« La loi humaine ne peut être que l'expression
« du *droit,* un témoignage rendu au droit, qui, dès
« qu'il est connu, *devient un devoir de justice. Le*
« *droit est le titre inaliénable de chaque homme à*
« *la satisfaction de tous ses besoins de création.* Les
« besoins de création dérivent de la loi des êtres,
« et la loi des êtres constitue leur essence, car on
« ne conçoit pas un être sans la loi ou sans sa con-
« dition d'être. L'homme n'est pas le créateur de
« l'essence des êtres ; il n'est donc pas le créateur
« de leurs conditions d'être, de leurs lois, de leurs
« besoins, de leurs droits. Rien ne surprend autant
« ma pensée, rien ne consterne autant ma raison,
« que la conviction universelle qui attribue à
« l'homme, à l'humanité en général, la puissance
« législative. L'humanité entière, réunissant ses
« forces pendant des millions de siècles, arrive-
« rait-elle à une puissance législative suffisante pour
« déterminer les conditions d'être, les lois d'un
« insecte ? Si je disais à un roi de la science : « Puis-
« que vous êtes souverain, usez largement de votre

« puissance législative; tracez à cet oranger des
« lois ou des conditions d'existence faites ; faites-le
« naître ou croître dans mon appartement. » Il ri-
« rait de ma folie. Notre empire sur les animaux,
« sur les plantes, sur tous les êtres irrationnels, n'a
« guère d'autre action sur eux que de les dé-
« truire. »

La société ne peut donc pas détruire la loi de
chaque *être, sa nature, son entité*, ses droits, ses
besoins *de création*, selon l'expression de M. l'abbé
Mitraud, mais elle peut détruire *l'être*, et c'est ce
que fait l'échafaud, parce que le malheur ne permet pas que chaque être reste dans la nature de
son être, et que Dieu veut qu'il y reste forcément.
Dans cette position affreuse, l'homme a faim, il a
froid, il est humilié'! Il voit sa femme et ses enfants
avoir froid et faim!... sa raison s'égare ! et, dans l'é-
garement de sa raison, il s'arme contre la société!...
il tue, et la société lui répond par l'échafaud.

L'ABBÉ MITRAUD.

« Nous avons le pouvoir de détruire, nous n'a-
« vons pas celui de créer, précisément parce que
« nous ne sommes pas législateurs, parce que la loi
« des êtres ou leurs conditions d'existence ne dé-
« rivent ni de notre raison, ni de notre puissance.
« La connaissance des êtres et leur conservation

« sont le résultat de lois mystérieuses que nous
« voyons s'accomplir tous les jours, mais que nous
« ne comprendrons jamais, bien loin de les avoir
« faites. »

« N'ayant aucune puissance législative sur les
« êtres soumis à son empire, comment l'homme
« prétendrait-il en avoir sur son semblable, qui ne
« dépend en rien de lui, qui, comme tous les autres
« êtres, a reçu en naissant *ses lois toutes faites, aux-*
« *quelles rien ne peut être changé sans qu'il s'altère*
« *ou qu'il meure. Le maintenir* dans ses lois natu-
« relles est donc l'unique droit, l'unique devoir des
« législateurs et des gouvernants. »

Et quand l'homme n'est plus devant *ces lois toutes
faites,* qu'il est rejeté violemment hors *de ses lois
naturelles,* il s'altère; et quand il s'altère, on *le guillotine.* Et c'est l'ignorance et la misère qui l'altèrent.

LOUIS BLANC !

« L'esclave, c'est le pauvre qu'on punit pour
« avoir tendu la main à la pitié du riche; c'est
« l'homme sans asile qu'on arrête pour s'être ap-
« puyé sur la borne.

« L'esclave, c'est le malheureux que la faim con-
« damne au vol, en attendant que la société le con -
« damne au bagne.

« L'esclave, c'est le père qui envoie son jeune

« fils respirer l'air des filatures malsaines! C'est le
« fils qui envoie son vieux père mourir à l'Hôtel-
« Dieu ! »

C'est dans ces conditions *d'être* que l'homme
marche dans le crime!... Qui le veut? Personne
assurément. Et cependant les échafauds ruissellent
de sang; et cependant cet état de choses a une
cause. Peut-on porter remède à ces calamités? Parfaitement. Comment ?

En frappant la société de *l'impôt de Dieu* (1) !

Les gouvernements en ont-ils le droit?

On prélève 500 millions pour la guerre; on prélève 500 mille francs pour les bourreaux; on prélève l'impôt du sang pour le salut de la patrie ; on
a *le droit de couper le cou aux coupables , et
vous voulez que les gouvernements n'aient pas le
droit de croire en Dieu, de le servir, de demander
trente millions, au nom de la morale et de la religion, pour forcer l'homme au travail, qui est la loi
de son être ! au travail comme nous l'avons défini !*

L'ABBÉ MITRAUD.

« L'homme n'a pu devenir législateur que par

(1) Dans la législation de Mahomet, on prélève la dîme sur la fortune des riches en faveur des pauvres. -

(Note de l'Auteur.)

« un crime, et il l'a si bien senti, qu'il n'est pas un
« seul législateur primitif qui n'ait cherché à faire
« croire que ses lois venaient du ciel, tant il était
« convaincu de l'audace de son usurpation, et de la
« répulsion générale qui devait l'accueillir. Mnevis
« et Amasis, législateurs égyptiens, avaient reçu
« leurs lois de Mercure ; Zoroastre, législateur des
« Bactriens, Zamolkis, législateur des Gètes, avaient
« reçu les leurs de Vesta ; Zathraustes, législateur
« des Arimaspes, avait un génie familier, Radha-
« mante et Minos ne transmirent aux Crétois que
« les ordres de Jupiter ; Ariptolème, chez les Cro-
« toniates, et Zaleucus, chez les Syriens, attri-
« buaient leurs lois à Minerve ; Lycurgue, chez les
« Lacédémoniens, attribuait les siennes à Apollon ;
« Cécrops, législateur d'Athènes, à Minerve et à
« Jupiter ; Romulus et Numa consultèrent, l'un le
« dieu Consus, l'autre la déesse Égérie ; Fun-fou,
« fondateur de l'empire de la Chine, était fils du
« soleil ; Mango-Capac et Ciya-Mama, fondateurs
« du royaume des Incas, étaient aussi, l'un fils,
« l'autre fille du soleil ; Thor et Odin, législateurs
« des Visigoths, étaient dieux ou inspirés des
« dieux ; Mahomet fut le grand prophète ; Gengis-
« Kan, fondateur de l'empire des Mogols, termine
« cette longue série des rois ou des législateurs di-
« vins ; ses adulateurs l'appelaient Dieu. Non ! ré-

« pondait modestement sa mère, il n'est que le fils
« du soleil. »

Il est aux yeux des philosophes, aux yeux des
penseurs humanitaires, bien impossible que
l'homme puisse obéir au principe ancien sans la révolte de sa nature, sans ce que l'abbé Mitraud appelle ses droits de création, ne protestent toujours
contre ce principe. L'homme qui arrive dépouillé
dans la vie, n'a que le travail et la charité. Le travail, celui du pauvre, ne l'arrache pas à la misère,
à l'ignorance. C'est beaucoup s'il assure le pain ;
très souvent il ne l'assure pas, et très souvent ce
travail manque. La charité, quelque ardente qu'elle
soit, panse la plaie mais ne la guérit pas. Aux cris
de sa mère qui a faim et froid, se joignent les cris
de sa femme et de ses enfants qui ont faim et froid !
La nature, complice de ces tristes agitations, crie
plus fort encore !... Sa tête tourne, il devient fou,
il devient voleur et assassin, et le bourreau le tue !..
Nous n'hésitons pas à le dire, le vice du principe
ancien est tellement senti en France, qu'il n'y a pas
une seule mesure gouvernementale qui ne tende à
en amoindrir l'amertume, qui ne tende à replacer
l'homme dans sa condition naturelle, et à arriver
progressivement à la réalisation des idées que nous
émettons ici.

THOMAS PENN.

« Pourquoi arrive-t-il qu'il n'y a presque per--
« sonne d'exécuté que les pauvres? Cela prouve
« entre autres choses que leur condition est misé-
« rable. *Élevés sans mœurs et jetés dans le monde*
« *sans espoir, ils sont les victimes marquées du vice*
« *et de la barbarie légale,* etc.

AU·ROI LOUIS-PHILIPPE.

« Sire!... La peine de mort est la dernière in-
« sulte que la société fait au malheur. »

(Th. Aug Mendez.)

PASTORET.

« Voulez-vous prévenir les crimes, créez un
« grand *intérêt à être bon et sage ;* n'en laissez *aucun*
« à aimer le vice et à lui céder ; donnez moins d'a-
« vantages à l'avidité, et pour cela, que les revenus
« d'un seul homme n'absorbent pas la subsistance
« de deux mille citoyens. »

Si ce vaste génie qui est mort sur le rocher de
Sainte-Hélène eût eu cinq ans devant lui de paix,
il aurait tué la peine de mort par le fait, et aurait
imposé à la société la charge de créer, aux classes
dénudées, ce travail productif et forcé dont nous

avons parlé. Et si la divine providence nous accorde cette paix, les gouvernements ne tarderont pas à suivre ces errements.

THOMAS PENN.

« Quand nous voyons, dans les pays qu'on ap-
« pelle civilisés, les vieillards aller à la maison de
« force, et les jeunes gens aux galères, il faut qu'il
« y ait quelque chose de mauvais dans le système
« du gouvernement. Il paraîtrait, par l'apparence
« extérieure de ces pays, que tout est heureux ;
« mais il existe une masse de misère cachée aux
« yeux des observateurs ordinaires, qui n'a guère
« d'autre chance que de périr dans la pauvreté ou
« l'infamie ; son entrée dans le monde est marquée
« du présage de sa destinée, et, jusqu'à ce qu'on y
« ait remédié, *il est bien inutile d'infliger des puni-*
« *tions.* »

VICTOR HUGO.

« Le peuple a faim, le peuple a froid. La misère
« le pousse au crime ou au vice, selon le sexe. Ayez
« pitié du peuple, à qui le bagne prend ses fils, et
« le lupanar ses filles. Vous avez trop de forçats,
« vous avez trop de prostituées. »

L'ABBÉ MITRAUD.

« Les religions païennes, filles de l'intérêt et de
« l'orgueil, ainsi que la souveraineté humaine,
« n'ont été inventées que pour servir de base aux
« législations. Toutes les fois que j'entends un
« homme proclamer la souveraineté humaine, et
« affirmer que le droit en émane, j'étudie cet
« homme, je l'observe pour voir si je découvrirai
« dans le jeu de sa physionomie le caractère d'un
« trompeur ou d'un trompé ; car il est évident que,
« dans le déplacement de l'origine du droit, il n'y a
« rien à gagner que pour les malhonnêtes gens. » Et
pour le bourreau, dit Voltaire.

Donnez à l'homme l'instruction et le travail productif, et vous n'aurez pas à le guillotiner !...

L'ABBÉ MITRAUD.

« Tous les intérêts en harmonie avec le souverain
« bien, sont légitimes et s'élèvent à la hauteur d'un
« devoir. La légitimité dans les rapports sociaux
« comme dans les rapports domestiques, n'est pas
« autre chose que l'harmonie *des intérêts propres*
« et du souverain bien, la *satisfaction* de tous les
« besoins de création, en un mot :

« le Droit. »

Ici l'homme disparaît. C'est le vassal de Dieu, c'est l'esclave de la religion, c'est le défenseur de la morale, c'est le prêtre qui, reculant de quinze siècles, ramasse la parole de Saint-Augustin, la tradition de l'Église primitive, et qui, en présence de l'Éternel, rappelle les . législations à la vérité de la nature humaine.

L'ABBÉ MITRAUD.

« Hors de là (le droit), » dit-il « il n'y a *ni droit,* « *ni légitimité. Pour satisfaire le désir de domina-* « *tion et le vœu de souveraineté, chez quelques-uns,* « *et laisser souffrir chez le plus grand nombre les* « *.besoins de création, il a fallu détruire l'ordre et* « *l'harmonie naturelle dans les rapports des hommes,* « *détruire la morale, fausser la religion, manifes-* « *tation trop éclatante du droit de tous, il a fallu* « *enfin altérer l'idée de Dieu.* De là l'idolâtrie ou la « rupture de la convenance des intérêts propres « avec le souverain bien ; de là une législation illé- « gitime, et une législation qui ne fut plus l'expres- « sion vraie des rapports des hommes entre eux. « De sorte que les religions ayant interverti les « rapports des hommes, les législations les ont éga- « lement intervertis ; d'où il suit que les religions « et les législations qui en émanent, loin de consti-

« tuer le droit, *sont une conspiration permanente*
« *contre le droit, sont un obstacle au développement*
« *de toutes les facultés qui constituent la plénitude de*
« *la vie des êtres* (1). Toutes les entreprises humai-
« nes qui contrarient ce développement *sont des*
« *crimes*. Or, le caractère propre du paganisme
« étant la préférence du bien particulier au souve-
« rain bien, ne pouvait pas ne pas amener le désor-
« dre dans les affections humaines, le dérangement
« de l'harmonie dans le monde moral, ou la désor-
« ganisation dans l'ordre social. Et par la même
« raison que l'établissement de l'idolâtrie a été le
« renversement de la vraie religion, les législations
« païennes ont été le renversement de la vraie légis-
« lation.

« *Lex iniqua perversitas legis.* »

« A peine aurais-je besoin de prouver cette pro—
« position. Je la trouve consignée dans les annales
« même du paganisme ; le droit de domination y est
« appelé un droit *contre la nature* (2). S'il s'est per-
« pétué dans les traditions humaines, il ne faut pas
« s'étonner de trouver parmi les peuples beaucoup
« de lois qui sont le renversement *du droit* et *de la*

(1) Telle était l'opinion bien réfléchie de Napoléon.
(2) Florentin a dit : « L'esclavage est le droit des nations contre la
« nature. »

(Notes de l'Auteur.)

« *loi*. Il m'a fallu bien du temps, bien des efforts
« pour me délivrer des préventions, des préjugés
« que nous donne l'instruction telle que nous la
« recevons tous ; l'Egypte, par exemple, Rome,
« Athènes dont la sagesse est si vantée, m'avaient
« apparu dès ma première enfance comme des mo-
« dèles de justice, et j'ai vu plus tard qu'elles n'a-
« vaient été que des centres d'erreur et de corrup-
« tion, et leur gouvernement despotique qu'une
« dure et permanente iniquité.

   « Depuis Osiris ou Menès, arrière-petit-fils de
« Noé, et le premier législateur dont l'histoire nous
« ait parlé, jusqu'au czar de Russie, qui compte
« autant de serfs que de paysans, et au sénat des
« Etats-Unis, qui maintient l'esclavage dans toute
« sa cruauté, on ne trouve que rarement le principe
« de l'éternelle justice appliqué aux législations hu-
« maines. *L'histoire du genre humain n'est que la*
« *peinture de ses douleurs, et ses douleurs ne sont*
« *que les tristes monuments de ses iniquités et de*
« *l'abandon des lois de la nature !...* »

   Nous ne commenterons pas, de crainte d'affaiblir
la profonde émotion que cette éloquente protestation doit produire sur les âmes honnêtes.

NAPOLÉON.

   « La raison humaine, » dit-il, « son développe-

« ment, celui de nos facultés, *voilà toute la clef so-*
« *ciale,* tout le secret du législateur. *Il n'y a que*
« *ceux qui veulent tromper les peuples et gouverner*
« *à leur profit qui peuvent vouloir les retenir dans*
« *l'ignorance.* Car plus ils seront éclairés, plus il y
« aura de gens convaincus de la nécessité des lois,
« du besoin de les défendre, et plus la société sera
« assise, heureuse, prospère. Et s'il peut arriver
« jamais que les lumières soient nuisibles dans la
« multitude, *ce ne sera que quand le gouvernement,*
« *en hostilité avec les intérêts du peuple, l'acculera*
« *dans une position forcée, ou réduira la dernière*
« *classe à mourir de misère, car alors il se trou-*
« *vera* plus d'esprit pour se défendre ou *devenir*
« *criminel.* »

Cela ne pouvait échapper à cet immense génie.

CHAPITRE XLII.

LE CRIME, C'EST LA DÉMENCE.

Une sœur tue sa sœur (il n'y a pas un mois) en
Allemagne ; elle dépèce froidement cette sœur, la
fait cuire, en fait du bouillon, du potage, et mange
le bouillon, mange la chair, avec d'autres sœurs
plus jeunes qu'elle.

« Un crime inouï, l'assassinat par leur mère de-
« ses *six enfants*, dont l'aînée, une jeune fille nom-
« mée Georgina, n'avait que douze ans, vient d'être
« commis en Angleterre, dans un village appelé
« West-Esher, près de Claremont.

« Samedi dernier, des ouvriers passant devant
« un cottage isolé, furent surpris de voir, à l'appui
« d'une fenêtre, un oreiller rempli de sang ; ils
« frappèrent à la porte, et n'ayant pas reçu de ré-
« ponse, ils entrèrent dans une pièce du cottage,
« où ils virent avec horreur, étendus sur le plancher
« et baignés dans leur sang, le corps d'une femme
« et de deux enfants.

« Dans une chambre à coucher voisine, gisaient
« quatre autres victimes, toutes ayant la gorge cou-
« pée comme les premières, etc. » Il faut abréger
de semblables horreurs !

Les lionnes et les tigresses défendent leurs petits
jusqu'à la mort, et une mère tue ses six enfants, et
puis se frappe elle-même !... Sans discussion, nous
en appelons à toutes les mères : n'est-ce pas la démence?

CHARLES LUCAS.

Nous avons puisé, et nous puiserons encore lar-

gement dans le livre si remarquable de M. Lucas,
livre qui, malheureusement, n'est pas à la portée
de tous les esprits, et qui, par là, ne peut descendre
et porter sa lumière dans les masses !

Nous lisons dans ce livre : « Le crime, au lieu
« de raisonner, le plus ordinairement est aveugle ;
« la passion le domine aussi souvent peut-être que
« l'intérêt, et alors, quand il est emporté par elle,
« je ne lui connais plus de frein. La plus terrible
« des peines, la mort, il ne cherche point à la fuir,
« il se l'est réservée lui-même. Combien avons-nous
« vu d'hommes entraînés par la jalousie, la ven--
« geance, se frapper à leur tour à la vue de leur
« victime expirante, et mourir avec l'affreux con-
« tentement de la passion assouvie ! Combien d'au-
« tres se sont livrés eux-mêmes à la justice, allant
« au-devant de l'échafaud ! Voilà les exigences de
« la passion, voilà ses profits, voilà ses satisfactions !
« Ce n'est point à échapper à la mort, c'est à la
« donner qu'elle les goûte. Et n'est-ce point Ben-
« tham qui a si bien caractérisé son empire tyran-
« nique, en disant qu'il est des moments où l'homme
« sacrifierait l'univers à une sensation. •

Puis M. Lucas met en note ce qui suit :

« Écoutez le langage affreux, mais terrible, de
« la passion dans la bouche de Sureau : « *Éloignez-*
« *vous*, me répond-elle (Henriette), *je ne vous con-*

« *nais pas....* » « Tu ne me connais pas?... (Ici la
« voix de Sureau devient terrible), alors je ne suis
« plus à moi, je la frappe... une sueur froide me
« prit tout-à-coup... je voulus me frapper, le fer
« s'échappa de mes mains!... une terreur soudaine
« s'empara de moi.... je pris la fuite... et je revins
« à la boutique... *j'étais content, j'avais tué mon*
« *Henriette, ma bien-aimée.* »

« La mort, messieurs, la mort, je vous en prie,
« s'écrie avec l'accent du désespoir, une nommée
« Chamel, écaillère, qui avait donné un coup de
« couteau à un noir, par jalousie d'amour. »

« A la cour d'assises des Ardennes, un nommé
« Jean-Baptiste Sergent, ancien militaire, poussé
« par la passion violente qu'il avait conçue pour la
« demoiselle Marie Maury, qui avait d'abord ac-
« cepté sa main, après être allé, dit-il, travailler
« au canal des Ardennes, dans l'espoir que l'éloi-
« gnement calmerait son tourment, revient à Sedan.
« Entraîné par un penchant irrésistible, et s'étant
« introduit dans la maison de la fille Maury, sans
« rien lui dire, il lui porte au côté gauche un coup
« de couteau.

« La veuve Forget se précipite sur les pas de
« Sergent, qui s'éloigne d'un air tranquille, et lui
« dit : « Ne me suivez pas, je sais où vous allez, et
« je m'y rends moi-même. » Il va se livrer au chef

« d'un poste, se déclarant l'auteur du coup de cou-
« teau, en disant qu'il aurait mieux aimé avoir deux
« pistolets, l'un pour lui brûler la cervelle, l'autre
« pour se la brûler après. »

On répondra : mais ces crimes de la jalousie, les
crimes de la vengeance, de l'ivresse, ne sont pas.
réellement les crimes atroces!... Les crimes par
guet-à-pens, le crime par froide préméditation ,
pour voler, le crime-Lacenaire, le crime intrin-
sèque enfin, celui pour lequel la société est implacable, c'est vrai ; mais nous, qui avons besoin de
prouver que le crime n'est que la démence, plus ou
moins longue, nous devons passer à travers tous les
sentiers du crime.

Il est un fait bien démontré pour nous : c'est que,
sous l'influence de plusieurs maladies physiques,
beaucoup d'hommes ont cédé au crime comme les
Anglais cèdent au spleen, et comme les meurtriers
de soi-même de tous les pays, cèdent à une agitation moralement ou physiquement maladive.

Le *Journal de Médecine et de Chirurgie pra-*
tiques publie les détails suivants sur un cas de monomanie incendiaire ou pyromanie :

« La cour d'assises de la Sarthe vient d'avoir à
« juger une jeune fille de douze ans, qui a présenté
« un cas fort remarquable de monomanie incen-
« diaire ou pyromanie. Cette enfant, née de parents

« dans un grand état d'irritation et voulait se préci-
« piter dessus.

« Cette jeune fille était d'une constitution émi-
« nemment nerveuse, peu intelligente, mais très
« impressionnable ; elle avait été vivement frappée
« du bruit qui s'était répandu quelque temps avant
« son crime, qu'un miracle s'était opéré dans le
« voisinage. Elle avait souvent des hallucinations,
« et disait aux personnes qui l'entouraient : « Je
« vois la bonne Vierge, elle cause avec moi, je ferais
« bien ma seconde communion. » Et, en effet, elle
« renouvela sa communion avec une ferveur
« édifiante.

« Tous ces faits ont été exposés devant le jury,
« qui, plus complètement éclairé que ne l'avait été
« celui de l'Orne, a prononcé un verdict d'acquitte-
« ment.

« Il serait difficile de rencontrer un exemple
« plus frappant de monomanie incendiaire. Toutes
« les circonstances se trouvent réunies pour rendre
« ce fait intéressant. L'accusée, tout en délirant sur
« ce point, puisqu'elle cédait à une force irrésistible
« en mettant le feu, conservait néanmoins toute la
« finesse nécessaire pour détourner les soupçons et
« même les faire tomber sur un autre. Elle sait
« qu'une voisine est presque aveugle, et c'est chez
« elle qu'elle dispose la petite comédie dans laquelle

« elle suppose qu'elle est menacée par un étranger.
« La pauvre aveugle accourt, elle ne voit rien ;
« mais comme elle entend la jeune fille qui parle à
« quelqu'un et qui paraît fort effrayée, elle ne doute
« pas qu'en effet un étranger ne soit entré dans la
« maison. Elle vient ajouter son témoignage à celui
« de la rusée paysanne, qui engage la justice dans
« une fausse route.

« Mais ce qui doit surtout être noté, c'est que,
« lors de son premier jugement, personne ne la crut
« atteinte d'aliénation mentale, et que la justice,
« pensant avoir à punir une de ces misérables qui
« débutent dans le crime avant l'âge de la raison (1),
« l'avait frappée d'un châtiment terrible, c'est qu'en
« effet la monomanie est bien difficile à constater,
« demande un examen attentif et surtout prolongé.

« Pour peu que le moindre doute s'élève dans
« l'esprit des médecins appelés à observer des pré-
« venus, ils ne doivent pas hésiter à demander un
« prolongement d'instruction, pendant lequel il
« surviendra peut-être des accidents qui, comme
« dans l'observation que l'on vient de lire, ne lais-
« seront aucun doute sur l'état mental des sujets.

« Dans l'aliénation mentale, comme dans toutes
« les maladies, c'est le début qu'il est difficile de

(1) Qu'est-ce que débuter dans le crime avant l'âge de la raison ?
N'est-ce pas la démence ?   (*Note de l'Auteur.*)

« saisir, *et souvent une action criminelle est le pré-*
« *lude d'un désordre dans les idées, auquel chacun*
« *d'abord refuse de croire, mais qui va bientôt en*
« *s'aggravant de manière à ne laisser aucun doute*
« *même aux esprits les plus prévenus.* »

Chose cruelle à dire (1) : Si cette malheureuse
enfant eût eu six ans de plus, et qu'il ne se fût pas
trouvé un défaut de forme dans le procès, on lui
coupait le cou!... Et à combien de monomanes ne
l'aura-t-on pas coupé dans l'ignorance où l'on se
trouve souvent de discerner ces maladies? Ainsi,
vous avez la démence instantanée des passions qui,
au retour de la raison, vous demande la mort comme
une grâce, pour ne pas vivre sous le poids du crime!

Puis, vous avez les monomanies toutes reconnues
par la science; et vous avez encore l'effrayante
possibilité de frapper l'innocence par l'erreur! De
toutes les manières, que d'innocents ont été frappés!
Ainsi voilà trois raisons invincibles qui militent
contre la peine de mort.

L'histoire restera éternellement ouverte pour
crier aux hommes qu'ils ne doivent pas prononcer
d'arrêts irrémédiables.

281 voix contre **273** condamnèrent Socrate à la

---

(1) 16 juin 1854. Le nommé Jean-François Lanuaux, *âgé de dix-sept
ans,* né à Châtel-sur-Moselle, a été condamné hier à la peine de mort
par la cour d'assises des Vosges.

ciguë. « Et les dieux irrités, dit Plutarque, semèrent
« la désolation de la mort dans la cité, et la postérité
« a flétri les 281. »

Calas, Lesurque!... tous ceux que nous avons.
nommés, et tous ceux que nous ignorons!

               « Et pur si muove! »

Eh oui, la terre tourne! avait dit Galilée. — Non,
pas le moins du monde! Les erreurs humaines ont
des arguments qui prouveront à Galilée que la
terre ne tourne pas, et il faudra que Galilée avoue
que la terre ne tourne pas.

« Moi, Galilée, dans la soixante-dixième année
« de mon âge, étant constitué prisonnier, et à ge-
« noux devant vos Éminences, ayant devant mes
« yeux les saints Evangiles, que je touche de mes
« propres mains, j'abjure, je maudis, et je déteste
« l'erreur et l'hérésie du mouvement de la terre! »

Voilà l'ignorance!...

Voici le crime :

*Etienne Dolet, le traducteur de Platon, condamné
à être étranglé et brûlé comme suspect d'athéisme!*

Des myriades de myriades d'innocents endormis
par la main du bourreau!!!...

CHAPITRE XLIII.

QUE LE CRIME C'EST LA DÉMENCE.

Une femme d'une grande naissance, belle, jeune,

riche, bercée toujours par toutes les saturations de
la fortune, offre la plus hideuse figure du crime! le
crime sans cause, le crime par luxe, par volupté : La
Briavilliers empoisonne son père et toute sa famille
La sorcière la La Voisin s'en va porter aux malades
pauvres des friandises qu'elle fait de ses mains.
Cette charité, c'est la mort, c'est le poison!... On
connaît son supplice.

Mais c'était de l'*hystérisme* aussi! mais c'était la
monomanie, car que veut-on que ce soit ? Si vous
êtes la cause du crime, que voulez-vous que soit le
crime, s'il n'est la démence ?

Voilà le crime saisi sous bien des aspects. Abor-
dons-le, maintenant, produit par deux fanatismes :
Le fanatisme du cœur et le fanatisme de l'esprit ;
la religion et la politique.

> « Tu ne tueras point. »
>
> (Dieu.)

> « Le Seigneur recherche le meurtre
> « et il s'en souvient. »
>
> (David.)

DOMINIQUE TORREQUEMADA.

S'il est une douleur profonde, une aberration
désespérante, un renversement radical du juste et
de l'injuste, ce sont les crimes commis au nom de

· celui qui défend le crime, au nom de celui qui, dès la terre les châtie par les cris de la conscience !

Le monde s'est armé contre l'Israélite ; dans une semaine dix mille enfants d'Israël ont péri dans le Colysée, *ad bestias*. Des centaines de mille chrétiens ont été dévorés par le paganisme ! Les Albigeois ont disparu de dessus la surface de la terre dans une effrayante immolation !... Le catholique a brûlé le protestant, le protestant s'est noyé dans le sang du catholique !...

Et ces inconséquences, pour venger celui qui ne veut pas que l'on se venge ; pour défendre celui qui n'a pas besoin d'être défendu !

Deorum offensæ dies curæ (1), disait le sénat romain.

Et cependant ouvrez l'histoire et ce sera au nom de la divine Providence que les plus grandes calamités auront été produites.

« *Alajo a Dios de haberme dado el poder de que* « *mar a seis mil héréjos*, » disait Dominique Torrequemada en mourant. Le nom de cet homme était fatal :

Il signifie tour brûlée, et en rendant le dernier soupir il disait : « Je loue Dieu de m'avoir donné la « puissance de brûler six mille hérétiques. »

_____

(1) Les offenses contre les Dieux ne regardent que les Dieux.

Calculez les cris, les larmes, les douleurs de six·
mille innocents, cuits à petit feu, un san-benito
sur le dos, pour avoir cru au Dieu de leurs pères, et
concluez si le fanatisme n'est pas la démence, ou
dites-nous ce que ce peut être ! Et c'est ainsi que
deux cent mille victimes ont expiré ! Pourquoi cela
n'est-il plus ? Parce que l'humanité a progressé en
lumières et en morale ! Dans dix ans, l'humanité
réveillée se demandera pourquoi on coupait le cou
aux insensés qui se perdent dans le crime !

Maxime ordonne, *pour l'honneur de Dieu*, la
mort de Priscillien et de ses adeptes, et la question
avant la mort !... Ces victimes expirent !... Et un
saint évêque, saint Martin, demande leur grâce
pour l'honneur de Dieu, et ne l'obtient pas.

« On ne sait pas bien précisément quelle était
« l'hérésie des chanoines que le roi Robert, fils de
« Hugues, et Constance, sa femme, allèrent faire
« brûler en leur présence à Orléans, en 1022. »

« Philippe-Auguste, en 1181, avait condamné
« les nobles de son domaine qui prononceraient
« *tétebleu, ventrebleu, corbleu, sangbleu*, à payer
« une amende, et les roturiers à être *noyés.*

« Saint Louis, faisait percer la langue et couper
« la lèvre supérieure. Le pape Innocent IV dut ré-
« primer fortement le zèle de saint Louis. »

(VOLTAIRE.)

« Il faut faire honorer la divinité et ne la venger
« jamais. »

(Montesquieu.)

« Le conseiller Dubourg, le chanoine Jehan
« Chauvin, dit Calvin; le médecin Servet, espagnol;
« le calabrois Gentilis, servaient le même Dieu;
« cependant le président Minard fit pendre le con-
« seiller Dubourg, et les amis de Dubourg firent
« assassiner Minard, et Jehan Calvin fit brûler le
« médecin Servet à petit feu, et eut la consolation
« de contribuer beaucoup à faire trancher la tête
« au calabrois Gentilis; et les successeurs de Jehan
« Calvin firent brûler Antoine.

« *Est-ce la raison, la piété, la justice*, qui ont
« commis tous ces meurtres?

(Voltaire.)

Non, c'est la démence !

CHAPITRE XLIV.

Reprenons Voltaire.

« L'histoire d'Antoine est une des plus singulières
« dont le souvenir se soit conservé dans les annales
« de la *démence*. Voici ce que j'en ai lu dans un ma-
« nuscrit très curieux, et qui est rapporté en partie
« par Jacob Spon : Antoine était né à Brieu, en

« Lorraine, de père et de mère catholiques, et avait
« étudié à Pont-à-Mousson, chez les jésuites. Le
« prédicant Ferri l'engagea dans la religion protes-
« tante, à Metz. Étant retourné à Nancy, on lui fit
« son procès comme à un hérétique, et si un ami
« ne l'avait fait sauver, il allait périr par la corde.

« Voyant par quelle étrange fatalité sa vie n'était
« en sûreté ni chez les protestants, ni chez les ca-
« tholiques, il alla se faire juif à Vienne. Il se per-
« suada *très sincèrement*, et *il soutint* jusqu'au der-
« nier moment de sa vie, que la religion juive était
« la seule vraie, et que, puisqu'elle l'avait été au-
« trefois, elle devait l'être toujours. Les juifs ne le
« circonscirent point, de peur de se faire des af-
« faires avec le magistrat; mais il n'en fut pas
« moins juif. Il n'en fit point profession ouverte; et
« même étant allé à Genève en qualité de prédicant,
« il y fut premier régent du collége, et enfin il
« devint ce qu'on appelle ministre.

« Le combat perpétuel qui s'excitait dans son
« cœur, entre la secte de Calvin qu'il était obligé
« de prêcher, et la religion mosaïque à laquelle
« seule il croyait, le rendit longtemps malade. Il
« tomba dans une mélancolie et dans une maladie
« cruelles; troublé par ses douleurs, il s'écria qu'il
« était juif. Des ministres vinrent le visiter, et tâ-
« chèrent de le faire rentrer en lui-même; il leur

« répondit qu'il n'adorait que le Dieu d'Israël ; qu'il
« était impossible que Dieu changeât, que Dieu ne
« pouvait avoir donné lui-même et gravé de sa
« main une loi pour l'abolir. Il parla contre le
« christianisme, ensuite il se dédit. Il écrivit une
« profession de foi pour échapper à la condamna-
« tion ; mais après l'avoir écrite, la malheureuse
« persuasion où il était ne lui permit pas de la si-
« gner. Le conseil de la ville assembla les prédicants
« pour savoir ce qu'il fallait faire de cet infortuné.
« Le petit nombre de ces prêtres opina qu'on de-
« vait avoir pitié de lui ; qu'il fallait plutôt tàcher
« de guérir sa maladie de cerveau que la punir. Le
« plus grand nombre décida qu'il méritait *d'être*
« *brûlé*,

ET IL LE FUT.

« Cette aventure est de 1632. *Il faut cent ans*
« *de raison et de vertu pour expier un pareil juge-*
« *ment.* »

(VOLTAIRE.)

SIMON MORIN.

Simon Morin fut brûlé à Paris en 1663 ; le parlement le condamna aux Petites-Maisons : c'était
un fou. Il persuada les magistrats qu'il se repentait
de ses erreurs, et on lui rendit sa liberté. Il se

croyait envoyé de Dieu ; sa folie le reprit, et il fut condamné à être brûlé vif, *et le fut sans miséricorde.* Voltaire ajoute : « Ce fut au milieu des fêtes d'une « cour brillante, parmi les amours et les plaisirs, ce « fut même dans le temps de la plus grande licence, « que ce malheureux fut brûlé. »

(VOLTAIRE.)

Des égarements de la religion, passons aux égarements politiques ; indiquons-les, il serait par trop long de les narrer, d'autant que dans un chapitre de cet ouvrage, intitulé : *Course à travers l'histoire*, nous en avons donné la nomenclature.

LA NUIT DU 23 AOUT 1572.

Maurevert assassine Coligny ! le grand bourdon de Saint-Germain-l'Auxerrois annonce que le moment est venu ! ! !...

« Le roi contemplait en silence la ville, qui pa-« raissait illuminée comme pour une fête, et qui « était pleine de rumeurs indistinctes.

« Soudain la grosse cloche de Saint-Germain-« l'Auxerrois sonna.

« — Qu'est-ce cela ? demanda Charles, qu'on eût « dit éveillé en sursaut, au son de cette cloche. Ma-« dame ma mère, ce n'est pas moi qui ai donné cet « ordre.

« — C'est moi, reprit Catherine de Médicis,

« Quand vous avez ordonné de purger le Louvre
« des gentilshommes huguenots qui y sont logés,
« j'ai ordonné de faire sonner la cloche des funé-
« railles de l'amiral. Sire, vous serez royalement
« vengé, je vous assure, et déjà vous devez sentir
« que vous êtes vraiment roi.

« — Grand merci, Madame, pour vos bonnes
« intentions à notre égard ; mais le Seigneur Dieu
« m'est témoin que je me lave les mains de tout ce
« qui sera fait !... » Et le duc d'Anjou, frère du roi,
criait :

« TUEZ ! TUEZ ! »

(Bibliophile JACOB.)

Vous voyez ce beau balcon tout d'or, au Louvre,
c'est de là que Charles IX tira sur son peuple ;
Jacques de Savereux, catholique, mais qui sau-
vait un protestant, le vit et le reconnut.

Et de cet événement ressortira un grand enseignement ! c'est que la peine de mort ensevelit le
criminel avec son crime, qui lui sert de linceul,
tandis que si l'on le laissait vivre, il se séparerait de
son crime par le repentir, comme Charles IX.

CHATEAUBRIAND.

« Sa Majesté (Charles IX) aimait beaucoup sa

« nourrice, encore qu'elle fût huguenote. Comme
« elle se fut mise sur un coffre, elle commençait à
« s'éveiller ; ayant entendu le roi se plaindre,
« *pleurer et soupirer*, s'approcha tout doucement
« du lit ; et, tirant sa custode, le roi commença à
« lui dire, jetant un grand soupir et larmoyant si
« fort, que les sanglots lui coupaient la parole : « Ah !
« ma nourrice, ma mie, ma nourrice, *que de sang !*
« *que de meurtres !* Oh ! que j'ai suivi un méchant
« conseil ! Oh ! mon Dieu, pardonne-le moi, s'il te
« plaît !... Que ferai-je ? Je suis perdu, je le vois
« bien. »

« Ce roi, qui tirait par les fenêtres sur ses su-
« jets, ce monarque catholique se reprochant ses
« meurtres, *rendant l'âme au milieu des remords,*
« *en vomissant son sang, en poussant des sanglots,*
« en versant des torrents de larmes, abandonné de
« tout le monde, seulement secouru et consolé par
« une nourrice huguenote.

« N'y aura-t-il pas quelque pitié pour ce monarque
« de vingt-trois ans, né avec des talents heureux,
« le goût des lettres et des arts, un caractère habi-
« tuellement généreux, qu'une exécrable femme
« s'était plu à dépraver par tous les abus de la dé-
« bauche et de la puissance (1) ?

1) Catherine de Médicis.

« Heureux si ce prince n'avait jamais reçu une
« couronne doublement souillée de son propre sang
« et de celui des Français, ornement incommode
« pour s'endormir sur l'oreiller de la mort!... »
Oh! oui, oui, pitié pour le roi meurtrier de
23 ans, mais pitié aussi pour l'enfant du peuple
condamné à 17 ans!... Pitié pour le crime de
l'ignorance, et de la faim aussi!!!!... Il fut donné au
roi assassin de sangloter et de se repentir!... Laissez au criminel de l'ignorance et de la faim, au
monomane, le temps de redevenir homme, de se
sentir, et il sanglotera comme le roi! Ne guillo-
tinons pas l'âme. Les chrétiens primitifs et saint
Augustin vous le disent.

CHAPITRE XLV.

La Saint-Barthélemy et 93 ont laissé dans la mémoire de l'humanité une horreur si profonde, que
ces deux fatales époques reviennent incessamment
comme des spectres sanglants, en pensée, à tous
ceux qui s'occupent des grands intérêts de l'humanité. On ne saurait trop en discerner la cause, car
si l'atrocité se mesure par l'énormité du mal, ces
deux événements sont bien peu de choses à côté de
mille autres événements dont l'histoire a conservé
la mémoire.

Deux cent mille huguenots périrent, dans toute la France, nous croyons ce chiffre exagéré. Dix-sept à dix-huit mille personnes périrent sous la terreur, et nous croyons ce chiffre également exagéré. Mais que furent ces deux événements, en comparaison de celui-ci?

LOUIS XIV.

« L'État, c'est moi! »

Né à Saint-Germain-en-Laye, le 5 septembre 1638. Couronné le 14 mai 1643. Mort en 1715, à l'âge de 77 ans.

RÉVOCATION DE L'ÉDIT DE NANTES.

Cinq cent mille Français, gens de bien, de mœurs et d'ordre, fuirent la terre de la patrie devant l'abomination de l'arrêt

« Qui arrachait l'enfant à sa mère!

« Qui arrachait à la conscience, sa conviction, « sa religion, qui *dragonnait les pères, les mères,* « *les frères* et volait les enfants. Toute la miséri- « corde ne fut pas plus loin que les galères!

« Et sous Louis XV encore, on vendait les pro- « testants qui étaient aux galères 3,000 francs!...

« Choiseul, *pour faire sa cour à Voltaire, lui en*
« *donna un !* »

CHAPITRE XLVI.

LE CRIME, C'EST LA DÉMENCE.

SAINT-JUST.

On a vu ce que nous avons dit des crimes produits par le fanatisme religieux, dans la conviction
intime de servir Dieu ; on a vu la Saint-Barthélemy à l'endroit du fanatisme politique, on va voir
d'autres fanatismes ; ces deux monomanies sont les
plus effrayantes. Voici la figure la plus étonnante de
l'histoire ; nous avons choisi un historien contraire
aux idées révolutionnaires, intentionnellement,
pour laisser ressortir avec plus de force toute la
moralité de la citation.

« Dans un ouvrage aussi léger que celui-ci, et
« qui n'est guère qu'anecdotique, je n'ai point la
« prétention de crayonner des portraits, moins en-
« core de faire passer en revue, sous les yeux du
« lecteur, tous les scélérats élevés en domination,
« qui se baignèrent à plaisir dans le sang des Fran-
« çais, mais je dirai quelques mots *d'un homme*
« *extraordinaire*, qu'on croirait déjà oublié, et qui
« fut cependant mille fois plus cruel que le sangui-

« naire Robespierre, et ne sembla pousser la féro-
« cité à l'excès,

« QUE PAR EXCÈS DE VERTU. »

« Louis-Léon Saint-Just, né à Blérancourt, près
« Noyon, était à peine âgé de vingt-trois ans, quand
« il fut nommé à la Convention par le département
« de l'Aisne. Avant cette nomination, il entretenait
« une correspondance avec Robespierre, dont il
« était admirateur passionné, et qui le fit, lors de la
« formation des Comités du gouvernement, nom-
« mer un des douze membres du Salut public.

« Ignoré, confondu dans la foule jusqu'au 31 mai
« 1793, il se signala tout d'un coup à la tribune
« par un rapport du plus haut intérêt, demandant,
« avec une audace qu'il conserva toujours depuis,
« que les Girondins qui avaient fui fussent déclarés
« traîtres à la patrie, et qu'il fût lancé un décret
« d'accusation contre ceux qui venaient d'être ar-
« rêtés.

« Dès ce moment, la tâche d'envoyer successi-
« vement ses collègues à l'échafaud, lui fut exclusi-
« vement affectée par les comités ; il ne cessa de
« la remplir avec zèle qu'à la journée de thermi-
« dor (9), où il demandait encore des têtes à la tri-
« bune, quand il y fut interrompu, et n'en descen-
« dit que pour porter la sienne sous la hache.

« N'ayant point encore le jugement formé, sans
« expérience, prenant à la lettre et outrant les
« maximes d'un philosophe dont il avait fait ses dé-
« lices au sortir de l'enfance, il ne vit le bonheur
« pour l'homme qu'en le rapprochant de la nature,
« qu'en le reléguant sous le chaume ou dans les
« forêts. Pour y parvenir, il était besoin d'anéantir
« les lumières, le luxe, les arts, le commerce, les
« gens riches, d'exterminer enfin la moitié de la
« nation, et il marchait à cette extermination avec
« une imperturbable tranquillité. On pourrait dou-
« ter que l'esprit humain pût

« ERRER A CE POINT,

« si les nombreux rapports de ce monstre, consi-
« gnés dans le *Moniteur*, n'étaient là pour déposer
« de tant

« D'EXTRAVAGANCE. »

« Partout où il fut envoyé, le sang coula à flots ;
« et, tout couvert du sang de l'innocence, seul des
« nombreux scélérats exécutés avec lui au jour de
« thermidor, il fut au supplice avec

« RÉSIGNATION. »

« N'opposant aux nombreuses malédictions, dont
« la multitude, ivre de joie, l'accablait sur sa route,
« *que le sourire de l'innocence, il monta sur l'écha-*
« *faud sans forfanterie, mais courageusement, et*

« *reçut le coup de la mort avec l'assurance de* » *l'homme de bien qui aspire à se réfugier dans le* » *sein de la Divinité.* »

(LOMBARD.)

Criminel par vertu, par humanité, par philanthropie, c'est Saint-Just!... Est-ce la démence ? Nul sur la terre n'a pu dire que cet homme eut un vice, un défaut. Mélancolique, rêveur, il marcha dans sa voie, convaincu de remplir un terrible devoir, comme Torrequemada! Cet homme meurt à vingt-six ans, paisible, calme, heureux!... et tout rouge de sang humain!... Décidez, est-ce la démence ?

MARAT ET L'ABBÉ BASSAL.

Si ce qu'on va lire n'est pas la démence, la démence idéologique bien caractérisée, qu'on fouille alors dans les cryptes de l'âme humaine, qu'on y découvre des lieux inexplorés, et qu'on nous dise ce que c'est!...

« Depuis quelques instants, Marat se tordait dans « ses draps ; sa poitrine, enflammée par les veilles, « laissait sortir avec peine une haleine rare et sif- « flante.

« MARAT : Oh! dit-il, j'ai du soufre allumé dans « les poumons !

« A ces mots, il fut pris d'un accès de toux mor-
« dante et sèche, qui couvrit toute sa figure ter-
« reuse d'un nuage pourpre.

« MARAT : Oui, reprit-il, en s'essuyant le visage,
« je vais bientôt mourir, mon ami, je voudrais sa-
« voir s'il y a quelque chose là haut ?

« Bassal, qui, par profession, avait un peu la
« manie de prêcher, lui fit un long sermon sur l'im-
« mortalité de l'âme.

« MARAT : Toutes ces choses doivent être écrites
« quelque part dans la nature, mais Dieu tient le
« doigt sur le livre.

« J'ai passé toute ma vie à chercher l'homme au-
« delà du tombeau, et à poursuivre l'âme dans ses
« destinées éternelles. Je m'en vais, malgré cela,
« l'œil plein de ténèbres. Je n'ai rien vu distincte-
« ment dans ce sombre rayonnement de l'avenir.
« Après tout,

> « *Je ne crains rien de Dieu,*
> « *J'ai fait l'œuvre qu'il m'a imposée.* »

« Ma vocation était de me constituer anathême
« pour mes frères (1), je l'ai subie. J'ai renoncé au
« plaisir de l'étude, aux douceurs de la famille, au
« repos de la vie ; j'ai porté l'abnégation de moi-

(1) Lacenaire a dit . Ma vocation, c'est le crime.

« même jusqu'a immoler mes goûts et mes affec-
« tions au bonheur public; j'ai vécu trois ans au
« milieu des privations, des alarmes, des embûches ;
« j'ai versé mon sang goutte à goutte ; je me suis
« résigné à avoir sans cesse devant les yeux l'image
« de la mort. *Offert en holocauste au Ciel et à la*
« *patrie*, j'ai senti le couteau m'entrer lentement
« dans la gorge. Je suis abreuvé, je suis las, je vais
« mourir. Doué d'un caractère ardent, impétueux
« et tenace, j'ai quelquefois cédé à la vue des com-
« plots de nos ennemis, aux élans d'une indigna-
« tion fatale ; mais, à mesure que le spectacle des
« désordres s'éloignait, mon cœur, moins agité,
« inspirait à ma plume un ton moins terrible.

« *Je m'en vais les mains nettes de sang.*

« Le tribunal révolutionnaire a fonctionné jus-
« qu'ici avec une extrême réserve ; notre républi-
« que naissante compte à peine

« **Deux cents exécutions capitales.**

« Il est vrai que j'ai demandé, dans ma feuille
« et à la tribune, qu'on déployât des mesures éner-
« giques contre les ennemis de l'humanité, mais
« est-ce ma faute

« *Si Dieu a mis dans mon cœur, pour accomplir*
« *ses desseins, une de ces vertus homicides qui ont*
« *l'incorruptibilité et le tranchant du glaive?*

« Je suis intraitable aux méchants, aux oppres-
« seurs, aux fourbes. Il faut que je me brise contre
« eux ou que je les détruise.

« *Si les morts revenaient, maintenant qu'ils sont*
« *dégagés des intérêts et des passions, ils reconnaî-*
« *traient avec moi que leur perte était nécessaire au*
« *monde.* »

(ALPHONSE ESQUIROS.)

Un mot sans commentaire, il pourrait tout
gâter :

MARAT, CHARGÉ D'ACCOMPLIR LES DESSEINS DE DIEU!!!...

Jugez et prononcez. Est-ce la démence?

Nous voici maintenant, notre main dans la main
du crime!... marchant côte-à-côte avec lui. Nous
voici voyageant à la corne du bois ou au tournant de la rue avec le couteau ou le fusil en main,
guettant la proie et attendant *le chaland*. Nous
voici parvenus au crime réel, au crime intrin-
sèque, au crime Lacenaire, au crime pour de l'argent, à celui pour lequel les hommes sont impitoyables, et c'est cette discussion que nous abordons,
dans la conviction profonde que c'est là précisément
où est la vraie démence, et elle y est tellement,
qu'il ne saurait en être autrement.

CHAPITRE XLVII.

LE CRIME C'EST LA DÉMENCE.

Croyez-vous que ce petit enfant que sa mère tient sur ses genoux, lissant ses cheveux blonds, baisant ses yeux si bleus!... ce petit enfant auquel elle fait épeler le nom de Dieu!... Croyez-vous que Dieu l'a mis là, pour que, seize ans après, la société s'octroie le droit de lui couper le cou? Et pour qu'il s'octroie le droit, lui, d'égorger un homme paisible et inoffensif?

Ceux qui nous ont précédés dans la défense de l'inviolabilité de la vie de l'homme, avaient un ennemi de plus à combattre! C'était la croyance *dans le droit de pouvoir disposer de la vie de l'homme.* Aujourd'hui la philosophie et la philanthropie ont gagné ce terrain immense! Aujourd'hui, il n'y a plus de discussion possible à cet égard. La société n'a pas le droit de tuer un criminel, pas plus que le criminel n'a le droit de tuer un membre de cette société. La légitimité de la peine de mort est radicalement détruite, et Beccaria, Jérémie Bentham, cent autres, ont amené la conscience publique à ne voir dans la guillotine

« Qu'une nécessité supposée sans le droit. »

Dépouiller une institution *du droit*, ne lui laisser pour raison d'être que *la nécessité* présumée du fait, c'était avoir beaucoup fait contre cette institution.

Et voilà où nous en sommes au xix° siècle !

Les bourreaux, les échafauds, les fers, les sup‑plices, les lois athées, ignorantes, sottes, barbares, sans grandeur, sans vérité, ne prouvent que les er‑reurs sociales. Elles ne prouvent pas que Dieu ait fait, ait créé deux humanités :

« L'une pour la sainteté de la vertu, »
« L'autre pour l'abomination du crime! »

On ne peut refuser à la cause que nous défendons, que Robert I", de France, que saint Louis, que saint Vincent de Paul, que Fénelon, n'aient aimé la vertu et marché dans sa voie! Et l'on ne peut pas plus refuser à cette cause, que la Brinvilliers, Car‑touche et Lacenaire, n'aient marché dans la voie du crime.

Si l'on nous répond que Dieu a laissé à l'homme le libre arbitre, sans lequel il n'y aurait ni vertu ni crime, nous répondrons que l'homme a le libre arbitre, mais dans la mesure *de son être sensible, moral, intellectuel et pas au-delà.*

Par exemple : L'homme n'est pas libre de ne pas

manger, boire et dormir. S'il désobéit à cette loi de son être, il mourra! Et il est contre sa nature de se laisser mourir.

L'homme n'est pas plus libre de ne pas penser, qu'il n'est pas libre de rester sans manger, ni boire, ni dormir. Il faut qu'il pense, c'est la condition de son être.

L'homme n'est pas libre de ne pas aimer. Dieu lui a imposé l'affection, et l'homme n'est pour rien dans cette loi providentielle qui est le salut de la terre!

Il obéit forcément, aveuglément aux lois de son être, l'homme ne s'appartient pas.

L'homme est rivé à la nécessité de la moralité! La moralité est le pain de l'âme, moralité sans laquelle l'homme cesse d'être aussi bien dans sa nature, que quand il veut vivre sans penser, sans aimer, sans boire ni manger. Plus de sophismes, plus de mensonges, plus de romans, ils ont fait assez de mal aux hommes comme cela!

« *L'homme naît bon, il faut qu'il soit bon, il a* « *besoin d'être bon ou il cesse d'être homme.* »

» Un philosophe, disait Napoléon, a prétendu que « les hommes naissaient méchants. Ce serait une « grande affaire et fort oiseuse de rechercher s'il a « dit vrai. *Ce qu'il y a de certain, c'est que la masse*

« *de la société n'est pas méchante;* car si la très grande
« majorité voulait être criminelle et méconnaître les
« lois, qui est-ce qui aurait la force de l'arrêter ou
« de la contraindre? »

(NAPOLÉON.)

L'homme ne peut donc s'empêcher d'être homme,
pas plus que la fleur, pas plus que l'oiseau, ne peuvent s'empêcher d'être fleur et oiseau; pas plus que
le caïman, le lion et le tigre, ne peuvent s'empêcher
d'être lion, tigre et caïman. Tout obéit à la puissante main qui a tout créé. L'homme a été créé sensible, moral et pensant! Quel phénomène s'opère-
t-il en lui quand il cesse *d'être lui, quand il cesse
d'être homme, et qu'il n'est plus sensible, pensant et
moral?* Est-il alors dans les conditions de Dieu,
dans les conditions de sa nature, dans son entité,
dans son moi humain? Non sans doute, et ceci n'est
pas contestable.

Le crime parmi les hommes, *est-il la règle ou
l'exception?*

C'est l'exception. C'est la pensée de Napoléon. Si
au lieu d'être créés pour la société, si au lieu d'être
créés sensibles et aimants, pensants, c'est-à-dire,
méditant, comparant, jugeant; moraux et affec-
tifs, c'est-à-dire, ne voulant pas faire à autrui ce
que nous ne voudrions pas qu'il nous fût fait, nous

commettrions le crime sans qu'il fut crime, parce que le crime serait dans notre nature ; mais comme il est contre notre nature, le crime n'est qu'une minime exception dans la masse sensible, intellectuelle et morale. Ceci est encore incontestable. Néanmoins, cette minime exception existe ! Cette anormale exception est un fait. Ce fait a une cause ! Quelle est donc cette cause ?

Si cette exception a une cause, pourquoi l'indignation de la société s'attaque-t-elle à l'agent, au criminel, et non à la *cause*. Si elle n'a pas une cause, c'est une démence. Or, nous nageons maintenant en plein courant du crime atroce, *tuer pour voler*. Eh bien ! nous défions qui que ce soit sur la terre, de nous prouver, « que le crime puisse « procéder (*le crime étant reconnu intelligent*), *du* « *sauvage intérêt du moi humain, de l'intérêt per-* « *sonnel !* »

Serrons bien l'argument : Le crime est intelligent, il calcule, il chiffre, il compte, il pense, médite, compare et juge ; nous demandons à ceux qui sont convaincus que tel est l'état intellectuel du criminel, avant, pendant et après la perpétration du crime, de faire un *compte* par

« *Doit et Avoir,* »

des affaires du criminel.

Il ne doit y avoir ici, ni pathos, ni sensiblerie, ni ambiguïté, ni arguties, ni phrases; rien de captieux, rien d'amphibologique. La sécheresse du chiffre seule. Il faut que la peine de mort expire *sous les coups d'un calcul*, ou il faut que la peine de mort triomphe par un calcul, par un chiffre!

Nous irons plus loin encore, pour laisser au crime toute *l'horreur* de son

« *industrie,* »

toute la malédiction de son

« *commerce.* »

Nous ferons la part la plus large, la plus complète à *ceux qui croient que le crime est intelligent, calculateur et réfléchi. Nous arracherons l'âme au criminel, pour un moment; nous ne lui laisserons ni crainte de Dieu, ni amour de la religion, lois sous lesquelles vit l'humanité; nous lui arracherons toute idée morale! Nous ferons plus encore : nous lui arracherons le cœur. Ce criminel sera le véritable monstre incompréhensible de Pascal. Il n'aimera rien sur la terre : ni père, ni mère, ni épouse, ni enfant, ni frère, ni sœur, pas un ami, pas un chien, pas un oiseau, pas une fleur!*

Il n'aimera que son horrible *industrie,* son *commerce.*

19

Nous détruirons, pour un moment, tout ce qui compose l'homme : l'âme, le cœur, *et jusqu'au sentiment inné de sa propre conservation*, et quand nous aurons oblitéré, effacé les nobles parties constitutives de tout homme, nous demanderons avec *insistance* à tous ceux qui croient que le *criminel est intelligent*, *calculateur*, *qu'il médite*, *pense*, *compare* et juge, oui, nous demanderons à ceux qui croient que le criminel est intelligent, s'il y en a un seul parmi eux tous qui voudrait l'*industrie maudite*, le *commerce damné* du criminel aux chances de félicité et de malheur que comportent

« *cette industrie,* »

« *ce métier ?* »

Au xixᵉ siècle, dans un État légalisé, comme la France, où la force publique sillonne toutes les communes, avec une police secrète, active, terrible, savante, où il y a partout des cantonniers, des gardes-champêtres, des facteurs ruraux, l'électricité pour la correspondance ; quand, dans chaque commune, il y a la garde nationale, un maire, un adjoint, un conseil municipal, un prêtre, le criminel intelligent, qui calcule, qui réfléchit, qui médite, combine et pense le crime, doit se dire aussi :

Aussitôt que j'aurai laissé un cadavre sur le che-

min, ou dans sa maison, ou dans le bois, ou dans la
rue, une enquête aura lieu ; si, dans la lutte, mon
couteau tombe, si je perds mon chapeau, mon mouchoir, un soulier, ma casquette ; si quelques gouttes
de sang jaillissent sur mes habits, si la mesure de
mon pied est empreinte sur le sol (1), les clous de
mes souliers, la bourre de mon fusil (2), une seule
personne qui m'aura vu, le moindre indice, je suis
perdu ! Le chien de la victime suffit ; son cheval
peut me trahir ; ses cris peuvent être entendus ;
aurais-je le temps de l'achever ; ne puis-je pas me
tromper, et, le croyant mort, le laisser vivant : Il
peut être plus fort, plus courageux, mieux armé que
moi ; un témoin caché, que je n'aperçois pas, peut
tout révéler ; la différence de mon existence, de la
pauvreté à l'abondance, peuvent, doivent faire
naître des soupçons au milieu des recherches les
plus actives ! Sur cent chances, il y en a certainement quatre-vingt-dix-neuf contre moi, et ces
quatre-vingt-dix-neuf sont la mort, et quelle mort ?
Je sais ce qui m'attend :

1° Conduit de brigade en brigade, les fers aux
mains, semant l'horreur sur mon passage.

---

(1) Tout ceci se reproduit chaque jour. C'est en comptant le nombre
de clous d'un soulier qu'on a découvert l'auteur d'un crime.

(2) C'est avec la bourre d'un fusil qu'on a découvert l'auteur d'un
autre crime.

2° Jeté dans un affreux cachot, au secret.

3° Interrogé, écouté, me croyant seul, il faudrait un miracle pour échapper à la perspicacité de ceux qui vont me juger.

4° Pendant trois mois, ma pensée va sentir l'agonie, rêver dans la veille, et songer dans le sommeil, à ce fatal couteau suspendu sur ma tête.

5° Là, il n'y a ni pitié, ni miséricorde, ni remords, ni repentir, ni larmes ; il n'y a qu'horreur et malédiction pour moi ! ! !... et ce sera justice.

6° Puis un jour, un bruit inaccoutumé se fera entendre ; une grande lumière entrera dans la fosse où l'on m'aura jeté ; la force publique viendra me prendre, et me conduira devant un accusateur, devant trois juges, devant douze jurés. Comment échapper à leurs investigations. Une contradiction, une émotion, un oubli, peuvent me perdre. Comment me soustraire à des hommes habitués aux allures, au langage, à la logique du crime. Ils épongeront ma tête déjà affaiblie par la peur, par la solitude, par les fers et les cachots !

Condamné, il faut que je traverse toutes les stations de l'enfer. Ces derniers jours sont une agonie formidable ! Un bruit, un faux bruit fait tressaillir ! les membres tremblent ! une sueur froide surgit, la tête tourne, il faut s'asseoir ou tomber ! L'oreille tendue, le cœur battant, le vrai bruit arrive enfin ;

ces mots :

« C'EST L'HEURE !!! »

A cette voix, se joint une autre voix douce et tremblante, qui dit :

« A genoux, mon fils, et prions. »

Et puis trois hommes viendront, froids, silen-cieux, mornes, ils m'assieront sur une chaise; deux de ces hommes prendront chacun une de mes mains, et me lieront toutes les deux derrière le dos; et quand ce premier acte aura été joué, ils commenceront le second : ce sera la dernière toilette! Ils me couperont les cheveux, le col de la chemise, puis ils jetteront ma veste ou ma blouse sur mes épaules, et moi dans une charrette; ce dernier quart-d'heure est d'une cruauté terrible..... Après avoir traversé la foule, après avoir embrassé le prêtre et le Christ, on m'étendra sur une planche, et l'on

« Coupera mon pauvre cadavre en deux (1). »
Voilà une partie du

Doit.

(1) Le dernier qu'un de nos amis a vu prononça ces mots : Et dire qu'on va couper mon pauvre cadavre en deux !

On conçoit que si l'on veut le criminel intelligent, calculateur, réfléchi et préméditatif pour la perpétration du crime, il faut le laisser intelligent pour calculer les chances pour ou contre la partie qu'il joue ; et, ceci bien posé, demandons à l'immense majorité des hommes, à 35 millions neuf cent mille sur 36 millions, combien il y en a qui voudraient, froidement, avec calcul, après une profonde réflexion, accepter le

MARCHÉ

aux mêmes conditions que l'accepte le criminel intelligent et réfléchi ? Si, sur 36 millions d'hommes, il ne s'en trouve pas 200 mille, 100 mille, 50 mille, 25 mille, 12 mille, 6 mille, 3 mille, 1,500, 750 qui se livrent au meurtre atroce, au crime contre la personne, *pour le vol*, ceci implique une cause.

Nous prenons dans le tableau de M. Lucas, dans une année féconde, les chiffres suivants :

1825. Parricides . . .	7
— Assassinats. . .	244
— Meurtres. . . .	390
— Empoisonnements.	50
— Infanticides. . .	140
	831

Si vous déduisez 140 infanticides, il demeure

791 crimes atroces, l'infanticide appartenant à une autre catégorie que ce que nous traitons.

1826.	Parricides . . .	14
—	Assassinats. . .	312
—	Meurtres. . . .	298
—.	Empoisonnements.	26
—	Infanticides. . .	132
		782

Déduire 132 infanticides, il demeure 650 crimes produits par les diverses causes qui affolent la pensée humaine.

Nous déduisons les cas d'infanticides, qui entrent dans un autre ordre de choses.

Ainsi, pour chaque million d'habitants il y a eu 18 criminels de tous genres, ceci dans la France éclairée, où l'éducation répand ses bienfaits, et dans la France ignorante, 33 criminels sur dix-huit millions.

En 1825, on a exécuté 111 criminels. A peu près les mêmes résultats pour 1826.

Pourquoi, sur trente-six millions d'hommes, n'y a-t-il eu pour le crime dont nous nous occupons, non 111 exécutions (tous les crimes divers sont compris dans ce chiffre), mais 70 à 80; ceci, encore une fois, implique une cause, et quelle est cette cause? Est-ce que l'industrie serait mauvaise, dangereuse, qu'elle présente *mille chances contre une*, que l'en-

jeu *c'est la tête*. Mais vous voyez que soixante-dix
à quatre-vingts personnes l'ont bien acceptée en
1825, cette *industrie, ce commerce fait avec intelligence et réflexion*. Pourquoi y en a-t-il trente-six
millions qui n'en veulent pas, contre quatre-vingts
personnes qui en ont voulu ? Et, néanmoins, nous
n'avons fait entrer en ligne de compte que l'échafaud. Mais l'échafaud n'est qu'une avance qu'on
fait sur la mort, un escompte sur la vie ; nous savons tous fort bien que nous devons mourir ! Et si
trente-six millions d'hommes ne refusent que pour
l'échafaud seulement, que sera-ce donc quand nous
aurons restitué au criminel ce qui fait l'homme
moral, religieux et aimant ; que sera-ce quand nous
lui aurons rendu *l'âme, le cœur* et l'instinct de sa
propre conservation que nous lui avons ôté pour
un moment.

Le *Doit* n'est donc pas fini si le criminel est
intelligent, et plus il sera intelligent, plus sa moralité sera développée, plus il aura à combattre le
trouble de la conscience, les appréhensions du crime,
les mille fantômes agitateurs, que le crime fait surgir de la terre et du ciel !.... Il faut qu'il étouffe les
premiers enseignements de la mère, les premiers
enseignements du prêtre !... Il faut que cet homme
arrache Dieu du milieu de tout son être, qu'il dé-
libère en face du crime, *que l'âme n'existe pas, ou*

que si elle existe, tout finit à la mort (1). Il faut que toute planche de salut s'abîme , toute la croyance de la vie, tout espoir, toute espérance ! La porte de Dante ! et après l'anéantissement de l'âme, il faut à cet homme, *qui pense, qui sent, qui réfléchit une autre exécution : il faut l'annihilation du cœur*. Il faut que rien ne demeure debout dans le désert que se fait le meurtrier !... Pas une larme de mère, ni souvenance d'une sœur ! cet homme, froid calculateur, se dira :

« Un jour mon père entendra chanter ma com-
« plainte devant sa porte !... Et personne ne voudra,
« pour sa femme, de la sœur du guillotiné.

Et enfin, *pour quelques poignées d'argent*, qui forment l'avoir du criminel, il faut qu'il étouffe l'instinct de sa conservation qui domine même chez la brute !....

Et maintenant notre *doit* et *avoir* rempli, demandons aux trente-six millions d'hommes, pourquoi ils ne veulent pas , *eux*, qui sont intelligents, de ce qu'ont voulu « *les* 70 *de* 1825 » qui étaient intelligents eux aussi? Voici ce que vont nous répondre les trente-six millions d'hommes qui ne veulent pas de l'*Industrie* du *Commerce, dont ont voulu les* 70 ou les 80 sur trente-six millions.

(1) *Post mortem nihil est,* comme César.

« Nous ne voulons pas du crime , parce que nous
« sommes des êtres, des créatures sensibles, intel-
« ligentes et morales! Parce que nous croyons en
« Dieu, et que nous voulons notre part de repos
« dans l'éternité. Parce nous ne voulons pas faire
« à autrui ce que nous ne voudrions pas qu'il nous
« fût fait. Parce que nous voulons la bénédiction
« de Dieu, celle de nos pères et mères, et la béné-
« diction de l'estime publique et que nous ne vou-
« lons pas descendre dans la tombe couverts de
« l'infamie du crime et léguer à nos enfants cet
« épouvantable héritage ! Parce que nous voulons
« marcher dans la voie de l'honnêteté et de l'huma-
« nité. Parce que, bien loin d'attenter à la vie de
« nos semblables , nous voulons leur être bons,
« utiles, secourir leurs souffrances , et, même au
« péril de notre vie, sauver la leur. »

Mais alors vous, qui êtes dans la vérité de votre
nature sensible, aimante, morale et intellectuelle,
vous les trente-six millions d'hommes, dites-nous donc
pourquoi soixante-dix hommes, organisés comme
vous, étant ce que vous êtes, ont accepté ce qui vous
fait reculer d'épouvante et d'horreur?...

Pourquoi?

« C'est que le crime c'est la démence. »

Et nous défions qu'on nous prouve que ce puisse être autre chose, *en réduisant l'état de la question à l'intérêt personnel, à la cause qui fait le crime.*

Et remarquez un moment contre quoi le criminel troque sa tête.. Pour l'ivrognerie, dans d'abominables cabarets ; pour les turpitudes de la prostitution, dans des bouges infects !

Étudiez le crime, étudiez ses mœurs, ses habitudes, sa putréfaction, suivez-le dans ses repaires, et comprenez s'il y a place pour la raison dans cette tête dévastée, dans ce regard affolé, dans cette conscience sans Dieu, dans ce cœur sans affection, détritus d'hommes, promenant la sauvagerie au sein de la civilisation.

CHAPITRE XLVIII.

CONCLUSIONS DE TOUS LES CHAPITRES SUR LE CRIME C'EST LA DÉMENCE !

Écoutez ce bruit qui a retenti dans la postérité :

« Un tribunal est institué, et les massacres com-
« mencent. Un fanatisme silencieux préside à ces
« terribles jugements ! Des flaques de sang s'éten-
« dent sur la place de l'exécution ! C'est un specta-
« cle horrible, une boucherie d'hommes ! Les
« chiens, rendus à leur férocité primitive, traînent

« dans les ruisseaux des membres et des lambeaux
« palpitants ! Horreur !...

(Alphonse Esquiros.)

Connaissez-vous l'ordonnateur de ce festin où les
chiens dévorent la chair palpitante des hommes ?

Il s'appelle Danton ; et l'époque c'est le 2 septembre !...

Savez-vous ce que dit Danton ?

Il dit :

« J'accepte l'anathême devant la postérité. »

Et la postérité l'a frappé d'anathême.

N'est ce pas la démence ?

On dit que ces terribles ouvriers salariés des septembrisades ont péri de leurs propres mains, ou
sont devenus fous, comme les juges de Calas !... Un
seul est mort de nos jours, un chiffonnier ! Jamais,
depuis le jour de l'immolation, nul n'entendit la
voix de cet homme. Il a vécu seul, il est mort
seul !...

LE MARÉCHAL DE RAIZ !!!...

Épouvantable histoire, que la sagesse du gouvernement cache à la curiosité publique (1) !...

Est-ce la démence ?

(1) *Voir* Hippolyte Bonnellier.

(Note de l'Auteur.)

LÉGISLATION DE MOÏSE.

Et Moïse monta vers Dieu ; car l'Éternel l'avait appelé à la montagne pour lui dire : Tu parleras ainsi à la maison de Jacob, et tu annonceras ceci aux enfants d'Israël. (LE SINAÏ, chap. XIX.)

« Ils sont restés debout sur leur base profonde,
« Comme ces vieux rochers contemporains du monde. »
(DELILLE.)

« Heureux entre tous les mortels ceux à qui Dieu a
« fait la grâce d'entendre, de lire, de prononcer en prière
« et de respecter les paroles de ce livre. » (Lord BYRON.)

C'est certainement dans la législation de Moïse que Montesquieu a pris son idée de la moralité du Talion. Il fallait pouvoir étayer cette opinion d'une autorité aussi formidable pour oser dire devant la conscience humaine « que la peine de mort était « comme le remède de la société malade. » Ce grand génie n'avait pas vu d'abord que le peuple d'Israël n'avait pas de lois civiles, de lois humaines, que depuis les dix commandements jusqu'aux cérémonies religieuses, jusqu'aux prescriptions de solidarité fraternelle, tout a été dicté à Moïse par Dieu, et que toute la loi est purement théocratique. Que secondement cette législation était complètement exceptionnelle pour un peuple complètement exceptionnel. Ce n'est qu'au chapitre XVII, que Montesquieu s'aperçoit que les lois théocratiques d'Israël étaient sans application possible parmi les nations, pour lesquelles elles n'ont pas été faites. Il n'a pas creusé assez avant dans la profondeur de la loi mosaïque, dans le monument éternel devant lequel l'esprit humain se prosterne ! La connexité d'un commandement avec un commandement est si étroite, la cohésion si parfaite, qu'il faut accepter le tout, et que si l'on veut disjoindre le tout, les parties ne peuvent s'adapter comme lois à aucun système politique, social ou civil. Montesquieu ne s'est pas aperçu que le crime atroce, que le crime pour voler n'avait pas *de cause* au moment où Moïse reçut la loi, et qu'il en avait moins encore quand la loi a pu être mise en vigueur dans la terre que Dieu donnait en *usufruit* aux enfants d'Israël.

Nous expliquerons cette idée dans notre livre sur *le Suicide*.

Dieu ayant réglé le sort matériel des douze grandes familles d'Israël, sur la terre promise, cette terre de miracles ne devait retentir que d'hymnes saints. Prêtres de l'Eternel, dont la voix avait retenti dans toutes les oreilles, pasteurs et agriculteurs, cette nation avait été choisie exceptionnellement comme *légataire de la parole divine*.

« Nation sainte, nation de prêtres. »

Montesquieu s'aperçoit enfin que cette législation n'a pas d'application parmi les nations, et la seule législation qu'on ne puisse pas scinder, parceller, il la scinde et la parcelle néanmoins. Il dit que la peine de mort est, comme le remède de la société malade, espèce de Talion.

Et au chapitre *de la Révélation des conspirations, Esprit des Lois*, il cite d'abord la Bible :

« Quand ton frère, ou ton fils, ou ta fille, ou ta « femme bien aimée, ou ton ami, qui est comme « ton âme, te diront en secret : *Allons à d'autres* « *dieux*, tu les lapideras. D'abord ta main sera sur « lui, ensuite celle de tout le peuple. »

Voilà la loi de Moïse, et voici le commentaire de Montesquieu :

« Cette loi du Deutéronome ne peut être une loi « civile chez la plupart des peuples que nous con- « naissons, parce qu'elle ouvrirait la porte à tous « les crimes.

Ainsi, la législation de Moïse, la seule au monde qui a *inspiré le plus l'horreur du crime,* ne pourrait entrer dans les législations modernes *qu'en ouvrant la porte à tous les crimes.* Et cette loi que repousse Montesquieu, avec raison, dans la modernité, était cependant la loi sans laquelle Israël ne pouvait pas vivre devant l'éternel, *parce que, allant vers* d'autres dieux, on tombait dans l'abomination de Canaan, de Canaan mis en *interdit pour ses abomi- nations !* Et cependant c'est dans cette législation criminelle que Montesquieu a pris sa loi du Talion, et c'est là qu'il a puisé l'idée malheureuse :

« Que la peine de mort était comme le remède « de la société malade. » Parce qu'il n'a pas bien compris que la loi mosaïque n'était applicable qu'en *Israël*, et ne pouvait servir aux nations parce que cette admirable législation est un tout qu'on ne peut pas diviser. Voici cette législation dans l'espèce.

CHAPITRE XLIX.

EXODE.

« 12. Si quelqu'un frappe un homme, et qu'il en « meure, on le fera mourir de mort!... »

« 13. Que s'il ne lui a pas dressé d'embûche, « mais que Dieu l'ait fait tomber entre ses mains, « je l'établirai en un lieu où il s'enfuira (villes d'a-sile.)

« 14. Mais si quelqu'un s'est élevé de propos « délibéré contre son prochain pour le tuer par fi-« nesse, tu le tireras de mon *autel*, afin qu'il meure.

« 15. Celui qui aura frappé son père ou sa mère « sera puni de mort.

« 16. Si quelqu'un dérobe un homme et le vend, « ou s'il s'est trouvé entre ses mains, on le fera mou-« rir de mort.

« 17. Celui qui aura maudit son père ou sa mère « sera puni de mort.

« 52. Si des hommes se querellent et que l'un

« d'eux frappe une femme enceinte, et qu'elle en
« accouche, s'il n'y a pas de cas de mort, il sera
« condamné à l'amende telle que le mari de la
« femme la lui imposera, et il la donnera selon
« que les juges en ordonneront.

« 23. Mais s'il y a cas de mort, tu donneras vie
« pour vie.

« 24. OEil pour œil, dent pour dent, main pour
« main, pied pour pied.

« 25. Brûlure pour brûlure, plaie pour plaie,
« meurtrissure pour meurtrissure.

Cette terrible législation avait une cause, que
nous expliquerons dans notre livre sur le *Suicide*.
Pour le moment bornons-nous à dire cette déclara-
tion de Dieu :

« Tu ne souffriras pas de meurtrier devant ma
« face. »

De cette législation nous n'avons conservé que
l'article 14, et de cet article 14, il faut en retrancher tous les crimes auxquels nos mœurs accordent
des circonstances atténuantes : la démence de la
jalousie, l'aveuglement de la vengeance dans des
cas où les lois modernes ne protègent pas suffisamment les citoyens. Il y a cent de ces cas, et il ne
reste guère que le crime atroce pour vol qui n'existait pas en Israël, vol fort rare, qui avait peu de
raison d'être, et qui, s'il avait lieu, était le vol d'un

bœuf, d'un mouton, d'un âne, et qui n'allait pas
jusqu'au crime atroce! Or, dans nos mœurs, ç'est
le crime le plus fréquent, le plus odieux.

La loi de Moïse n'était applicable qu'à Israël;
elle n'était point faite pour les nations : Les Israélites
vous le disent eux-mêmes! Ils le disent à Dieu,
dans leurs prières, parce que Dieu le leur a dit
dans sa loi.

עלינו לשׁבח

Nghalenou Leschabeah.

« *C'est à nous* de louer le souverain maître de
« l'univers, d'attribuer la magnificence à celui qui a
« fait l'ouvrage *des six jours, qui ne nous a point*
« *faits comme les différentes nations de la terre, et*
« *qui ne nous a point mis au rang des différentes fa-*
« *milles de l'univers.*

« *Notre héritage n'est point comme le leur et notre*
« *sort n'est point semblable à celui de cette foule de*
« *peuple.* »

Ce qui fait dire au cardinal de Fleury, que le
peuple Juif possédait la seule noblesse bien prouvée. A Lacordaire, « que le peuple Juif restera tou-
« jours le premier des peuples par ses lois, ses
« mœurs et son idée, » et si vous voulez un rayonnement miraculeux de cette législation, pris, non
dans ses lois pénales, mais dans sa puissance théo-

cratique, remarquez qu'en France, dans cent ans, vous ne verrez pas monter un Israëlite sur l'écha-faud pour le *crime-atroce.*

Eh bien! cette loi inapplicable de toutes les ma-nières, *dans ses détails,* parmi les nations modernes, est l'appui formidable de la peine de mort. Elle prend sa grande raison d'être dans la loi de Moïse, dictée par Dieu lui-même, mais à la suite de tout un ordre politique et social qui n'a aucune corréla-tion avec notre ordre politique et social, et dont le fondement de la loi a fait dire à Montesquieu, «qu'il « ouvrirait la porte à tous les crimes! » La loi de Jésus était pour les nations, et aussi l'esprit de cette loi, la lettre, sont pleins de mansuétude et de douceur.

CHAPITRE L.

Évangile selon saint Luc.

« 3. Soyez attentifs sur vous-mêmes. Si donc ton « frère a péché contre toi, reprend-le, et s'il se re-« pent pardonne-lui.

« 4. Et si sept fois par jour il a péché contre toi, « et que sept fois le jour il retourne à toi, disant : « Je me repents; tu lui pardonneras.

La loi de Moïse punissait de mort quiconque eût fait œuvre servile, le jour du sabbat. Voyez ce que fit Jésus-Christ.

CHAPITRE LI.

Évangile selon saint Luc.

1. Il arriva aussi que Jésus étant entré un jour de sabbat dans la maison d'un des principaux des Pharisiens, pour prendre son repas, ils l'observaient.

2. Et voici qu'un homme hydropique était là, devant lui.

3. Et Jésus, prenant la parole, parla aux Docteurs de la loi et aux Pharisiens, disant : Est-il permis de guérir au jour du sabbat ?

4. Et ils ne dirent mot. Alors ayant pris le malade il le guérit et le renvoya.

5. Puis s'adressant à eux, il leur dit : Qui sera celui d'entre vous qui, ayant un âne ou un bœuf, lequel vienne à tomber dans un puits, ne l'en retire aussitôt le jour du sabbat.

CHAPITRE LII.

DES SUPPLICES.

> « Il n'est pas d'atrocité qui ne soit
> « entrée dans la tête des hommes. »
> (VOLTAIRE.)

On recule épouvanté devant la monstruosité humaine. Les hommes se sont livrés à des études sé-

rieuses, à des recherches approfondies, ils ont calculé le thermomètre de la sensibilité humaine, degré par degré, pour graduer les douleurs de leurs
semblables.

Le déchaînement du crime en délire, de la rage,
ne pourraient pas arriver au dévergondage de férocité où, froidement, dans toute la piénitude de
leur raison, les hommes sont parvenus pour torturer
de faibles créatures. L'esprit humain ne comprend
pas de semblables aberrations. On se demande,
quelle est la bête féroce qui, ayant faim, ferait ce
qu'ont fait les hommes, si elles savaient le faire?

· Ce livre serait incomplet si nous ne consignions
pas ici, pour faire rougir les hommes, la bestialité,
la férocité de leurs machinations!

Dans les vieilles monarchies asiatiques, l'histoire
a recueilli le luxe des supplices. Des tours pleines
de cendres impalpables, où les malheureux étaient
précipités.

D'autres étaient attachés sur des tables, et d'ha-
biles exécuteurs pratiquaient, à un pouce de distance, des creux sur toute la partie du corps. Chaque trou empli d'huile ou de suif, servait de lam-
pion.

D'autres supplices, que nous ne voulons pss consigner ici, font reculer d'horreur!!...

En Chine, il y a une telle prodigalité de supplices qu'on se demande si ce sont des hommes qui les appliquent, et si ce sont des hommes qui les souffrent.

Il y en a un, entre autres, d'une cruauté extrême, c'est le hachement!... Le patient est garotté sur un échafaud, et depuis les orteils jusqu'au crâne, haché peu à peu jusqu'à la dernière parcelle.

D'autres sont attachés à des poteaux, et les bourreaux promènent des chaînes rougies à blanc sur toutes les parties nues de leur corps!

Quoique l'Égypte se soit très vite affranchie des supplice atroces, l'histoire en a recueilli un qu'il faut consigner, c'était le supplice des parricides. Le patient était couché en terre, et on lui enfonçait des éclats de roseau dans toute l'étendue du corps, puis on le brûlait vif! Tandis qu'en Perse le parricide était puni par la perte du titre *de fils*.

La Grèce avait la pente Syringue, elle avait la torture par la roue, on précipitait le patient dans le Barathre. A Sparte, on le jetait dans un lieu appelé *Cojade*.

La cigüe était un supplice doux, quoique lent! A Rome, le traître à la patrie et l'esclave voleur étaient précipités de la roche Tarpéïenne, et les bêtes servaient de bourreaux le plus souvent (*ad bestias*). Cette coutume est fort vieille et remonte jusque dans la nuit des temps. Dans les Indes, on

livre le *convict* à l'éléphant : le patient est par terre,
l'éléphant pose un pied sur la poitrine, entortille sa
trompe autour d'un bras et arrache violemment le
bras au patient, puis il arrache l'autre, puis les
cuisses, et crève la poitrine en pesant de tout son
corps sur le malheureux. C'est le coup de grâce !

« C'est dans les tortures qu'il faut lire toute
« l'atrocité humaine : « La torture réelle prend
« naissance à la chute de la liberté romaine, et à
« la promulgation de la loi Julia !... C'était la mo-
« rale de Néron, de Caligula, de Domitien ! Des
« milliers d'innocents succombèrent dans les tour-
« ments. Les tortures sont innombrables, la faim,
« la soif, le feu, l'eau, la corde, la gêne ou la pres-
« sion, l'insomnie et le chatouillement. Le patient
« lié sur une planche avait les pieds soumis à l'action
« d'une plaque de fer rouge cerise — On serrait le
« patient entre deux planches, ensuite avec un en-
« tonnoir on versait jusqu'à trois grandes mesures
« d'eau : on y mêlait même de la chaux et du vi-
« naigre, et l'on dit que c'était là le mode de ques-
« tion le plus familier à l'inquisition d'Espagne. Le
« chevalet, supplice affreux et qui pouvait durer 15
« à 20 heures ; on serrait les molléoles et la plante
« des pieds de l'accusé entre deux fers. Tout cela
« se faisait devant les Juges. Il y avait ensuite la
« douleur des poignets occasionnée par la lanière

« .étroite avec laquelle ils étaient serrés et qui con-
« tenait tout le poids du corps. Les enfants au-
« dessus de sept ans étaient sujets à la torture ;
« grâce aux progrès de la civilisation , la torture
« ne reste plus parmi nous qu'en souvenir ou
« comme un fait historique.

(FODÉRÉ.)

C'est à cette époque mystérieuse et terrible
de la féodalité, que les supplices ont été appliqués, légalement ou illégalement (1), avec un
sybaritisme et une recherche voluptueuse, qui peint
le maître et le serf, ou le fort et le faible, ce qui
explique que la grande révolution a eu, selon
tous les historiens, la vengeance pour une de ses
causes principales. Répétons ici ce qu'a écrit Esquiros : On ne saurait trop reproduire aux yeux des
hommes, l'histoire fatale de leur démence et de
leurs passions. On ne saurait trop leur crier, qu'en
dehors de l'inviolabilité de la vie humaine, tout devient le chaos, et que le naufrage de la société est
sûr dans le sang qu'elle verse.

Le tocsin retentit dans les airs ; le canon tonne
dans la cité, le tambour bat.

(1) On sait ce que faisait Thomas de Coucy, en son château de
Marnes. Il ne passait pas un pauvre moine qui ne fût rançonné, et
testiculis appendebat!... Regnand de Pressigny crevait un œil, et
D'Autrecourt faisait pis encore!!... Bénissons Dieu des progrès de la
civilisation, et travaillons à civiliser.

« Un tribunal est institué et les massacres com-
« mencent; un fanatisme silencieux préside à ces
« terribles jugements, des flaques de sang s'éten-
« dent sur la place de l'exécution, c'était un spec-
« tacle horrible, une boucherie d'hommes. Les
« chiens, rendus à leur férocité primitive, traînent
« dans les ruisseaux des membres et des lambeaux
« palpitants. Horreur!... »

(ALPHONSE ESQUIROS.)

Oui, horreur!... Tout est horreur dans l'histoire
des hommes!...

Le 2 septembre restera comme la Saint-Barthélemy, à côté de l'échafaud où Louis XI plaça le duc
de Nemours.

Et savez-vous comment il a été répondu au cri
d'horreur que pousse Alphonse Esquiros, et que
l'humanité a répété? Écoutez! C'est par un autre
cri d'horreur !!...

« Il y a des souvenirs pareils à la tache de sang
« de lady Macbeth. L'océan tout entier ne les lave-
« rait pas.

« Pendant quarante ans bientôt la pluie aura bai-
« gné les pierres grises de Paris, vingt fois la truelle
« aura gratté les plâtres, cela n'empêche pas qu'en
« suivant cette triste muraille du Luxembourg, nos
« yeux ne cherchent encore la place où Ney servit

« de cible à des soldats qu'il avait peut-être conduit
« à la victoire!!...

« Louis XVIII quitta enfin la vie ; il put entrer
« dans le monde des esprits, entre l'âme de Ney et
« celle de Favras, et suivi de cette foule de spectres
« irrités : Lallemant, Berton, Saugi, Caron, Bories,
« Labédoyère, Chartron, Bonnemaire, Muiron,
« Mouton, Duverney, les frères Faucher, Brune,
« Râmel, et tant d'autres suppliciés, assassinés en
« masse, à Lyon, à Nîmes, à Colmar, dans le Dau-
« phiné, partout ! »

(HIPPOLYTE CASTILLE.)

Tout le monde connaît l'horrible supplice de la
roue, les épreuves avec l'eau chaude!... les bû-
chers!... les oubliettes!...

On avait aussi les cages de fer de Louis XI.

Ailleurs, c'est le supplice des arbres. Les romains
punissaient ainsi l'adultère. C'était affreux!...

Le supplice de

La Perche

correspond au pal des Orientàux.

L'assassin du prince d'Orange fut livré à un
épouvantable supplice :

Ses chairs, ses muscles lui furent arrachés par le
tenaillement! Guazimorin a été cuit sur un gril.

En Espagne, en Portugal, c'est la pendaison et le

garrot. En Angleterre, le supplice de haute trahison est exécrable !

On arrache le cœur au patient, on lui en fouette les joues et on le brûle.

En Angleterre, on pend ; en France, on guillotine.

Les supplices d'Ivan III de Russie font dresser les cheveux.

En France, on a fait écorcher des hommes, et, dans cet état, on les roulait sur un pré fraîchement fauché !!!!

En Orient, les femmes sont livrées à des éléphants dressés à remplir une monstrueuse profanation.

« Au Japon, où les lois renversent toutes les « idées de la raison humaine, le crime de non révé- « lation s'applique aux cas les plus ordinaires. Une « relation nous parle de deux demoiselles qui furent « renfermées jusqu'à la mort dans un coffre hérissé « de pointes. »

(Montesquieu.)

CONCLUSION.

Ayez pitié du criminel, par amour pour ceux qui sont bons, car l'échafaud produit la monomanie homicide, car il inspire le crime !

Ayez pitié du criminel, par devoir, par sagesse,

parce que le sang qui coule, une tête qui tombe, démoralisent la société, dessèchent le cœur, et enseignent le mal !·

Ayez pitié du criminel, par justice envers les innocents, car la guillotine porte atteinte à la santé publique, et atteint l'enfant jusque dans le sein de sa mère !

Ayez pitié du criminel, parce que vous êtes hommes, et que vous pouvez errer; parce qu'en croyant frapper un coupable vous pouvez frapper un innocent. Vous l'avez vu cent fois dans ce livre. !...

Ayez pitié, ayez pitié du criminel, parce qu'il y a toujours de la démence dans le crime !

Ayez cent fois pitié du criminel, parce que le crime atroce, le véritable crime, a une cause, et que cette cause c'est l'ignorance, c'est la misère !...

Ayez pitié du criminel, vous le pouvez sans désarmer la société, vous le pouvez en rendant le criminel utile à la société !

AU CRIMINEL,

« Dans des colonies pénitentiaires, un prêtre, un « médecin et la charrue ! »

Règne sur la terre, et place-toi parmi nous, ô Éternel !...

Thᵉ-Aⁿ Mendez.

FIN.

LA PEINE DE MORT

Quand abolirez-vous cette loi sacrilége,
   Cette loi de sang et de deuil ?—
   Enveloppés dans votre orgueil.
   Vous prétendez qu'elle protége !...
Vous dites que la hache est le plus sûr garant
   Contre les ravages du crime !—
   Est-ce en tuant que l'on réprime ?
Si l'on guérit la plaie... est-ce en la déchirant ?

Vous voulez rassurer contre une aveugle rage
   Et la faiblesse et la vertu ;
   Le crime est par vous combattu,
   Comme l'autan combat l'orage.
La sagesse de l'homme, oh ! quel miroir trompeur !
   Dans leurs cruelles exigences,
   Ses arrêts semblent des vengeances,
Et sa force inflexible est presque de la peur.

Législateurs, ô vous dont le bras implacable
   Courbe sur le hideux billot,
   Sans ouïr son amer sanglot,
   La tête d'un frère coupable,

Saintement indignés d'un lâche assassinat,
   C'est au flambeau de la colère,
   Hélas ! que votre esprit s'éclaire,
Et vous le punissez par un autre attentat.

N'avez-vous donc jamais fait périr l'innocence
   Qui jetait son cri suppliant ?
   Avez-vous d'un œil clairvoyant
   Toujours regardé la balance ?...
Mais lorsque d'une vie on éteint le flambeau ,
   On ne craint rien d'un peu de cendre !
   La victime ne fait entendre
Ses malédictions que du fond du tombeau !

Eh ! qui vous a donné ce droit fatal, horrible ?
   Est-ce le Dieu de charité ?
   En décimant l'humanité
   Vous parlez de force paisible.
Plutôt que de semer la haine et la terreur,
   Semez des vertus consolantes !
   Eteignez vos torches brûlantes !
Changez vos lois de honte et de fureur !

Que l'expiation se fasse sur la terre !
   C'est à Dieu de juger ailleurs !
   Rendez les criminels meilleurs,
   Ne les jetez pas au cratère.
Celui seul qui créa peut seul anéantir !...
   Mais non, votre gibet infâme,
   Étendant son droit jusqu'à l'âme,
Arrête le remords, éteint le repentir !

Insensés! pensez-vous que tout ce peuple immonde,
 Béant au pied de l'échafaud,
  Du couteau qui tombe d'en haut
  Recoive une leçon profonde?
Comme il court au théâtre, avide et se pressant,
 Il vient sur la place publique,
  Comme il cherche un plaisir lubrique,
Il veut la volupté de la mort et du sang.

Voyez de tous côtés cette foule accourue,
 Teinte du limon des ruisseaux.
  Vous lui couperez les morceaux
  De la chair palpitante et crue.
Elle veut son repas, car c'est là son banquet;
 Et les femmes!... délire étrange!
  Elles se poussent dans la fange
Pour voir le panier rouge et l'humide baquet!...

Puis quand viennent ses jours de haine et de vengeance
 Le peuple aussi se fait bourreau,
  Il traine un large tombereau,
  Il ne connait point d'indulgence.
Il frappe les vivants, il entasse les morts;
 Bien instruit par vos lois atroces,
  En raidissant ses bras féroces,
Dans le charnier putride il fait rouler les corps.

Cachez, cachez du moins vos échafauds avides,
 Cachez-les à tous les regards;
  Entourez-les de boulevards!
  Que leurs alentours restent vides!